Patrick LOUAIZIL

Le projet phœnix

Éditions Bénévent

Envois de manuscrits :
Éditions Bénévent — B.P. 4049 — 06301 Nice Cedex 4

Préface

Où est-on ? Qui est-on ? À quoi sert-on ?

Pourquoi toujours se poser tant de questions ? Ne peut-on pas vivre la vie comme elle vient ? à pleines dents.

Il avait toujours fait tout ce qu'il pouvait pour se rapprocher des terres les plus ensoleillées possible mais, cette année, l'hiver semblait vouloir traîner encore trop longtemps. Tous ses souvenirs qui restaient baignés par le bord de mer et par le soleil et les quelques rayons de soleil qui inondaient sa vie l'empêchaient de continuer à se faire torturer par cette espèce de mélodie déprimante de fin de grisaille. Et puis, le printemps s'annonçait enfin, et il savait que, comme chaque année, il allait renaître.

Mais ce n'est pas le plus problématique dans sa tête. Comment continuer sachant ce terrible secret ? Il ne pouvait raisonnablement pas rester le même ! Garder tout en lui ! Il fallait trouver quelqu'un qui puisse le comprendre, l'aider ! Pas quelqu'un de la famille, c'était trop dangereux ! Se sachant surveillé, et les autres le savaient et ils ne mettraient pas longtemps à réagir ! Même si lui se doutait qu'il ne risquait pas grand-chose aujourd'hui, puisqu'on ne le prenait pas au sérieux.

Allez, il faut sortir de là, et avancer vers la vérité ! il faut que chacun sache ce qui s'est passé réellement.

Tous les jours que Dieu fait, ces mêmes mots le torturaient. Il pensait sans arrêt et de plus en plus fréquemment à tout cela. Certains matins, il se levait avec l'intention de bouger, de hurler. D'autres jours, après trop de réflexion, il se terrait dans son mutisme derrière une lâcheté qui le torturait sans cesse.

Mais pourquoi vouloir tout comprendre ? Pourquoi avoir tout compris et ne rien pouvoir expliquer ? Ou peut-être serait-ce la manière de l'expliquer qui lui manque ! Ou peut-être quelques amis qui pourraient le soutenir ou l'aider !

Tant pis ! c'est aujourd'hui ou jamais !

Cette résolution sera-t-elle bénéfique ? Salutaire ? Ou tout simplement suicidaire ? Comment le savoir si ce n'est en suivant son intime conviction.

C'était un jour comme les autres et pourtant, personne ne pouvait s'imaginer que quelque chose allait bouleverser le monde entier en quelques heures.

Partie 1

Le Projet

1.1

C'était dur ce matin, mais il fallait y aller. Au moins trois fois par semaine minimum ! Quatre fois ce n'était matériellement pas possible… sa femme, son travail. Trente minutes pour digérer le petit-déjeuner qu'il ne sautait jamais et un grand verre d'eau. Il enfile rapidement son short cycliste, son débardeur et ses chaussettes en soufflant régulièrement comme un plongeur se préparant à descendre au fond.

— J'y vais ! lance-t-il avant de refermer la porte derrière lui.

Sa femme restait inquiète quand elle l'entendait dire « J'y vais ! ». Même si cette habitude se répétait sans cesse une heure trois fois par semaine depuis des années maintenant, elle ne pouvait s'empêcher de se souvenir du jour où, pendant cette compétition il avait eu cet accident. Quelle idée avait-il eu de ne pas boire ? Se surpasser ! Toujours essayer d'aller au-delà de ses propres limites ! Pour prouver quoi ? À qui ? Il avait perdu plus de vingt-cinq pour-cent de sa musculature ce jour-là ! Et ce teint livide, cadavérique… !

— Fais attention ! Ne va pas trop loin ! lui répond-t-elle.

— Ne t'inquiète pas…

— Je te connais !

Après avoir lacé ses chaussures et mis son bandeau sur son front afin d'éviter que la sueur ne vienne lui piquer les yeux dès le premier kilomètre, le voilà parti. Ce moment privilégié qu'il attendait pouvait commencer doucement, en équilibre d'oxygène. Le but n'était pas de réaliser un record mais bien de faire le vide puis de remettre un peu d'ordre dans ce cerveau malmené durant une semaine de travail.

Le premier des réglages à faire était de rythmer sa course pour qu'elle soit plus une détente qu'une galère. Le souffle devait suivre la frappe des pas sur le bitume. Ha ! Aujourd'hui est une bonne journée. Le soleil pointe quelques-uns de ses rayons et la course s'annonce facile. Dès le deuxième souffle la promenade et la relaxation pourront enfin commencer.

Déjà il rencontre une première voiture qui le frôle.

— Plus vite, espèce de farci !

Dans sa tête, en reprenant son souffle, il sourit en pensant à ce conducteur qui s'engraisse non seulement au niveau du ventre mais également de son esprit en narguant les vrais plaisirs que nous offre la vie. La course se liquéfie comme le ruisseau ayant trouvé un passage à travers la colline. Sa respiration devient moins haletante et moins bruyante, et il commence à profiter du merveilleux paysage qui l'entoure. Cela fait cent fois qu'il passe par là, mais la nature change si vite au fil des saisons qu'elle semble ne jamais vouloir montrer la même chose. Peut-être pour dire au monde qu'elle lutte chaque jour contre l'ennui, la routine grâce à tous ces petits changements qui la rendent si étonnante. Ce champ qui se redessine après être passé chez le coiffeur, ces arbres truffés de feuilles et de fruits, ces haies verdoyantes, et ces ceps de vignes qui changent la couleur de leur champ à chaque saison…

— Ouaff !

— Putain de chien !

À chaque fois qu'il passe par là, ce chien lui fait faire le même écart. Il devrait s'en souvenir pourtant, mais non, à chaque passage, ce gros doberman fonce tête baissée derrière son grillage, à travers les haies de troènes qui cachent une magnifique propriété avec une piscine que l'on devine à peine derrière d'épais feuillages. Il va falloir s'habituer à entendre le concert d'aboiement tout le long de la propriété, et même au delà, car cet excellent gardien des lieux s'est aménagé au fil des passages des promeneurs quelques petits recoins secrets dans chacun des angles du terrain privé de ses maîtres.

Petit à petit, au fur et à mesure qu'il s'éloigne, il retrouve le calme de la campagne. Et ce n'est pas ce vieux tacot qui va contredire cette sérénité même s'il dégage tant de fumée et d'odeur de gasoil mal brûlé. Une petite côte annonce un peu d'essoufflement qu'il rattrapera dans la descente qui suivra.

— Après une côte vient toujours une descente !… Jamais s'arrêter dans une côte !…

Quelques phrases types qui le motivent à chaque fois que sa course devient trop pénible. Effectivement après l'effort déployé dans la montée, un peu de plat et surtout la descente lui permettait, en se laissant filer, de reprendre le meilleur des rythmes cardiaques et respiratoires pour poursuivre son chemin dans de bonnes conditions. L'équilibre à la fois d'oxygène et de foulées lui amène maintenant à ses narines grandes ouvertes une multitude d'odeurs disséminées dans cette formidable nature. Chacune de ces odeurs lui titille déjà l'esprit. Des solutions à ces noirs problèmes de la semaine pointent leurs éclats et leurs satisfactions. Quelques fois, au détour d'un chemin, Il lui prenait l'envie de crier comme cet artiste voulant faire partager sa joie avec son public. L'odeur de l'herbe mouillée venant s'associer à la vision féerique de deux colonnes d'air frais bien chargées de soleil et de rosée lui rappelaient quelques bons souvenirs. Il rêve, les yeux pourtant bien ouverts sur ce spectacle naturel qui s'offre à lui.

— En équilibre d'oxygène ! C'est très important !

Il appréciait cette chaleur humide des matins ensoleillés et passait rapidement dans les coins d'ombre qui subsistaient pour rafraîchir quelques instants les promeneurs. Hum ! Et cette odeur des résineux qui rappelle de si bons moments en famille, l'été au bord de mer, ou l'hiver près du sapin de Noël.

— Pan !

— Mince ! Des chasseurs !

Il craignait un peu ces chasseurs. Pas tous, car il savait bien qu'il n'y avait aucun risque devant la majorité d'entre eux expérimentés et raisonnables, ceux-là même qui ne viennent pas que pour faire un « carton » mais pour flatter la nature en ne tirant qu'à coup sûr vers le gibier qu'ils ont reconnu et non vers un bruit semblant provenir d'une « éventuelle » bête à tuer à tout prix. Le permis de chasse ne peut garantir le calme de l'esprit en n'importe quelle circonstance. Il le sait et reste sur ses gardes au cas où.

En quittant la route pour un petit chemin de campagne, il garde les yeux et les oreilles bien ouverts afin de guetter et repérer un éventuel homme déguisé en kaki.

— Pan !

Les battements de son cœur se sont accélérés car ce dernier coup vient de résonner très près de lui. Ce n'est pas très agréable pour la ballade car il se sent maintenant obligé de faire un peu plus de bruit que d'habitude pour se laisser repérer par les chasseurs. Ses raclements de gorge et sa toux forcée hachent son souffle et brisent son rythme.

— Ho ! Hé !

Plus il court, plus les claquements brusques se rapprochent. Tout à coup, il se rend compte qu'il a franchi le point le plus difficile de sa course obnubilé par l'angoisse de rencontrer, face à lui un chasseur fou et de risquer l'accident stupide. Il a beau faire le plus de bruit possible, il craint malgré tout qu'on le prenne à tort pour je ne sais quel animal.

Les coups de feu semblent s'éloigner à présent. Ils sont de moins en moins fréquents et de plus en plus faibles. OUF ! Le danger semble s'écarter tout doucement, et la course peut reprendre une allure plus agréable. La perturbation avait atteint toute la campagne aux alentours. Plus aucun chant d'oiseau ne se faisait entendre. Il ne distinguait alors que le fond de lui-même, à cause de cette excitation involontaire, l'accélération de sa circulation sanguine propulsée à très grande vitesse résonnant à grand fracas dans tout son corps.

Tout étant redevenu calme, la course peut reprendre son intérêt. Après quelques minutes de tranquillité, il oublie même ses angoisses et replonge avec plaisir à corps perdu dans cette nature qui l'invite à la méditation. Malgré le bruit occasionné par son souffle encore un peu fort, il entend à nouveau les piaillements de quelques petits oiseaux insouciants sortant de leur cache lors de ce paisible instant.

Hop ! Il saute par-dessus ce petit ruisseau qui avait réussi à creuser patiemment son lit en travers du chemin ombragé. Même cet arbre avait dû travailler ses racines pour se rapprocher au mieux de cette source providentielle créant au bon milieu du sentier des sortes de veines gonflées par des années d'effort.

Attention à ne pas se tordre les chevilles en sautant par-dessus ces obstacles naturels !

Un rayon de soleil chargé de millions de fines gouttelettes de rosée filtrant parmi les branches envahies pourtant d'un épais feuillage donne une nouvelle dimension à ce bois qui devient tout à coup merveilleux, sorti tout droit d'un conte pour enfants dans lequel, au détour d'un arbre plus grand que tous les autres, le mystère rejoint la réalité.

Reprenant petit à petit un rythme plus agréable, il retrouve le plaisir de la balade, entouré de cette nature magnifique et enivrante.

Tient ! Un petit lapin ! Là ! Assis à quelques mètres de lui ! Tout effrayé !

— N'aies pas peur ! Viens !

Et comme dans Alice au pays des merveilles, il voulut, quelques instants le suivre, se baisser pour le ramasser…

— Bang !

1.2

Septembre 2018, dans un laboratoire du sud-est de la France.

— Es-tu sûr de ce que tu fais ?

— Fais ce que je te dis ! C'est peut-être le seul moyen d'y parvenir !

— Mais, je te rappelle les conventions ! Elles nous interdisent de lancer un changement dans cette voie ! Ce changement peut provoquer un mal irréversible s'il est mal maîtrisé ! Je ne sais pas si on peut se permettre de continuer !

— Écoutes, soit tu es avec moi, soit tu quittes ce laboratoire ! De toutes les façons, nous n'en avons plus pour très longtemps si nous restons immobiles sans rien tenter ! Je ne peux me résigner à laisser ce cataclysme faire disparaître l'humanité, sans avoir au moins tenté cela !

Le professeur semblait bien sûr de ce qu'il avait décidé de faire. En connectant son brain-hypocortex, il déclencha l'ouverture du 3e fichier. Le scanner de son cerveau confirmant ses droits d'accès, il put dès lors déclencher les processus du système limbique contribuant à encoder la mémoire sémantique.

Les puissants ordinateurs se mirent alors en fonction-relais pour permettre la connexion.

Le contexte plutôt dramatique qu'ils vivaient tous, ces dernières années, n'avait pas vraiment favorisé la recherche scientifique mais, grâce à une forte prise de conscience, le regroupement des moyens avait abouti à l'élaboration d'un centre de recherches extrêmement complet autant en terme d'équipements que de personnel qualifié.

En fait, si c'est vers 2004 qu'apparurent les premiers symptômes du virus H5N1, l'année 2008 fut le théâtre d'une tragédie qui devait précipiter le monde dans un véritable cahot. Les scientifiques de l'époque avaient bien sûr envisagé une pandémie à la hauteur de soixante pour cent de la population mondiale infectée par le virus pour seulement la moitié pouvant présenter les symptômes de la grippe. Son développement fut autrement impressionnant car aidé par un groupe terroriste complètement irresponsable qui en favorisa le taux de létalité en lui permettant d'accélérer sa virulence au moment de la mutation. Le résultat dépassa tout ce qu'on pouvait imaginer puisque pratiquement quatre-vingt-dix pour cent de la population mondiale fut touché. Le taux de mortalité monta tout d'abord de façon exponentielle lors de la première année pour régresser un peu lors des années qui suivirent grâce aux médicaments qui furent développés. En 2018, il restait environ une dizaine de pour cent des milliards d'individus qui peuplaient notre planète quelques années auparavant, la majorité s'étant regroupée pour mettre en commun tous leurs savoirs afin de trouver l'antidote qui pourrait sauver l'humanité restante.

Néanmoins, quelques années précédemment, une équipe de docteurs aurait travaillé sur l'élaboration d'un antivirus que l'un de leurs membres se serait injectée juste avant qu'ils ne meurent tous, foudroyés par la maladie. Ce médecin, perturbé psychologiquement par la mort de ses collègues se suicida quelques mois plus tard.

Une étude très précise sur le temps restant à chaque survivant avait fait une projection assez inquiétante sur un avenir qui s'annonçait extrêmement bref. En effet, le virus était resté assez sage pendant quelques années grâce aux ralentisseurs développés par les biologistes, mais ces médicaments commençaient à donner des signes de faiblesse et la reprise de l'accélération était maintenant annoncée pour la fin d'année… en clair on ne donnait plus que quatre mois voire cinq dans le meilleur des cas, et tous les projets, même les plus farfelus émergeant, étaient considérés.

— Je souhaiterai un accès au sensibilisateur temporel ! reprit le professeur

— Annoncez le code d'accès, répondit l'ordinateur.

— Code : 44 2 1 A @ 25 DFR

— Vous aller entrer dans le cortex du 3e fichier ! Confirmez-vous ?

— Ordre confirmé, sous l'ordre 35 N°4 DF

— Entrée effective dans 15 secondes… 10 secondes… 5, 4, 3, 2, 1… entrée effective.

Le professeur, assis dans son fauteuil sensoriel, sentit tout son corps vibrer. Son assistante, en fait sa compagne depuis quelques années maintenant, restait persuadée qu'il faisait une erreur, mais elle avait toute confiance en lui. Elle le soutiendra jusqu'au bout, même si elle dut y laisser sa propre vie.

Il fallait monter tout doucement la puissance A partir de sa propre liaison brain-hypocortex montée par le professeur sur un casque implanté, tandis qu'elle communiquait directement avec l'ordinateur central, sans à coups.

— Puissance à 80 %… A 90 %… à 100 % ! Professeur, êtes-vous prêt à lancer le contact ?

— Allez-y ! Je suis prêt !

— Ordinateur central ?

— Annoncez votre code d'accès !

— Code : 111 67 B @ 99 XXC

— Code correct !

— Enclenchez la connexion !

En effet, pour des raisons de sécurité, le système n'autorisait aucune action commandée par une seule personne.

Un halo de lumière verdâtre envahit tout d'un coup la pièce en entourant le Professeur sur son fauteuil. Ce dernier semblait endormi, sans réaction ce qui ne surprenait plus la jeune femme qui resta debout face à tous les panneaux lumineux qui clignotaient sans cesse.

— Début de l'expérience Phœnix !! commenta-t-il.

— Aucun problème à signaler ! connexion cérébrale parfaitement en place.

1-3

Tout bascule, très vite, en quelques secondes. Il lui semble être envoyé dans un trou sans fond. Le sol se dérobe sous ses pieds et les beaux paysages laissent la place à une obscurité presque complète. Sa tête lui fait mal et tout tournoie autour de lui.

— Que m'arrive-t-il ? pense-t-il.

Un instant, une minute, une heure ? Combien de temps eut-il l'impression de tomber dans ce trou qui semblait n'avoir pas de fin ? Il ne s'en souvient pas. Mais la réception fut rude et il mit plusieurs minutes avant de reprendre conscience. D'abord il s'assit. Puis il se frotta les yeux comme après un long sommeil.

— Aie !

Il vient de se toucher la tempe. Il est blessé et un peu de sang déjà pratiquement séché subsiste sur ses doigts.

— Hog ! Bahrrha !

Aucun son cohérent ne peut sortir de sa bouche !

— NnnHai

Peut-être est-ce le coup reçu précédemment sur la tête qui lui a bloqué momentanément la parole. Étant couché derrière un buisson, il essaie de se lever péniblement, mais voit rapidement les étoiles en plein jour graviter dans son champ de vision. Son activité sanguine reprenant arrose à flux maximum tout son corps et en particulier sa tête. Après un retour au calme, sa vue redevient presque normale.

Mal à la tête ! De multiples visions viennent s'ajouter à ses maux de têtes. Il s'assoit, se frotte les yeux et se souvient : il courrait tranquillement quand il a dû être touché par un projectile, peut être un plomb de cartouche. Fort heureusement, la blessure semble superficielle, juste une petite éraflure à la tempe droite.

— Aie !

Ho ! La la ! Le paysage tourne autour de lui ! Il n'arrive pas à stabiliser sa vue, comme s'il était pris dans un énorme tourbillon. Il ferme alors les yeux, se calme pour essayer de retrouver rapidement ses esprits. Il venait à peine d'effleurer sa tempe blessée ! La blessure devait être un peu plus sérieuse que prévue.

En rouvrant doucement ses yeux, il regarde autour de lui. Sa vue est redevenue calme. Il tente de se mettre debout…

1-4

Nous sommes en 1943,

Roosevelt, vers 1933, devenu Président des États-Unis, avait fait convoquer un certain Nikola Tesla à Washington pour travailler en tant que directeur sur un projet ultra-secret : « le projet Philadelphie ».

Ce projet, qui avait été déclenché par l'armée pour travailler sur l'optimisation des techniques de camouflages, voyait un formidable rebondissement suite à la parution d'un article de Tesla sur les effets de l'électromagnétisme soutenu par le docteur Albert Einstein lui-même. Le docteur Tesla ne s'était pas étendu clairement sur sa motivation vis-à-vis de ce projet. Il s'était efforcé d'insister sur l'importance de ces recherches, en totale adéquation avec le travail fondamental sur la relativité. C'est ce qui frappa, à l'époque, le Président Roosevelt et son équipe, du fait de la très grande notoriété du Dr Einstein, pour l'annonce de ce projet complètement hors du temps.

En mars 1933, les fonds nécessaires au projet furent vite débloqués, même si les propos de Tesla pouvaient s'avérer pour certains de ses collaborateurs un peu incohérents. Il se vantait être en liaison psychique avec des extraterrestres qui lui indiquaient régulièrement tous les détails de technologie hors du commun mais fort en adéquation avec les résultats positifs de tous ses projets. Son intelligence et ses réalisations impressionnaient tout son entourage qui le considérait sans mal comme un véritable surdoué.

En juillet 1936, les premiers essais réalisés avec succès permirent de débloquer de la part de l'USS Navy tous les fonds manquants pour passer à la dimension attendue, c'est-à-dire le camouflage complet d'un bâtiment de la marine avec tous ses hommes. Ce que le Dr Tesla n'avait pas mentionné dans ses rapports était qu'il attendait à beaucoup plus qu'un simple camouflage.

En 1941, le Dr Tesla réagit fortement en demandant de décaler toute expérience avec des humains. Les bobines de gauss activées dans les générateurs devaient provoquer une telle radiation électromagnétique qu'elles affecteraient de manière extraordinaire et irréversible non maîtrisée la réalité de chaque individu en présence sur le navire. Il tenait cette information confirmée par une conversation dans son sommeil avec une voix extraterrestre ce qui ne convaincu aucunement les commanditaires du projet et notamment la Marine qui considérait pratiquement le Projet bouclé, et arguant que le pays était en état de guerre.

Révolté par cette réaction irresponsable, le Dr Tesla démissionna après avoir saboté discrètement la seconde expérience.

Le Docteur Von Neumann, alors nouvellement nommé pour finaliser le projet, travailla jour et nuit dans son laboratoire. Il ne sortit pratiquement jamais durant plusieurs mois. Les premiers essais étaient imminents.

— Bon sang ! Il manque toujours quelque chose !

Les trois générateurs qu'il était en train de remettre en état étaient positionnés au centre d'une grande pièce à peine éclairée. Mais ce n'étaient pas ces appareils, sortes de tubes de deux ou trois mètres de diamètre, qui impressionnaient le plus, mais bien toutes ces armoires, ces pupitres et ces consoles reliés entre eux par des dizaines de câbles et de fils, comme s'ils étaient emprisonnés dans une immense toile d'araignée.

— Les dégâts occasionnés par Tesla sont difficiles à rattraper et j'ai peur que le troisième générateur soit complètement hors d'usage. Les feuilles manquantes dans le dossier qu'il a laissé ne me permettent pas d'avancer aussi vite que je l'espérai ! Il me faudrait une source d'énergie plus puissante ! Néanmoins nous allons pouvoir faire un essai avec cette table. Sortez s'il vous plaît !

Pour rien au monde les docteurs Gustoff, Clarkson, Hilbert et Levinson, désignés en tant qu'assistants de Von Neumann, n'auraient voulu manquer ce moment historique. Von Neumann avait organisé cette nouvelle expérience en filtrant au mieux les différentes personnes autorisées à y assister. Pas la peine de trop étendre une information qui pouvait aussi bien être formidable que dangereuse, qu'elle réussisse ou non ! Les trois générateurs restant plus ou moins opérationnels furent hissés sur la grosse table à l'aide d'un palan.

Il ne restait qu'une dizaine d'élus présents devant cette vitre blindée.

— Êtes-vous prêts ?... Compte à rebours ! Une minute... trente secondes... dix secondes... 5, 4, 3, 2, 1... Top !

Extraordinaire ! Une forte lumière verte inonda la pièce en recouvrant la table. Et instantanément, la table se coupa en deux, la partie supérieure ayant totalement disparue. Les spectateurs ébahis s'étonnèrent de ce qu'ils venaient de voir. La table semblait désintégrée. Il ne restait plus que ses six pieds et, comme par miracle, les six énormes câbles comme coupés net, flottant dans l'air au-dessus d'eux.

— Quel est ce tour ? Comment pouvez-vous dissimuler l'autre moitié de la table et les générateurs ? Est-ce une illusion d'optique ?

— Non ! Mais ce n'est pas normal qu'il n'y ait pas complète disparition ! Elle est effectivement dissimulée ! mais pas complètement ! Pourquoi ?

La colère du Docteur surprit tout l'auditoire qui ne comprenait pas ses propos semblant fort incohérents. Seul un militaire, représentant les commanditaires, crut avoir compris. Il se retourna vers son voisin, haut gradé de la Navy. L'échange de leurs regards en dit long. La Marine y verrait-elle des applications fort intéressantes pour le pays et la Défense Nationale ? Même si ces premiers essais ne semblaient que peu concluant, cette disparition partielle était suffisamment intéressante pour montrer que le Docteur restait sur la bonne voie. Les investisseurs se sentaient suffisamment en confiance pour débattre favorablement sur la poursuite des recherches en débloquant tous les fonds nécessaires à la poursuite du projet.

Le Dr Von Neumann stoppa l'expérience et, tel un fou, entra dans la salle en claquant violemment la porte derrière lui. La table et les trois générateurs réapparurent aussitôt.

— Quand il est dans cet état, il faut le laisser, rétorqua le Dr Henry Levinson

— Nous allons prendre une bonne nuit de sommeil et demain tout nous paraîtra plus clair.

Toute l'équipe se retira en évoquant ce qui venait de passer.

— Messieurs, je vous rappelle que vous êtes au secret ! Tout ce que vous venez de voir ne s'est jamais produit ! annonça le Commandant le plus gradé en tenant la porte devant l'assistance encore sous le choc.

— De toutes les façons, nous sommes tous consignés dans ces bâtiments depuis quatre mois maintenant sans aucun contact avec le monde extérieur ! Comment voulez-vous que…

Avant que le Dr Clarkson eût pu finir sa phrase, le commandant reprit :

— C'est dans votre intérêt et celui de votre pays ! Imaginez ce qui se passerait si des puissances mal intentionnées venaient apprendre cela ! Je ne donne pas cher ni de votre peau, ni de l'avenir de notre pays ! Allez vous reposer.

Convaincu, mais quelque peu dépité, tout le groupe sortit de la pièce par la porte enfin libérée par le Commandant.

— Il ne faut pas les lâcher ! rétorqua-t-il à son adjoint

— Sinon, ils vont nous claquer entre les doigts !… Au moins jusqu'à la réussite de l'expérience qui me semble imminente, ne pensez-vous pas ?

— Je l'espère car les finances partent à une allure effrénée et les budgets ne sont pas éternels. Par contre, puisque vous en parlez, j'ai peur que le Dr Von Neumann ne soit pas vraiment à la hauteur ! Ne peut-on pas essayer de faire revenir le Dr Tesla ?

— Complètement hors de question ! Il n'a pas respecté les règles que nous nous étions fixées ! Et de toutes les façons, il devenait totalement incontrôlable. Non ! Croyez-moi, je pense que nous avons fait le meilleur des choix possibles.

— Puissiez-vous dire vrai !

1-5

— Chéri ! Ça fait trois mois que nous travaillons pratiquement dix heures par jour sur ce dossier… ce qui représente environ près de dix ans de la vie de cet homme ? N'est-ce pas ?

— C'est à peu près cela ! Deux cent cinquante liaisons environ ! Mais là, je pense que c'est très mal engagé. Notre contact a complètement disjoncté au plus mauvais moment. Tesla est un formidable cerveau, énorme récepteur, mais nous avons trop focalisé sur lui. Trop d'informations tuent l'information !

— Que vas-tu faire ? Il faut qu'ils réussissent l'expérience pour nous donner ce qui nous manque !

— Je garde espoir ! Nous allons essayer les connexions avec Von Neumann !

L'assistante du Professeur vivait avec lui depuis deux ans. Quand on partage la vie d'un homme comme celle du Professeur, on partage également ses passions et ses objectifs. Car il avait, depuis des années, une idée fixe qu'il travaillait chaque jour qui passe. Malgré cela, belle petite blondinette, elle lui avait frappé en plein cœur lors d'une soirée chez un de leurs rares amis. Ils avaient discutés longuement de leurs perceptions de la vie qui s'avéraient très proches et surtout très complémentaires l'une de l'autre.

De cette soirée ils s'en rappelleraient toute leur vie. Elle avait pourtant très mal commencé pour l'un et pour l'autre. Ils n'avaient pas vraiment envie de sortir de leur petit train-train quotidien et si ce n'était pas l'instance de leurs amis, non pas pour qu'ils s'y rencontrent, mais bien pour qu'ils s'obligent à penser à autre chose que le boulot.

La voiture du Professeur qui ne voulait pas démarrer, et ce taxi qui n'arrivait pas. Tout s'était réuni pour empêcher cette rencontre. Aux portes de la salle, le grand gaillard qui filtrait toutes les entrées avait même tenté de faire obstacle à leurs accès.

— Mais laissez-les entrer ! Ils sont avec nous ! entonna une voix au bout du couloir.

Heureusement, car ils étaient tout prêts à tourner les talons.

Après avoir déposé leurs effets au vestiaire, le Professeur se métamorphosait en un ravissant pingouin dans le magnifique costume qu'il avait trouvé en fin d'après midi. Tandis qu'elle semblait sortir d'un magazine de mode tant elle était belle. Un parfum flottait délicatement dans l'air…

— « L'air du temps de Nina Ricci », n'est-ce pas ?

— Ho ! Un connaisseur ?

— En fait, cette délicate attention rehausse merveilleusement votre extraordinaire beauté !

Il n'en revenait pas d'avoir dit cela ! Mais, il la trouvait si ravissante… les mots, les pensées déferlaient dans sa bouche et dans sa tête à une rapidité inouïe sans qu'il eût véritablement envie de les freiner. Il se sentait bien !

Elle était plus réservée que timide ! Son éducation l'avait formée à rester prudente devant les inconnus. Mais ce soir, elle ressentait comme un bien être, une sécurité. Elle se laissait porter par les mots de cet homme qu'elle connaissait depuis son adolescence, mais qu'elle n'avait jamais osé aborder…

— Venez, que je vous présente, repris la voix du libérateur de l'entrée. Professeur Francis Ginolla, Mlle Alice Gr…

— Enchanté ! interrompit spontanément la jeune femme.

— Vous travaillez au même endroit et apparemment vous ne vous êtes jamais rencontrés ! Le Professeur travaille sur le Projet Phœnix IV. Il a aménagé les transferts temporels grâce aux brain-hypocortex qu'il a mis au point suite à ce dossier qu'il a eu le bonheur de découvrir, par hasard, dans une cave juste à la fin de la grande épidémie. Alice dirige la partie biologie qui essaie de découvrir pourquoi ce projet a avorté au début du XXIe siècle suite à un certain nombre d'événements humains particulièrement tragiques.

— Nous travaillons sur le même projet et nous ne nous sommes jamais rencontrés ?

— Mais, Francis, je peux vous appeler Francis ?

— D'accord, mais à la seule condition que je puisse en retour vous appeler Alice !

— Bien volontiers, Francis ! Je vous ai remarqué à plusieurs reprises, mais vous étiez tellement absorbé par vos passions et votre travail que ni moi, ni personne, je pense, ne pouvait vous surprendre et vous en dégager ! Sachez que, m'étant documenté sur vous, je vous estime beaucoup, surtout pour tout ce que vous avez fait pour enrayer définitivement les effets terriblement dévastateurs de la grande épidémie…

— Stop ! Je me permets de vous interrompre ! Je n'ai pas l'habitude de me faire mousser de la sorte, et vous m'embarrassez. Parlons un peu de vous, puisque vous avez une longueur d'avance sur moi !

— Je travaille dans le service biologie pour le projet Phœnix. J'essaie avec mon équipe de détailler tous les événements qui ont conduits à ce que vous savez, afin de pouvoir modifier les données pour permettre les transmutations physiques…

— Non ! Pas de boulot ! Que faites-vous dans la vie… « extérieure », quelles sont vos passions, vos rêves… ?

— Je voudrais pouvoir revenir en arrière afin de revoir mes parents que je n'ai pas suffisamment connus. Ils sont partis trop vite sans que j'ai pu leur dire tout mon amour et combien ils me manquent aujourd'hui ! (une petite larme perlait sur sa joue) « Connaître la même vie que celle qu'ils ont pu vivre avant ! La campagne, les oiseaux, les animaux, les vacances à la mer ou à la montagne ! tout cela ne fait partie que de mes rêves ou de vagues souvenirs inscrits dans des vieux films pleins de soleil et de printemps ! »

Francis buvait littéralement ses paroles avec plus de délectation que la meilleure de toutes les boissons qu'il avait pu goûter jusque-là. Il l'écoutait tout en contemplant son merveilleux petit minois encadré d'une coiffure blonde au carré parfait, ni trop long, ni trop court. Ses grands yeux étaient bleu-gris, bien dessinés, mystérieux, pétillants. Sa bouche soulignée d'un rouge à lèvres discret s'ouvrait sur des dents bien alignées. Et que dire de son corps habillé, non mieux que cela, « ganté » dans un fourreau si près du corps qu'il suggérait une silhouette parfaite. Des seins bien fermes qui pointaient par deux petits tétons qui avaient beaucoup de mal à dissimuler leur envie de se faire connaître. La taille, les hanches et des jambes parfaites qui apparaissaient de temps en temps par la fente de la robe. Décidément, Francis ressentait un désir profond monter en lui, et il avait du mal à contenir son attirance vers la jeune femme.

Sans s'en rendre compte, Francis et Alice avaient discuté pendant plusieurs heures, de tout et de rien, de leurs passions la musique, la peinture, la nature, l'histoire. Seuls les serveurs avaient pu les interrompre dans leurs conversations grâce à leurs petits fours, amuse-gueules et quelques verres qui amenèrent un peu de couleur aux yeux et aux joues d'Alice. La soirée approchait de son terme. Les derniers invités se dirigeaient vers la sortie.

— J'ai passé une excellente soirée en votre compagnie Alice ! Je n'étais pas très chaud pour venir ce soir, car je pensai me retrouver soit avec des vieux croûtons pleins aux as, vous voyez ceux qui se vantent de nous faire avancer aujourd'hui ! ou tomber parmi ces curieux qui m'auraient interrogé des heures et des heures pour tout savoir et tout connaître du projet ! Finalement on a bien fait de rester un peu à l'écart, n'est-ce pas ?

— D'autant que d'autres que nous savent comment et quoi répondre en ce genre de circonstance !

— Vous êtes merveilleuse, j'ai l'impression, ce soir, d'avoir rencontré un ange !

— Ho ! Vous allez me faire rougir !

— Puis-je me permettre de vous raccompagner ? Vous logez au centre, n'est-ce pas ? Ma vieille guimbarde se fera un plaisir d'accueillir un être aussi fabuleux que vous… Ho ! Ne vous faites pas de soucis pour votre robe, j'ai passé l'après-midi à nettoyer l'intérieure de ma voiture !

— Si vous insistez ! Merci beaucoup.

Il est vrai que l'aspect extérieur de son auto ne payait pas de mine. Mais c'était une BMW quand même et à l'époque c'était un véhicule très coté et très classe. Il avait effectivement fait cet effort de nettoyage pendant plus de trois heures à tout passer en revue : rangement, aspiration, dépoussiérage, lavage, sur tous les organes internes de l'habitacle visibles et invisibles.

En fait, c'était plus pour décompresser que dans le but de ramener quelqu'un. Cela faisait plusieurs mois qu'il buttait sur un problème qu'il n'arrivait pas à résoudre et un fort besoin de faire autre chose l'avait poussé dans la BM, pour une petite heure d'abord, puis deux… et comme il ne savait pas faire les choses à moitié, il y était resté trois heures complètes. La voiture en était sortie « nickel ».

Arrivé au centre, il se gara, ouvrit la porte de son invitée comme un grand seigneur, en la saluant comme un prince.

— Si vous voulez bien, ma princesse !

— C'est trop d'honneur ! (grand éclat de rires)

Il la raccompagna jusqu'à l'entrée de son bâtiment et devant la grande porte.

— J'espère que personne ne vous attend, derrière cette porte ! Alice, j'ai passé un formidable moment en votre compagnie, et je souhaiterai vous revoir ! que faites-vous demain midi ? Voudriez-vous déjeuner sur le pouce avec un modeste chercheur ?

— Hé Hé. (petit rire) Moi aussi j'ai passé une très belle soirée avec vous ! Non, il n'y a personne derrière cette porte, ni dans ma vie ! Oui, pour demain midi, mais à une condition c'est que ce repas sur le pouce soit suffisamment long pour discuter un peu tous les deux !

Francis s'approcha d'Alice pour lui dire bonsoir. Elle s'avança au même moment et leurs lèvres se touchèrent quelques secondes, minutes, heures… qu'importe ! Comme deux adolescents, ils se quittaient pour la nuit avec chacun des rêves pleins leurs esprits.

À peine la porte verrouillée derrière elle, Alice ferma les yeux et un soupir de contentement exprima en elle un bien être inouï. Elle était plus heureuse que jamais elle ne l'avait été de toute sa vie. Elle monta les escaliers quatre à quatre jusqu'à sa chambre en repensant sans cesse à ce qu'elle venait de vivre. Était-ce un rêve ou bien la réalité ?

Francis, quand à lui, contenait le cri de Tarzan. Que lui arrivait-il ? Il avait envie de chanter, même s'il savait qu'il chantait horriblement faux, envie de danser comme dans ce vieux film de l'époque qu'il se rappelait avoir vu, « Singing in the rain ». Il était tout bonnement heureux et il s'étonnait tout seul de pouvoir l'être autrement qu'avec des réussites au niveau de son travail.

Depuis cette fameuse nuit, ils se sont revus jour après jour, de plus en plus fréquemment, délaissant un tout petit peu, il est vrai, les premiers temps, leur objectif principal : « le Projet ». Mais rapidement, ils se rendirent compte combien ils auraient à y gagner dans l'association de leurs recherches et découvertes.

— Je te promets que tu reverras tes parents ! lui avait-il même dit un soir qu'ils étaient enlacés l'un contre l'autre.

1-6

Il se relève tout doucement, un peu sonné, se retouche la tête. Pas de saignement !

— Bon sang ! Y en a marre de ces abrutis qui ne respectent rien ! crie-t-il tout à coup au travers des arbres qui l'entourent comme si quelqu'un ou quelque chose allait lui répondre.

Il ne faut pas rester là ! Ne sait-on jamais, il avait peut-être été touché volontairement ! Cette idée lui avait traversé quand même l'esprit quelques secondes. Mais aussitôt abandonnée, cette stupide conclusion avait aussi vite disparu qu'elle était apparue.

Il se sentait pouvoir reprendre sa course pour rentrer chez lui, tranquillement, en équilibre d'oxygène. La tête lui faisait un peu souffrir, mais pas tant que ça. Il fallait reprendre un rythme de croisière, trottinant dans un premier temps et reprendre le chemin du retour, sa femme allait s'inquiéter de ne pas le voir arriver dans les délais habituels.

Le chemin qui sillonne dans la campagne au-dessus de son village surplombe un moment toute la vallée. Cet endroit, particulièrement grandiose, le « reboostait » à chaque fois qu'il l'atteignait. Cette matinée ensoleillée éclairait d'autant de couleurs naturelles toute cette campagne mêlant les verts et les bruns face aux bleus du ciel.

Maintenant la descente ! Attention ! Il savait que dans la descente, il se laissait toujours surprendre par l'entraînement du poids de son corps occasionné par la pente assez prononcée.

Au fur à mesure qu'il prend de la vitesse, ses pas deviennent plus lourds, plus forts, tapant le bitume au rythme du freinage de sa course. Le sang affluant de plus en plus vers sa tête occasionne une sorte de battement résonnant sur toute la partie arrière de son crâne.

— C'est pas vrai ! pense-t-il. Ça va me perturber cette histoire !

Il s'arrête et se touche la tête machinalement comme pour essayer de trouver un point de soulagement. C'est alors que sa vision devient toute floue, puis complètement déformée comme enveloppée dans le cocon d'un épais brouillard.

Après quelques secondes qui lui parurent une éternité par la frayeur provoquée par ce phénomène, il reprend tout doucement ses esprits… ou tout du moins, il en a l'impression. À ses yeux tout paraît bizarre. Autour de lui, le paysage a disparu. Il voit sans pouvoir faire un geste. Il ne peut tourner la tête, avancer ou même se toucher ! Sa vision n'est nette que pour quelques objets proches. Il voit comme un ancien tacot flambant neuf, là, juste devant lui… puis, soudainement le tacot disparaît pour laisser place à une grande maison de maître ! Une femme en sort, grande, magnifique ! Elle se dirige vers lui ! Elle est habillée avec une longue robe vert bouteille rappelant une mode 1900. Un chapeau sur son chignon est rehaussé de deux ou trois plumes de faisan. Elle sourit de ses grands yeux verts en laissant apparaître de sa bouche pulpeuse à souhait des petites dents mordillant sa langue.

— Qui êtes-vous ? demande-t-il angoissé.

La femme et tout le reste disparaissent aussitôt. Tout à coup, une chambre se distingue dans la pénombre. Il voit une grande fenêtre puis une énorme armoire… enfin il voit, mais sans vraiment le vouloir, comme un film à la télévision, mais sans écran !

— Qu'est-ce qui se passe ?

— Voilà que j'entends des voix maintenant ! J'ai du trop forcer sur la goutte hier soir ! répond un inconnu.

— Mais qui êtes-vous ? Où êtes-vous ? Je ne comprends pas ce qui m'arrive ? Où suis-je ?

— Mon dieu ! Il y a quelqu'un !… Je suis armé ! Entendez-vous ?

L'image qui apparaît va maintenant dans tous les sens, comme affolée. Elle se stabilise quelques instants sur ce qui semble être l'entrée de cette chambre, s'en rapproche tout à coup… Il voit une main se saisir de la poignée de la porte et l'ouvrir instantanément. Un couloir tout en longueur à peine éclairé par un petit fenestron donne sur trois ou quatre portes… la vision se retourne rapidement dans l'autre sens… le couloir débouche sur un escalier qui descend.

— Personne ! C'est peut-être le voisin !

Paralysé au sens propre comme au sens figuré, il n'ose plus rien dire. Il subit ces images sans pouvoir les maîtriser le moins du monde. Le voilà refermant la porte d'entrée de ce qu'il discerne réellement comme une chambre puisqu'il remarque parfaitement le lit maintenant. Il a l'impression d'être dans le corps d'un autre… il rêve ?!! Mais ça à l'air si réel ! Si vrai !… Il voit le traversin puis le drap se soulever et se rabattre sur lui…

Sa vue redevient floue, et, progressivement, le chemin, les talus et tout le paysage environnant revient autour de lui. Il est assis par terre dans l'herbe sur le bord du chemin.

— Je peux bouger mes mains, mes jambes, ma tête ! se dit-il, tout sourire, comme un gamin qui venait de trouver ses cadeaux de Noël. Mais que s'est-il passé ? Bon dieu, je deviens fadât !… Il faut que je rentre maintenant.

Reprenant ses esprits sur place pendant quelques secondes, il s'étire, respire à fond à plusieurs reprises et décide de reprendre sa course…

1-7

— Dr Von Neumann ! ne pensez-vous pas qu'il s'agisse d'un déséquilibre entre les générateurs ? Étant donné que le troisième générateur est fortement endommagé, la puissance électromagnétique…

— Stop ! J'ai relu plusieurs fois les notes de Tesla…

— Mais il vous en manque un morceau…

— Je ne crois pas que ce soit le plus important !

Le docteur John Louis Von Neumann était un petit homme un peu enveloppé. Sa petitesse n'était que physique car il était extrêmement intelligent. D'origine Suisse, il avait d'abord reçu un diplôme d'ingénieur chimiste pour retourner très vite à ses premiers amours mathématiques. L'explication de tous les phénomènes de la vie par les sciences restaient sa seule logique.

— J'ai calculé ce qu'il manque ! Je crois qu'il s'agit plus d'un problème de source d'énergie que de génération magnétique ! On manque de puissance ! rétorqua-t-il. Je crois que nous sommes prêts à faire un essai en vraie grandeur… à condition de pouvoir disposer de plus de puissance ! Dr Clarkson ! essayez de nous calculer la quantité d'énergie nécessaire pour assurer le fonctionnement de seulement deux générateurs sur les trois, en doublant leurs puissances respectives. Dr Levinson! quel type de câbles faudrait-il pour véhiculer un tel courant électrique sur une centaine de mètres?

— Une centaine de mètres?

— Au moins!... Afin de garantir l'alimentation et notre contrôle des opérations sans risquer d'être perturbé à notre niveau... et surtout pouvoir nous permettre d'intervenir pour tout stopper en cas de problème majeur.

Après quelques jours de calculs ininterrompus de chacun des membres de l'équipe, Von Neumann annonça au Commandant de l'US Navy:

— Commandant! Nous sommes prêts! Il nous faut un navire d'une taille suffisante pour réaliser nos essais en vraie grandeur! Pouvez-vous nous mettre cela à disposition aussi rapidement que possible?

— Vous aurez ce que vous demandez! J'avais fait mettre un escorteur à quai, dans le port de Philadelphie, spécialement disponible pour l'expérience. Il s'agit de l'U.S.S. Eldridge.

— Dans ce cas, prévoyez une bonne quinzaine de jours pour tout installer sur le croiseur! Par contre, il nous faudrait au moins deux cargos pour l'accompagner et loger les alimentations ainsi que tout notre matériel de contrôle.

Le Commandant acquiesça, plus par dépit que par plaisir, afin que cette expérience arrive enfin à son terme. À vrai dire, lui, ses supérieurs et surtout les financiers de ce Projet commençaient à perdre un peu patience à cause des dépenses faramineuses qui venaient d'être englouties. Somme toute, plus que quelques semaines et ce sera la fête!

Trois semaines plus tard, le croiseur fut fin prêt. Deux gros cargos l'entouraient déployant plusieurs câbles qui le tenaient comme pour l'empêcher de s'échapper. Au centre de l'escorteur furent montés les deux générateurs. Sur les bateaux accompagnant, des tonnes de matériels électriques furent fixés solidement sur les ponts. Chaque homme d'équipage des deux bâtiments ayant été trié sur le volet, avait signé un contrat sur lequel il était stipulé toute la reconnaissance du pays pour leur participation active à la Défense Nationale, en état de guerre et surtout l'obligation de garder le secret total sur tout ce qu'il allait entendre ou voir durant l'expérience sous peine de se retrouver en exil et de ne plus jamais revoir sa famille, au moins pour ceux qui en avaient encore, car un des critères de choix des volontaires était la situation familiale la plus limitée possible.

— Le fait que les câbles touchent l'eau ne risque-t-il pas de poser un problème ?

— Non ! Non ! Commandant ! le docteur Levinson a calculé tous ces câbles afin qu'ils supportent toutes les contraintes liées à l'expérience ! Vous pouvez lui faire confiance ! J'ai moi-même contrôlé ses calculs !

Tout était en place. L'expérience allait pouvoir commencer.

— Tous à son poste ! cria le Commandant.

Tout cet ensemble, hors du commun, était solidement arrimé à des quais un peu en retrait du port de Philadelphie. En fait, il était très tôt ce matin-là et, afin de ne pas éveiller tous les curieux qui auraient pu entraver le Projet, les deux cargos, très imposants, n'avaient pas été choisis que pour supporter tous les équipements indispensables à l'expérience, mais également pour tenter d'envelopper au mieux le croiseur pour le soustraire aux regards indiscrets.

Les membres de l'équipage des deux cargos s'affairaient sur les ponts en lançant les derniers ordres nécessaires à la stabilisation des navires. La mer, fort heureusement jouait le jeu, car aucune vague importante n'était annoncée. Le temps clément favorisait une excellente matinée totalement en phase avec la réussite de l'expérience attendue.

— Il est temps d'abandonner le croiseur ! lança le Commandant

— ÉQUIPAGE DE L'USS ELDRIDGE ! ABANDONNEZ LE NAVIRE ! gueula le second.

Tout était paré ! Le docteur Von Neumann resta un peu en retrait, même s'il avait rassuré son entourage composé de plusieurs personnages dont il avait entendu parler, mais qu'il ne connaissait pas vraiment. Avec lui, les docteurs Gustoff et Clarkson s'activaient au niveau des différentes armoires électriques remplies de voyants et d'indicateurs divers. Sur l'autre cargo, raccordés par un téléphone, les docteurs Hilbert et Levinson assuraient le contrôle des alimentations auxiliaires.

— Tout est OK ! Docteur Von Neumann ! On peut commencer !

L'instant fatidique tant attendu de tous allait arriver. Le Dr Von Neumann était debout face à un pupitre d'un mètre cinquante de large sur lequel étaient disposés quelques boutons et voyants, ainsi qu'un gros potentiomètre de réglage.

— Si tout le monde est prêt, nous allons commencer l'expérience !

— Vous pouvez y aller docteur ! répondit le Commandant, chaque homme est à son poste et votre équipe est en place.

— Bon ! Messieurs, cet instant est historique ! Ce que vous allez voir, personne avant vous ne l'a jamais vu auparavant ! Je vais appuyer sur ce bouton, et tourner ce potentiomètre jusqu'à la puissance maximale.

Von Neumann s'exécuta. Il appuya sur un bouton situé à gauche du pupitre et un bruit sourd commença à se faire entendre. Le sol vibrait doucement. Les aiguilles des indicateurs commençaient à bouger vers la droite. Jusqu'à lors tout se déroulait comme prévu. Von Neumann prit de bouton du potentiomètre et débuta une rotation lente de celui-ci vers la droite. Le bruit et la vibration prirent plus d'ampleur au fur et à mesure qu'il progressait dans la rotation du potentiomètre. Les aiguilles grimpaient au même rythme sur tous les indicateurs surveillés par l'équipe du Projet.

— Premier palier ! Tout se passe bien ! lança-t-il. Demandez à l'équipe du docteur Levinson comment les appareils se comportent !

— Aucun problème ! vous pouvez passer au deuxième palier.

Il avait prévu trois paliers pour garantir le succès de l'expérience. Au deuxième palier entrèrent en fonction les docteurs Gustoff et Clarkson qui devaient contrôler l'alimentation des trois quarts des besoins. Au dernier palier ce fut le tour des docteurs Hilbert et Levinson d'assurer le complément de la pleine puissance et plus si cela devenait nécessaire. En effet, Von Neumann avait volontairement majoré tous les résultats que ses calculs lui avaient apportés. Pas question d'échec ! Il était trop prêt du but pour ne pas réussir aujourd'hui !

— Regardez ! Il se passe quelque chose au niveau du bateau !

En effet, toute la partie supérieure de l'USS Eldridge était comme attaquée par un énorme cocon de lumière verte semée de millier d'étincelles… Il était de moins en moins visible et disparut progressivement pratiquement jusqu'à sa ligne de flottaison. Un brouhaha de stupéfaction vint presque couvrir le vrombissement des alimentations électriques.

— Mon Dieu ! Quel est ce stratagème ? Comment faites-vous ? C'est comme une barrière de lumière qui nous empêche de voir le croiseur !

— Il va vraiment disparaître ! reprit Von Neumann un peu excédé. Prévenez Levinson nous allons passer en pleine puissance !… Troisième palier !

Les étincelles se faisaient de plus en plus nombreuses et la lumière verte de plus en plus intense. Von Neumann continua à tourner lentement le gros bouton du potentiomètre de commande. Les aiguilles de tous les indicateurs commencèrent à vraiment s'affoler. L'opérateur chargé de la liaison avec le deuxième cargo avait de plus en plus chaud, le combiné lui entait presque dans l'oreille. C'est certain qu'après l'expérience, il conserverait la marque de l'appareil sur tout le côté de sa figure. De grosses gouttes de sueur coulaient sur ses tempes.

— Tout est OK ! cria-t-il fébrilement au docteur qui fit un léger sursaut.

Les vibrations ressenties sur tout le navire angoissaient maintenant chaque homme présent, provoquant une gêne extraordinaire amplifiée par un grondement sourd de plus en plus soutenu. On avait l'impression que les cargos allaient tout bonnement se disloquer.

— Nous sommes en pleine puissance Docteur ! Et le croiseur n'a pas totalement disparu ! cria le docteur Gustoff.

— Il faut amener plus d'énergie ! répondit Von Neumann.

— Mais Docteur, je ne sais pas si ça va tenir !

— Ha ! Ce n'est plus le moment de se poser ce genre de question ! Nous avons tout contrôlé, ensemble, rappelez-vous ! On doit y arriver.

Et le docteur continua de tourner le bouton vers la droite. Une fumée commençait à sortir des appareils et des câbles. L'équipage était en émois.

— Bon sang ! Tout va exploser ! hurla un des investisseurs invités à la démonstration. Il faut évacuer le navire !

— Non ! cria le docteur, tout va se stabiliser ! Nous y sommes presque ! Cet échauffement est tout à fait normal ! Nous maîtrisons la situation !

Cette ambiance particulière en apparence maîtrisée semblait complètement surréaliste. La chaleur dégagée des équipements fit monter une forte tension chez tout le monde. Le docteur Von

Neumann ne l'avait pas forcément prévue, mais il se restait étrangement calme. Il ne s'était jamais senti si proche de son objectif. Plus qu'à quelques minutes de l'apothéose et de la gloire.

1-8

Dans son laboratoire, Francis pestait seul dans son coin.

— Ce n'est pas possible d'être aussi fermé ! aussi à cheval sur la logique et tellement enclin à rejeter cette réalité !

— Qu'est-ce qui se passe ? tu n'arrives pas à établir la liaison ?

— Impossible de stabiliser le lien ! La connexion se fait, mais elle s'interrompt aussi rapidement qu'elle s'est établie… il y a comme un rejet de l'esprit de Neumann… il n'y croit pas…

— Ou il ne veut pas y croire ! Tu sais, j'ai parcouru son profil à plusieurs reprises et il en ressort un pur mathématicien qui repose tout ce qu'il voit et entreprend sur une logique implacable !

— Si on arrive pas à communiquer, il risque de reproduire encore l'erreur qui perturbe le résultat du projet Phœnix !

— Mais c'est la réalité Francis ! Je te rappelle que tes « transferts » ne sont autorisés que pour ramener le maximum d'informations pour mieux comprendre ce qui s'est passé afin de progresser dans notre projet.

— Il faut que je parvienne à ce qu'il comprenne… au moins pour tous ces malheureux !

— Attention ! Francis, n'oublies pas qu'on reste surveillé par la commission ! Cet espèce de gardien de prison qu'est Randock !… J'ai du mal à le supporter !

Francis, tenace et persuadé qu'il pouvait faire quelque chose pour progresser plus rapidement et éviter une catastrophe annoncée et écrite, se sentait tout à fait prêt à transgresser tous ces interdits qui affluaient autour de ses recherches. Il avait lu et relu tous les rapports encore disponibles et rassemblés autour des expériences réalisées sur le projet depuis son démarrage. Il avait été révolté de s'apercevoir qu'on pouvait mettre en péril l'humanité toute entière devant l'envie de puissance. Il était fier de ne pas être comme tous ces abrutis. Il ne pouvait pas penser ni vivre autrement pour avancer, vivre tout simplement.

— Je dois essayer encore !

1-9

Le Commandant, même si sa position l'obligeait à ne pas le montrer, restait anxieux. L'enjeu était trop important à cet instant pour passer à côté ou pour en reporter l'échéance. Tout cet argent déboursé depuis le début du projet... ce serait trop difficile de réclamer une rallonge si la réussite annoncée ne se concrétisait pas aujourd'hui devant tous ces grands pontes. Il demeurait stoïque. Ni son visage, ni son attitude ne transpiraient une quelconque inquiétude. Ces collaborateurs et ses subordonnés le contemplaient régulièrement admiratifs devant son comportement et son flegme face à une situation aussi surprenante.

Le Commandant avait suivi un plan de carrière fulgurant. Mais c'était son caractère qui lui avait permis d'être au poste qu'il occupait maintenant depuis plusieurs années. Intransigeant, presque inhumain dans certains de ses ordres, il était craint de tous. Grand, bien taillé, les cheveux courts en brosse, toujours en tenue, il vivait seul et n'avait aucun univers autre que celui du travail et de la caserne. Il semblait aussi dur à l'intérieur qu'à l'extérieur. Rien ne semblait perturber cet homme qui avait réussi très rapidement à se faire respecter grâce à des choix et des décisions qui s'étaient tous révélés opportuns depuis le début de sa carrière.

Tous s'affolèrent de plus en plus. Certains se retournaient dans tous les sens comme pour tenter de repérer au plus tôt l'issue qui leur permettrait de sauver leur vie au cas où ! Seuls quelques personnes dont le docteur Von Neumann semblaient rester maîtres de la situation.

Il continua la rotation du bouton, imperturbable. L'atmosphère devint de plus en plus difficile à supporter pour certains qui n'avaient plus qu'une obsession : sortir au plus vite de cet enfer !

— Regardez ! Le bateau a complètement disparu !

Dès lors, plus rien ne compta. Les angoisses et la peur qui rongeait pratiquement tous ces hommes embarqués dans cette aventure disparurent en un instant. Tous ceux qui en avaient la possibilité se retournèrent vers le croiseur pour découvrir un spectacle hors du commun.

L'USS Eldridge n'était plus présent entre les deux cargos.

1-10

De retour chez lui, Franck n'avait qu'une envie : celle de parler à quelqu'un de l'incident qui venait de se produire quelques minutes auparavant. Il était en sueur mais certainement plus que d'habitude. Il est vrai qu'il fait très chaud ce matin, mais ça ne justifie en rien cet espèce de bouillonnement dans sa tête. Il s'assoit, enlève ses chaussures et se dirige vers la cuisine pour se servir un grand verre d'eau.

— C'est toi ? Tu as été bien long aujourd'hui ! Tu n'en fais pas un peu trop, dis-moi ? J'ai toujours un peu peur quand je ne te vois pas revenir dans les temps habituels ! Préviens-moi à l'avance lorsque tu décides d'en faire un peu plus !

— Ça va ! Tu te fais trop de soucis ! Par contre, il m'est arrivé un truc…

Sa femme déboule alors comme une folle dans la cuisine.

— Tu es blessé ! Qu'es-ce que tu as ?…

— Non ! En fait, j'ai rencontré des chasseurs et…

Franck réfléchit rapidement sur les conséquences de son histoire sur sa femme. Comment va-t-elle réagir ? Ne va-t-elle pas s'affoler, se poser et lui poser des tas de questions ? Puisque après tout, il n'avait rien ! Un petit choc à la tête ! un petit étourdissement sans gravité ! Et puis, la connaissant, elle lui ferait la vie à chaque fois qu'il rechausserait ses Nike pour courir ! Non, il avait vraiment besoin de cette bouée de sauvetage dans cette vie trépidante et fatigante qu'il menait.

— Et quoi ?

— Bien ! Je crois que j'ai sauvé un petit lapin… D'ailleurs, je ne sais pas s'il a eu plus peur de moi que du chasseur mais, grâce à moi, il s'est échappé !

— Ho ! Ho ! Tu es sûr que tu ne me caches rien, dis ?

Ha ! Ces femmes sont terribles ! Elles doivent avoir un sens particulier de double vue ou quelque chose de ce genre. Elle avait saisi qu'il manquait des explications plausibles sur l'état particulier dans lequel elle venait de trouver son mari. Tenace, elle était loin d'abandonner et elle comptait bien utiliser toute sa finesse pour percer au clair ce qui le perturbait. Elle le connaissait bien maintenant et elle savait qu'il valait mieux rester patiente que d'essayer à tout prix d'obtenir les informations qu'elle attendait.

— Va prendre une bonne douche, et tu seras mieux ! D'abord, qu'est-ce que tu sens fort !!…

Il est vrai qu'une forte odeur de transpiration avait envahi toute la pièce. Suivi d'un petit sourire complice, il finit de boire son deuxième grand verre d'eau, le pose et se dirige vers la salle de bain. Après tout, que s'était-il vraiment passé ? Un rêve provoqué par un étourdissement ! pas plus !…

Il entre dans la salle de bain, enlève ses vêtements de sport trempés de sueur, les entasse dans la corbeille à linge et monte dans la douche. L'eau qui commence à couler sur tout son corps, lui fait un bien fou. Ha ! Bon sang que c'est bon ! Il s'asperge de gel douche et commence à se frotter. Une douce odeur « tonifiante au bois des tropiques » se répand de la poitrine jusqu'aux pieds. Il s'agenouille en se saisissant du flacon de shampoing duquel il fait jaillir une noisette de produit. Il commence à se frotter le sommet de la tête à l'aide de sa main droite, la gauche tenant la pomme de douche. Puis il se touche l'arrière du crâne, tout d'abord sans appuyer. Puis, sentant comme une petite douleur, il insiste et frotte.

— Mince ! Ça recommence !

Sa vue redevient floue, puis tous les éléments qui l'entourent disparaissent complètement de son champ de vision. Tombant doucement assis sur ses genoux, il reste bien bloqué dans cette position peu agréable mais soutenue. Des gens qu'il ne connaît pas apparaissent alors devant lui dans une sorte de vapeur ou de paysage très mal défini.

— Où suis-je ?...

1-11

— Vous avez réussi Docteur ! Bravo !

Des applaudissements se firent entendre dans tous les coins des deux cargos. Effectivement le croiseur n'était plus visible. Tous les câbles restaient pourtant bien tendus et, chose extrêmement surprenante, demeurant bien connectés aux appareils montés sur les ponts des cargos, ils n'aboutissaient à rien, comme sectionnés, brutalement, en l'air, au niveau duquel le bateau avait disparu quelques minutes au préalable.

— Docteur, l'USS Eldridge s'est désintégré !

— Mais non ! Messieurs, il a tout simplement disparu de votre vision !

— Comment est-ce possible ?

— Je ne peux vous dévoiler toute l'explication qui justifie ce phénomène, mais sachez qu'il s'agit d'une agitation des molécules qui composent ce navire et qui, grâce à un champ magnétique extrêmement puissant, vous empêchent de le voir. Mais en fait il est toujours là !

L'excitation était à son comble. Des discussions se faisaient entendre ça et là. Plus personne ne se semblait perturbé par les vibrations de toutes ces machineries parsemées sur les bateaux.

Était-ce possible ? Véritablement fascinant ! Faisaient-ils tous partie d'un rêve ou était-ce la réalité ?

— Messieurs ! S'il vous plaît !! ... S'IL VOUS PLAÎT ! cria le docteur Von Neumann. Je vous prie de garder votre calme ! Nous allons le faire réapparaître !

Extraordinairement impassible, le Docteur, en fait, jubilait. Il avait enfin réussi ! Pour lui, c'était l'aboutissement de toute une vie de travail, d'acharnement, d'obstination pour une cause qui, ce matin, en valait vraiment la peine. Mais sa position lui rappelait qu'il devait se maîtriser devant toutes ces personnes qui, aujourd'hui, le considéraient comme un homme exceptionnel. Il savait qu'il avait encore à franchir un dernier seuil avant de crier victoire.

— Commandant ! Rappelez vos hommes à leurs devoirs !

— Lieutenant ?

— Oui, Commandant ?

— Dites à tous les membres de l'équipage de revenir à leurs postes respectifs !

— TOUT LE MONDE À SON POSTE !

Comme attirés par des aimants, tous les opérateurs se dirigèrent maintenant vers la position qu'ils occupaient juste avant le début du phénomène. La structure organisée reprit sa place en renouant avec la vraie réalité d'une atmosphère pesante, bruyante et particulièrement fumante. En effet, il était temps de rabaisser la puissance car le matériel commençait à donner de sérieux signes de faiblesse.

Les câbles et les consoles fumant de tout bord, donnaient au site un aspect excessivement inquiétant. On avait de plus en plus de mal à distinguer la proue du navire, sans parler de l'autre cargo dont la silhouette se devinait à peine derrière ce brouillard artificiel. Et cette chaleur qui remontait jusqu'au pont supérieur... devenait difficilement soutenable. Il fallait faire redescendre le niveau énergétique le plus tôt possible… tout en respectant les paliers sous peine de perdre un maximum d'équipements.

Le Docteur Von Neumann tourna le potentiomètre vers la gauche. Les aiguilles continuaient à s'affoler en oscillant d'une manière terriblement inquiétante. Le vrombissement occasionné par les vibrations avait soudain rappelé à chacun l'équilibre précaire de la situation et, même s'il restait placide, le Docteur suait à grosses gouttes. Il continua à tourner le potentiomètre.

— Nous allons pouvoir stopper les alimentations numéro trois !… Docteur Levinson ; êtes-vous prêt ?

— VITE ! DOCTEUR ! JE NE CROIS PAS QUE LES APPAREILS POURRONT TENIR PLUS LONGTEMPS !

On avait l'impression que le docteur Levinson était dans la pièce tant sa voix qui sortit du combiné du téléphone était forte ! L'opérateur chargé de la communication entre les deux cargos tenait le combiné à bout de bras pour ne pas devenir sourd. La tension se faisait de plus en plus perceptible, non seulement au niveau des membres des équipages des deux bateaux, mais également sur les visages très apeurés des accompagnateurs. Le bruit devint insoutenable.

— TOUT VA EXPLOSER ! éclata un des financiers. IL FAUT QU'ON SORTE D'ICI AU PLU VITE !

— CALMEZ-VOUS ! essaya de convaincre le Docteur, Docteur Levinson, vous m'entendez ? Dans cinq secondes vous coupez tout !… quatre… trois… deux… un… COUPEZ !

Levinson suivit les ordres lancés au travers de la ligne téléphonique et s'exécuta avec l'espoir, au fond de son être, que son action allait permettre de faire revenir toute cette situation à la normale. Mais malgré son action, le vrombissement continua sans vraiment de différence suffisante pour rassurer chacun des hommes présents.

— DOCTEUR ! J'AI COUPÉ… MAIS… RIEN NE SE PASSE ! lança le Docteur Levinson.

— Je pense qu'il faut continuer à baisser le niveau de puissance jusqu'au décrochage des générateurs… répondit Von Neumann en se retournant vers le Commandant et essayant de trouver un regard compréhensif qui puisse le soutenir dans ce moment terrible. Il n'allait pas échouer maintenant ! Si près du but !

Il continua à tourner le bouton vers la gauche… encore… et encore ! « Descend… Je t'en prie » pensait le docteur. « Mon Dieu ! aidez-moi ! » Sa main restait crispée sur ce gros bouton noir dont les stries entraient progressivement dans sa chair. Il tourna… encore… encore !

— Docteur Gustoff ! Tenez-vous prêt à couper l'alimentation numéro deux !… Dans cinq secondes… quatre… trois… deux… un… TOP !

— ALIMENTATION COUPÉE DOCTEUR !

1-12

— Ho la ! Monsieur Randock ! Quand on parle du loup… que nous vaut cette visite impromptue ?

Un homme relativement grand, environ un bon mètre quatre-vingt, quatre-vingt-dix kilos de muscles assez bien répartis sur tout le corps, remplissait pratiquement l'embrasure de la porte d'entrée. On devinait à peine son regard au milieu d'un visage camouflé dans le contre jour occasionné par l'ouverture. Il sortit alors de son enveloppe de lumière pour s'approcher de Francis. Il portait un costume sombre comme par analogie à certains agents secrets. En fait il aimait être comparé à ces hommes en noir qui débarquaient toujours dans les quelques minutes qui suivaient un événement extraordinaire sans jamais quitter leurs grandes lunettes de soleil noires, même sous une pluie battante. En fait, il aimait être craint et son physique aussi bien que son allure travaillaient pour lui dans ce sens.

— Professeur Francis Ginola, rassurez-moi ! J'ai l'impression que vous essayez te tenter quelque chose qui pourrait me déplaire ! Dites-moi que je me trompe !

— Mais, vous vous trompez ! Puisque c'est ce que vous voulez entendre !

— S'il vous plaît ! Ne me prenez pas pour un imbécile ! Montrez-moi vos derniers comptes rendus d'essais…

— De quel droit ? Même si vous êtes reconnu par tous comme une grande autorité, je n'ai aucun compte à vous rendre !

— Francis ! Ne soyez pas si agressif vis-à-vis de Monsieur Randock !

Préoccupé par l'arrivée du responsable de l'autorité, Francis n'avait pas remarqué Théodore Grandt, le Directeur de l'institut. C'était le grand patron du Projet Phœnix, celui vers qui toutes les idées devaient converger et qui assurait depuis trois ans la parfaite coordination de tous les groupes de recherches qui gravitaient autour du projet.

— Monsieur Grandt, que se passe-t-il ? Vous savez bien que j'apprécie vos visites, même imprévues ! Mais, je ne comprends pas que vous autorisiez cet homme à me demander des comptes !

— Francis ! Calme-toi et écoutes ce que veut te dire le Directeur !

— Merci Alice !… Francis, nous savons que vous avez réalisé plus de contacts que ceux annoncés et prévus dans les protocoles. Néanmoins, nous craignons que vous ne dépassiez les autorisations…

— Bon sang ! Théodore ! Assez de prendre toutes ces formes avec lui !…

— STOP ! Randock ! Vous êtes peut-être l'autorité ici, mais nous ne sommes en aucun cas des attentistes ! Et qui dit autorité ici, veut dire surveillance et contrôle sans violence ! C'EST BIEN CLAIR !…

Randock, devint de marbre. Il n'appréciait pas être reprit de la sorte, même par un supérieur. Mais il savait se contenir, pour mieux traiter la situation.

— Francis, Vous êtes certainement un de nos meilleurs éléments… mis à part toi Alice ! (Petit sourire d'Alice !) Je ne voudrais pas être obligé de vous remplacer au sein du Projet… mais je ne pourrais pas faire autrement si vous restez en électron libre ! Vous me comprenez, n'est-ce pas ?

— Professeur Grandt ! Vous me connaissez mieux que certains et je vous en dois une forte reconnaissance. Mais vous devez continuer à me faire confiance ! Sachez que tous mes actes sont corrélés aux objectifs du Projet et il n'en sera pas autrement !

— J'ai confiance… mais sachez qu'il en va de notre avenir à tous ! Un dérapage pourrait avoir des conséquences inimaginables ! Il faut que vous en soyez conscient !

Francis était tellement perturbé par les avertissements du Directeur Grandt, qu'il ne s'était même pas rendu compte du départ de Randock. Ce qu'il avait en tête risquait de bousculer un peu les règles établies. Il fallait réfléchir aux moyens de parvenir à atteindre le but qu'il s'était fixé sans pour cela subir les agressions du gardien. Il avait sa petite idée… c'était peut-être ce petit sourire à peine visible qui rayonnait sur son visage qui inquiétait le Directeur.

— Ma chère Alice ! Je sais que tu me relaies pour lui faire entendre raison !

Le Directeur émouvait toujours Alice avec ses grands airs de « l'époque » comme elle aimait à le dire, et plus particulièrement quand il lui prenait la main pour l'embrasser. « Trop cool ! » pensait-elle. « Ça, c'est du savoir faire avec les femmes ! »

Toutes ces scènes faisaient plutôt rire Francis, mais plaisaient bien évidemment à Alice qui, comme toutes les femmes, appréciait ces petites attentions et le faisait savoir avec son petit air malicieux en destination de Francis.

Randock s'appelait en fait Julius Randocosen. Il avait fait changer son nom et avait volontiers fait oublier son prénom pour paraître plus autoritaire. D'origine Polonaise, il avait répondu à un appel de la Haute Autorité afin de les aider à canaliser les ardeurs de chacun dans le but d'éviter les extrêmes connus lors des siècles précédents. Il fallait mettre tout en œuvre pour empêcher de reprécipiter la population du monde dans un nouveau cahot. « Plus jamais ça ! » Oui, mais, connaissant l'être humain et ses intentions prédatrices animales bien cachées au fond de lui-même, le Gouverneur et ses administrateurs avaient jugé nécessaire de tuer dans l'œuf les pulsions malsaines pouvant rejaillir du plus profond de chacun. Ils l'avaient choisi en lui rappelant que son rôle, en tant que Gardien de l'Autorité, se limitait au contrôle du respect des « règles de base » votées au lendemain de la grande épidémie par tout le peuple rescapé. Le Gouverneur avait longuement discuté avec ses administrateurs du risque de donner même un soupçon de pouvoir à un homme tel que Randock. La décision avait été prise sous le couvert d'un contrat très précis sur les limites de ses responsabilités. Il lui avait été demandé de ne rien faire seul sans rendre compte à ses supérieurs et, malgré quelques craintes émises par certains, on avait opté pour la confiance.

Randock était souvent accompagné d'un petit bonhomme à l'aspect taciturne qui savait tout sur tout. Il avait tout fait, avait tout vu, avait un avis sur tout puisqu'il avait tout pratiqué ! C'en était pénible, car forcément ça paraissait très exagéré. Mais il avait tellement de bagou que tous ceux qui l'écoutaient, finissaient par le croire… ou presque… peut-être par dépit… ou par fatigue… ou par respect ! Toujours est-il qu'il avait sa place au côté des plus grands en leur amenant de nombreuses réponses à leurs questions. Il vivait maintenant dans les mêmes quartiers que son supérieur à l'entrée même du centre de recherche. Une partie du bâtiment leur avait été dédiée et ils s'y étaient installés en compagnie d'une équipe de cinq personnes dont trois femmes affectés à la surveillance permanente du centre. Une batterie d'écrans habillait les murs de trois salles de contrôles, plongées dans une ambiance sombre et inondée du bleutée émanant des télévisions toutes en fonction. Bien sûr, une attention particulière était portée au laboratoire de Francis soupçonné de préparer une action interdite. Randock avait désigné tout spécialement deux de ses hommes pour se relayer dans une surveillance ininterrompue du labo.

— Tout se passe bien, Patron ! Aucune action engagée à l'encontre des règles !

Afin d'assurer une attention complète sur les actions de Francis, Randock, avec le soutien du Directeur du centre de recherches, avait fait installer plusieurs mouchards reproduisant et enregistrant les moindres faits et gestes de quiconque voulant utiliser le système « cortex cérébral ».

— Parfait ! prévenez-moi pour tout ce qui pourrait vous paraître louche ! Je n'ai absolument pas confiance en cet homme et j'ai l'impression que ce soir il va se passer quelque chose !

Les yeux rivés en permanence sur les écrans, chaque surveillant trouvait le temps particulièrement long, surtout qu'il ne se passait vraiment rien de très excitant. Ils avaient tous suivi Randock dans sa mission de contrôle avec un peu d'espoir d'être désignés à des tâches un peu plus de terrain. Mais cet espoir s'amenuisait au fil du temps qui passait, malgré les propos régulièrement convaincants de leur chef: « Vous serez bientôt remplacés pour aller effectuer des contrôles directement sur le site ! ». Mais, ce soir ! avait dit Randock ! ce devait être le vrai démarrage de l'aventure qu'ils attendaient tous.

Ce soir-là, c'était le tour de garde de Phil et de Flo. Il était impossible d'avoir une conversation intéressante avec Flo. Elle était butée et voulait toujours avoir le dernier mot. Elle laissait venir ses proies et, comme un prédateur, les déstabilisait au point de les rendre aussi vulnérables que de jeunes adolescents, puis les écraser restait un jeu d'enfant. Phil, du fait de son caractère très sociable, était le seul à pouvoir rester en faction suffisamment longtemps avec elle sans que l'ambiance ne dégénère. Randock le savait et avait, à plusieurs reprises, évalué l'intérêt de ce binôme qui s'équilibrait dans les deux sens.

Le regard de Flo passait d'images en images. Elle ne restait pas en place, faisant de temps en temps des figures d'art martiaux impressionnantes qui relevaient sa souplesse et son agilité. Phil, quant à lui, la regardait de temps en temps, certes admiratif, mais préférait une activité plus calme qu'il retrouvait dans la lecture. Ceci ne l'empêchait pas de consulter aussi régulièrement que possible les écrans de contrôles disposés devant lui. Il avait la capacité de pouvoir observer plusieurs choses en même temps dans son champ de vision sur environ cent cinquante degrés.

— Flo ? J'ai l'impression qu'il se passe quelque chose !

— Écoutes Phil, ça fait dix fois que tu me fais le coup ! Houch !... HAAaaach !

— Attends ! Arrête un peu tes exercices deux secondes et regardes l'écran 3 !

— HUUMmm ! YAAaachhh !

— S'il te plaît ! Regarde !

Devant l'insistance de Phil, Flo, quelque peu excédée, arrêta son entraînement et se rapprocha de Phil. L'écran 3 montrait une vue du Labo de Francis et ce dernier en train d'ouvrir l'armoire de contrôle. Flo sortit aussitôt son téléphone et appela.

— Chef ! Il se passe quelque chose ! Le voyant rouge « V203 » vient de s'allumer !

— Enregistrez ! J'arrive immédiatement.

1-13

Pendant quelques secondes qui parurent une éternité, rien ne se passa. Puis, d'un coup, les aiguilles commencèrent à descendre brutalement. Les alimentations décrochaient enfin. Les appareils semblaient se calmer tous en même temps. Von Neumann sentit une certaine délivrance l'envahir dans tout le corps. Apparemment, il n'était pas le seul. On vut sur pratiquement toutes les têtes des soupirs de soulagements.

— Docteur ! Une minute de plus et c'était l'explosion !

— Vous aggravez la situation qui restait entièrement sous contrôle, mon cher ! Le décrochage des générateurs s'est bien produit à l'instant que j'avais calculé !

Intox ou réalité ? Difficile de savoir tant l'attitude du docteur semblait imperturbable. Seules les quelques gouttes de sueur sur son front pouvaient trahir une quelconque inquiétude, quoiqu'elles pouvaient toujours s'expliquer par cette ambiance particulièrement bouillante autant physiquement que moralement pour chaque personne présente.

En se retournant, le docteur chercha à évaluer les réactions des investisseurs. Il en manquait deux ! En balayant le poste de commande, Von Neumann remarqua l'un des deux hommes blotti recroquevillé sur lui-même dans un coin de la pièce. Le deuxième se releva d'un coup, derrière une table de contrôle située dans le fond de la salle.

— Tout va bien, Messieurs ? lança le docteur en conquérant. L'expérience est terminée ! J'aimerais connaître vos réactions à chaud, si je puis dire !

— Extraordinaire ! tout simplement EX... TRA... OR... DINAIRE ! Nous n'avons jamais rien vu de pareil ! Félicitations, Docteur ! Quand pensez-vous faire les essais avec un équipage ?

— Écoutez, cette phase restait cruciale pour continuer l'expérience dans les meilleures conditions. Nous avons franchi ce matin un bon remarquable vers l'objectif que nous nous étions fixés ensemble. Maintenant, il faut que je passe en revue tous nos calculs pour valider et intégrer la capacité humaine au niveau de l'expérience.

— Mais apparemment, vous maîtrisez parfaitement la situation et ce sera juste une formalité pour vous, n'est-ce pas ?

— Je vous l'ai déjà dit, je ne veux prendre que le minimum de risque, surtout au niveau des hommes qui seront choisis et embarqués sur le croiseur lors de la phase finale.

— Pouvez-vous déjà annoncer une date ?

Le Docteur Von Neumann était un peu irrité par tant d'empressement. Tous ces aristocrates ne se doutaient pas des démarches plus nécessaires qu'obligatoires qu'il fallait mettre en place pour assurer le meilleur déroulement souhaité d'une expérience telle que celle engagée ici. Ils ne pensaient décidément qu'à leurs portefeuilles qui, il est vrai, en avaient pris un coup depuis le début du projet. Aussi proche du résultat, il fallait maintenant aller au plus vite au dénouement.

— Nous sommes le 22 juillet ! Si on estime que les équipes sont pratiquement recrutées par vos services de renseignements de l'USS Navy, n'est-ce pas Commandant ? Si on considère que mes calculs sont uniquement à repasser en contrôle et qu'il y a une petite révision à prévoir sur le matériel qui a, comme vous vous en êtes rendus tous compte, un peu souffert aujourd'hui ! Je propose la date du 12 août pour réaliser ce troisième essai !

Les investisseurs se concertèrent à voix suffisamment basse pour qu'on ne perçoive qu'un chuchotement persistant. Ils levaient de temps en temps un regard interrogatif vers le Docteur et reprenaient leurs échanges. C'est le Commandant qui stoppa net leur conversation.

— C'est parfait, Docteur ! À condition que vous teniez cet engagement !

— Vous avez ma parole, nous n'avons jamais été aussi prêt ! Je ne vois rien qui puisse décaler l'aboutissement de notre projet. Par contre il nous faudra l'aide du Docteur Bifield.

— Merci Docteur ! Nous savions que nous pouvions compter tous sur vous ! Mais, expliquez-moi ! Pourquoi Bifield ?

— C'est un expert en fréquences radio et nous en aurons besoin pour nous affranchir d'un maximum de câbles !

— Bon ! Bon ! Nous verrons cela plus tard ! Allez, Messieurs, il est grand temps de prendre congé ! Si vous voulez bien me suivre ?

Le Commandant raccompagna les investisseurs vers la sortie en leur servant le même sermon qu'il avait fait lors de la sortie de la première expérience : « ne pas communiquer à des personnes extérieures non habilitées sans son autorisation express ; lui remonter aussitôt tout événement suspect qui pourrait remettre en cause ou, bien pire, faire avorter l'expérience ». Rendez-vous était pris dans moins d'un mois…

1-14

— Chéri ! CHÉRI ! FRANCK ! FRANCK, réponds-moi !

Sylvie, la femme de Franck ayant entendu un bruit étrange provenant de la salle de bain, venait de découvrir son mari à genoux, inconscient. Elle essayait depuis une bonne minute de le faire revenir à lui en lui donnant de petites claques sur ses joues. Affolée, elle commence à crier en le secouant de toutes ses forces.

— FRANCK ! Mais, qu'est-ce qu'il t'arrive ? AU SECOURS ! VENEZ M'AIDER ! QUELQU'UN !

— C'est bon ! dit Franck tout à coup en revenant à lui. Tout va bien ! Je vais bien !

— FRANCK ! Bon sang, tu m'as fait une de ces peurs ! Qu'est ce que tu as ? J'ai bien senti depuis le retour de ton footing que quelque chose clochait ! Tu es tombé ? Dis-moi !

— En fait je ne voulais pas t'inquiéter, mais j'ai croisé des chasseurs et une pierre, un éclat ou je ne sais quoi m'a frappé à la tête par ricochet…

— Tu es blessé ! Je le savais qu'un jour ça arriverait ! Mon Dieu, on aurait pu te tuer…

— ARRÊTES ! J'ai rien ! Je n'ai même pas saigné une goutte de sang !

— Alors comment expliques-tu tes absences ?

— Ce n'est pas le plus étrange ! À chaque fois que je pars, j'ai l'impression de me retrouver dans le corps d'un autre… Je peux même lui parler !

— Ho ! Ho ! Écoutes, je vais téléphoner au Docteur Dubois pour qu'il t'examine au plus tôt !

Connaissant sa femme, il était hors de question que Franck ne la contredise lorsqu'elle était dans un tel état d'affolement. Et puis, une petite visite de contrôle ne pouvait pas lui faire de mal, après tout.

Sylvie s'assure alors que Franck puisse se lever et ressortir de la cabine de douche sans problème avant de se rendre au salon pour téléphoner à leur docteur de famille.

— Allô ! Docteur Dubois ? Mme Cales à l'appareil. Excusez-moi de vous déranger, mais mon mari vient de faire un étourdissement et je suis très inquiète. Pouvez-vous venir le voir ce matin ou dois-je le mener aux urgences ?

— Écoutez, je suis dans votre quartier dans le cadre de mes visites à domicile… je consulte mon carnet de rendez-vous… éventuellement, je peux passer d'ici une dizaine de minutes ! Cela vous convient-il ?

— C'est parfait, Docteur ! Nous vous attendons.

Sylvie, encore sous le choc, retourne aussitôt près de son mari pour tenter de se rassurer. Il est debout dans la salle de bain, comme si rien ne s'était produit. La crise, si on pouvait appeler ça de cette façon, semblait passée. Franck, finissant de s'habiller, se retourne vers sa femme et lui dit :

— Tu sais, tout va bien, maintenant ! C'est la troisième fois que ça m'arrive depuis l'incident de ce matin. Ce qui m'inquiète n'est pas que je tombe dans les « vap », mais plutôt ce qui se passe après… ça reste aussi excitant qu'inquiétant !

— Le choc à la tête a dû très certainement occasionner un traumatisme au niveau de ton cerveau. Tu sais les chocs à la tête sont toujours inquiétants. Je préfère que tu te fasses voir par un spécialiste !

— On verra ce que va dire le docteur Dubois ! À propos, tu l'as eu ? Il vient quand ?

— Il arrive, il est dans le secteur et va faire un crochet pour t'ausculter ! Tiens ! Je crois que c'est lui !

En effet, on vient de sonner au portail. L'aboiement des chiens ne laisse aucun doute, ce n'est pas quelqu'un de très connu, et un petit coup d'œil à la fenêtre confirme l'arrivée du médecin. Sylvie va l'accueillir en repoussant les chiens qui continuent à aboyer l'intrus. En repoussant les deux animaux, elle l'introduit dans la maison après lui avoir serré la main pour lui remercier d'avoir été si diligent. Maintenant dans le salon, Franck apparaît au docteur.

— Alors Monsieur Cales, que vous arrive-t-il ?

Franck raconte en quelques mots le résumé de son aventure. Il lui parle des coups de feu et des éclats lui ayant frappé l'arrière du crâne. Il n'oublie pas de mentionner ses départs en inconscience dans un espèce de rêve si réaliste, qu'il avait vraiment l'impression d'être dans le corps de quelqu'un d'autre.

— C'est effectivement très bizarre, ce que vous me dites ! Mais, ces absences arrivent n'importe quand ?

— Non, Docteur ! il y a un facteur déclencheur ! Apparemment ça se produit à chaque fois que je me frotte la tête à ce niveau-là !

— Faites voir ! Non Il n'y a aucune trace d'hématome en surface du crâne qui reste un peu rouge néanmoins. Je pense qu'il faudrait faire des examens un peu plus poussés pour être certain qu'il n'y a pas eu de dégât à l'intérieur ! Je vais vous recommander à un de mes collègues spécialisé en neurologie. Il s'agit du Professeur Ballard. Il sera plus à même de diagnostiquer ce qui se passe réellement à partir d'un scanner.

Franck et sa femme se doutaient bien qu'ils n'auraient pas une réponse rapide à leur angoisse. De toutes les façons, il fallait passer par un généraliste pour aller voir un spécialiste, c'était la règle et il la respectait même si elle leur paraissait stupide car forcément plus longue et plus coûteuse. Pourquoi faire simple quand on pouvait faire compliqué ? C'est vrai qu'il fallait filtrer tous ces gens qui abusaient des liens directs avec les spécialistes forcement plus chers pour l'Assurance-maladie, mais par ce système, on occultait le fait que l'on multipliait le nombre de consultations, qu'on canalisait les visites des spécialistes vers les « collègues » des généralistes et pas forcément vers les plus capables de répondre aux problèmes des patients, mais, le plus grave, c'est que certaines maladies reprenaient de l'ampleur par l'abandon de la part de nombreuses personnes devant la complexité du circuit de santé pour parvenir devant le meilleur interlocuteur.

Par chance ou plus certainement suite à un appel du docteur Dubois, Sylvie parvenait à obtenir une consultation auprès du Professeur Ballard, un rendez-vous venait d'être annulé pour l'après midi. « Il faut battre le fer quand il est chaud ! » pensa-t-elle. Franck restait plutôt prudent quant à cette consultation. Ce n'était jamais très agréable de se faire triturer par le corps médical même pour la bonne cause. Soucieux de connaître malgré tout certaines réponses, il décide d'en prendre son parti.

— Nous avons rendez-vous à 13 h 30 ! Nous allons manger un morceau, puis nous nous partirons à la clinique !

1-15

Randock venait juste d'arriver dans la salle de contrôle. Il était suivi comme son ombre par Dico encore tout essoufflé d'avoir essayé de suivre le rythme soutenu de son patron impatient de découvrir ce qui se tramait. Il se dirigea immédiatement vers Phil et Flo pour se rendre compte qu'effectivement le voyant rouge « V203 » était bien éclairé ce qui signifiait en fait une intrusion dans le système d'alimentation du générateur principal. Ce soir pour lui, c'était certain, Francis avait franchi les limites autorisées et il allait pouvoir enfin passer ses actions à un niveau beaucoup plus intéressant.

— Écoutez Patron ! Il ne parle pas beaucoup mais je pense qu'il en a dit assez pour vous convaincre ! exposa Flo toute excitée. En appuyant sur le bouton « replay » de l'enregistreur. L'enregistrement débute au moment exact où le voyant s'est allumé ! précisa-t-elle.

— Sylvie ! Passe-moi le tournevis cruciforme. (silence)... J'y suis presque... (silence)...

— Francis, je pense que tu fais une erreur !

— Écoutes Sylvie, nous n'avons pas le choix ! Il faut que je le fasse !... (silence)... Voilà qui est fait !... (la cassette s'arrêta)

— C'est tout ? rétorqua Randock.

— Oui Patron ! C'est ce qu'il a dit et fait jusqu'à ce que vous arriviez !

— Je pense que ça suffit pour nous autoriser à déclencher une surveillance rapprochée, malgré tout, mais pas plus ! Flo et Phil, vous allez vous rendre au laboratoire de Ginolla et ne plus quitter de vue ni lui, ni sa femme dès lors qu'ils seront près de la machine ! Je veux que vous me fassiez un rapport très précis sur leurs faits et gestes au moins une fois par jour !

Quelle aubaine pour les deux compères ! Ils allaient enfin sortir de ce trou. Ils envisageaient déjà, chacun à sa façon, bien entendu, l'exécution de leurs tâches. Ils étaient fin prêts et n'attendaient plus que leur ordre de mission signé par leur chef pour se rendre sur leur nouveau lieu de travail.

À peine les documents en main, ils s'extirpèrent de leur « geôle » comme attirés par l'air libre qui les attendait au dehors. Ils espéraient ce moment depuis le début de leur mission. C'était enfin le jour « J » et ils jubilaient comme deux véritables enfants le jour de leur première rentrée des classes. De ce fait, ils ne mirent pas longtemps pour arriver au niveau du laboratoire de Francis. Préparant l'ordre de mission remis quelques minutes au préalable, Phil avait concocté quelques mots convaincants pour leur introduction inopinée. Flo jouait la surprise en faisant confiance à son instinct de femme particulièrement développé.

— Qui êtes vous et que voulez vous ? interrogea Francis surpris par l'arrivée de ces deux personnages.

— Nous travaillons pour Randock ! Voici notre ordre de mission !

— Sylvie ! Viens voir s'il te plaît ! Nous avons de la visite… deux chaperons nous ont été dédiés pour nous éviter de faire des bêtises ! Décidément, ce Randock n'a vraiment confiance en personne ! Vous êtes Philippe et vous Floriane je suppose !

— Bravo ! vous êtes très perspicace ! répliqua Flo.

— Bien venu, ma chère, dans l'antre du sorcier qui risque de se faire brûler sur le bûcher par notre maître ! répondit Francis en esquissant une révérence.

— Monsieur Ginolla, s'il vous plaît ! Si vous n'avez rien à vous reprocher, nous ne vous embêterons pas, soyez en sûr ! Si vous êtes correct envers nous, nous serons corrects envers vous ! Ne nous obligez pas à intervenir contre vous et tout se passera au mieux.

— Je te trouve trop sympa, Phil ! Moi, je les garde à l'œil tous les deux et je ne les louperais pas s'ils nous jouent un tour de cochon.

Francis avait tout de suite remarqué les différences entre les deux intrus. La femme était sous-pression depuis son arrivée et n'attendait qu'une occasion pour exploser. L'homme semblait plus posé et donc capable d'entendre et de réfléchir avant de passer à l'acte.

Pas même un quart d'heure plus tard, Flo, ayant de plus en plus de mal à se contenir, commençait à agacer sérieusement Francis.

— Que faites-vous ? Pourquoi touchez-vous cet appareil ? Vous n'avez pas l'autorisation d'ouvrir cette armoire ? Attention, avez-vous l'accord de votre direction pour faire ce que vous faites ? Dites, montrez-nous ce que vous avez dans la main ! Que démontez-vous ?…

Excédé, Francis sentait la colère l'envahir peu à peu. Il se forçait à ne pas entrer dans ce jeu risqué qu'elle jouait. De temps en temps, il jetait alternativement un regard irrité à Alice et à Phil comme pour essayer de leur lancer un appel à l'aide dans le but de la faire taire une bonne fois pour toutes. Ces deux derniers avaient bien saisi le message, mais ne savaient pas vraiment comment intervenir sans risquer une altercation avec Flo.

— Bon sang ! Je vous demande…

Cette fois c'était trop ! La goutte d'eau qui fait déborder… le lac car le vase n'était plus incontestablement à la hauteur de l'énervement qui agitait Francis jusqu'au plus profond de son être. En plus, elle l'avait bousculé ! Sans lui faire mal, mais elle l'avait bousculé comme pour le rabaisser, pour se mesurer à lui.

— Maintenant, il y en a assez ! Vos questions, votre suspicion, vous vous les mettez où je pense et vous me laissez tranquille ! Je ne veux plus vous sentir dans mes pattes, c'est clair ? lui répondit Francis en la repoussant de la main droite sur son sein gauche.

Flo n'attendait que ce moment déclencheur. D'un mouvement acrobatique elle esquissa un balayage en arrière sur le côté droit assénant un fort coup de pied sur la figure de Francis qui fut expédié violemment et avec un grand fracas dans un coin du laboratoire. Aussitôt Phil, voyant Francis complètement sonné et Alice qui courrait vers lui en criant comme une folle, intervint au-devant de Flo.

— Es-tu devenue cinglée ?

Aveuglée par son agitation, Flo ne reconnaissait plus personne. Elle semblait sous l'emprise d'un sortilège qui la rendait incontrôlable. Un véritable animal sauvage était debout face à Phil. Un coup partit en sa direction, mal esquivé, le deuxième fut bloqué par le jeune homme qui mit en pratique toutes les leçons de combats qu'il avait suivies avant son engagement. Cette bagarre ne dura que quelques secondes sûrement moins par le fait du plus fort, car Flo restait sans contexte la mieux placée, mais parce que Flo s'était rendue compte de son erreur. Elle recula, les yeux dans le vague. Phil prit son téléphone et appela Randock. Au même moment, Le Directeur, alerté par tout ce vacarme, fit irruption dans le laboratoire pour constater, assez dépité, ce qui se tramait.

— Que se passe-t-il ici ?

— Monsieur le Directeur, la situation est sous contrôle ! Je suis en train de régler cela avec notre chef !... Monsieur Randock ? Nous avons un petit problème...

— Donnez-moi ce téléphone ! RANDOCK ! Je vous conseille de calmer vos sbires ! Vous avez été recruté pour maintenir l'ordre et non pour le perturber ! Je vous mets au devoir de réagir au plus vite sinon je me verrai obligé d'en référer au Gouverneur ! Est-ce suffisamment clair ?

— Pouvez-vous me passer Floriane s'il vous plaît ? répondit Randock aussi calmement que possible.

Difficile de savoir ce qu'ils purent se dire ! Toujours est-il que Flo rendit son téléphone à Phil sans autre mouvement d'humeur. Par suite, impassible et sans un mot de plus, elle quitta le laboratoire. Phil se retrouva seul face au Directeur alors qu'Alice essayait de remonter son mari, un peu sonné.

— Monsieur, nous vous tolérons, ici ! Je vais répéter ce que j'ai dit à votre Patron, si vous avez quelque doute que ce soit, vous devez en faire part à votre hiérarchie sans agir de votre propre chef ! Est-ce bien compris ?

— Pas de problème, Monsieur ! Je...

— Quoi ? Avez-vous des arguments qui pourraient justifier les agissements de votre collègue ? Si c'est le cas, je veux les entendre sur le champ. Dans le cas contraire, faites votre travail et rendez compte ! Point barre !

Phil avait parfaitement compris quoiqu'il ne se sentait pas vraiment concerné par l'incident. Jamais il n'aurait assisté Flo dans un tel débordement de violence qu'il jugeait complètement inutile et même stupide. Le Directeur fort mécontent de cette altercation quitta le laboratoire, persuadé, après la leçon qu'il venait de faire, qu'il pouvait laisser ses protégés en compagnie de ce troisième homme. Au fond de la salle, encore sous le choc, Francis se releva doucement au bras de sa compagne.

— Si vous voulez rester avec nous, lança-t-il, il faudra rester dans un petit coin totalement invisible ! Au moindre problème, je vous fais virer tous les deux !

— Lui ? Il n'y est pour rien ! C'est cette folledingue qui a « pété un plomb ! »

— Je ne peux pas me concentrer avec quelqu'un sur mon dos en permanence !

L'ambiance restait assez tendue. Phil se rangea dans un coin de la salle et observa, de loin, le couple qui travaillait. Alice se retournait de temps en temps un peu ennuyée de voir ce garçon comme puni, au coin. Après tout, il ne méritait pas ça !

Après quelques heures de « vie commune » si on peut dire, Alice se rapprocha de lui et commença à lui parler. Le contact restait sympathique et respectueux. Elle lui posa quelques questions pour mieux le cerner afin de jauger le degré de confiance maximal qu'elle était susceptible de lui offrir. Il lui expliqua comment il était arrivé dans l'équipe de Randock. En fait, à cause de ses parents qui avaient, une grande partie de sa jeunesse, essayé de le persuader de rester fidèle à leurs idées malgré une incompréhension totale de sa propre vision de la vie, il avait vite décidé de se débrouiller seul. Les cours de self-défense qu'il avait suivis par respect pour son père ne l'avaient pas vraiment passionné. Par contre, la longue période qu'il avait passé dans la bibliothèque principale dans le but de nombreuses recherches liées à une formation accélérée qu'il avait choisie avait fait mettre en exergue chez lui une extraordinaire capacité à lire et assimiler de longs ouvrages de toutes sortes. Il se faisait une sorte de défi personnel de faire ressortir l'essentiel d'un texte en quelques minutes seulement. Randock, l'ayant rencontré à plusieurs reprises devant une trentaine de bouquins, avait tout de suite remarqué ce jeune homme tranquille, assez bien taillé mais surtout qui dévorait tous ces ouvrages sans fatigue. Un soir il l'aborda et après une discussion de plusieurs heures, il lui proposa d'intégrer son équipe pour mettre à profit son don de vision pour des missions de surveillance.

— Chéri ! Nous devrions lui montrer le dossier ! Je crois qu'il peut nous aider à déchiffrer la dernière partie du texte !

— Alice, voyons ! Comment faire confiance à un homme de Randock ? Je ne suis pas aussi enthousiaste que toi !

— Écoutes, on n'a pas besoin de lui dire de quoi il s'agit ! Il lit juste le dernier chapitre et nous dit ce qu'il en pense… c'est tout !… Allez ! Fais-moi confiance !

Comment résister à un si doux regard ? Quand Alice prenait cet air malicieux et tellement complice Francis ne pouvait rien lui céder. Il allait encore craquer. De toutes les façons, il avait tellement à faire sur ce circuit électronique qu'il préférait le voir occupé. Et puis, autant Alice que lui s'était « cassé les dents » sur ce chapitre sans pouvoir en comprendre le sens.

— Bon, OK ! Par contre, tu ne lui donnes que le dernier chapitre… et tu gardes un œil dessus !

Alice s'empressa de sortir quelques feuillets d'un dossier qu'elle venait de sortir d'une armoire blindée située à gauche du bureau de Francis. Elle se rapprocha de Phil avec un grand sourire.

— Tenez ! Afin d'éviter que vous ne deveniez neurasthénique, je vous propose un petit exercice. Comme vous m'avez dit que vous aviez des facilités pour déchiffrer et comprendre toutes sortes de textes, je souhaiterais que vous analysiez celui-ci ! Est-ce possible ?

— Pas de problème ! De quoi s'agit-il ?

— Non, non ! C'est le deal ! vous partez de rien et vous trouvez tout !… OK ?

Phil retrouvait enfin une de ses passions : la résolution d'énigme. À peine quelques minutes passèrent qu'il se mit à crier :

— J'AI TROUVÉ !

Alice et Francis n'en revenaient pas ! C'était une blague… cela faisait des mois maintenant qu'ils planchaient sur ce chapitre, et lui en quelques secondes avait découvert la solution ! Impossible…

1-16

Arrivés dans le début d'après midi à la clinique Ste Cécile, fief bien connu du professeur Ballard grand spécialiste en neurologie, Sylvie et Franck restent aussi inquiets qu'impatients de rencontrer l'interlocuteur qui va peut-être les aider à mieux comprendre les phénomènes récents qui les touchent.

La clinique d'architecture extrêmement moderne les impressionne en les rassurant un petit peu par son aspect cossu. On peut s'attendre, vu l'extérieur des bâtiments, à voir à l'intérieur autant d'appareils ultra-performants que de personnel qualifié trié sur le volet et les patients n'ont apparemment rien à craindre sauf d'être pris pour cobaye dans un laboratoire dissimulé au dixième sous-sol… mais tout cela reste de l'anticipation pour Franck qui tente à chaque instant de se rassurer.

Dans l'immense hall d'entrée envahi de superbes plantes vertes et de fleurs multicolores, à gauche, on peut voir une sorte de salle de repos sur laquelle donne une petite cafétéria qui fait également presse. Au centre, un grand comptoir au-dessus duquel on peut lire « Bureau des entrées – Renseignements » domine la pièce. À droite, un immense escalier, sous lequel on devine un grand ascenseur, est superbement orné de peintures, de lithographies et de photographies. Quelques personnes ont l'air de faire partie de la vie de l'établissement. Certains en robes de chambre, d'autres en blouses blanches, voyagent d'un espace à l'autre, apparemment très à leurs aises.

En se rapprochant du comptoir érigé devant eux, nos nouveaux arrivants découvrent trois secrétaires médicales enfoncées dans leurs postes de travail, l'une parlant à un téléphone fixé à son oreille, l'autre tapotant sur un clavier d'ordinateur et relevant de temps en temps son visage vers l'écran, la dernière classant des dossiers d'entrants ou de sortants.

— Bonjour messieurs dame ! Je peux vous renseigner ?

— Nous avons rendez-vous avec le Professeur Ballard.

— Vous êtes ?

— Monsieur et Madame Cales, Franck Cales.

— Ha ! Nous vous attendions Monsieur Cales ! Je vais prévenir le Professeur de votre arrivée… Allô ! Professeur ? Ils viennent d'arriver !… Très bien, je les fais patienter !… Le Professeur va vous recevoir ! Si vous voulez bien l'attendre quelques instants !

La secrétaire leur montre un petit salon juste au pied du grand escalier. Sylvie et Franck se dirigent vers deux grands fauteuils très douillets et s'y installent confortablement. Quelques magazines bien rangés par catégories donnent une nouvelle autre dimension à ce lieu. « Enfin une salle d'attente avec des magazines pour les hommes ! » pense très fort Franck. Une revue sportive avait tout de suite sauté à ses yeux : « Les rapports difficiles entre deux équipes de football – OM/PSG ». Il se penche et prend le document avide d'y trouver un article fort intéressant…

— Monsieur Cales ?

— Tant pis pour l'article… on le déchire ? Non ! Ça fait pas sérieux ! surtout devant le Professeur… On le pose ! se ravise Franck

— Professeur Ballard ? Bonjour ! Je vous présente ma femme !

— Enchanté ! Si vous voulez bien me suivre ?

Le petit groupe se dirige vers l'ascenseur, y pénètre et le Professeur appuie sur la touche 3. En quelques secondes, ils arrivent dans le service Neurologie. Franck se retourne vers Sylvie et d'une petite grimace chuchote :

— Il ne parle pas beaucoup cet homme !

Comme s'il l'avait entendu, Le Professeur se retourne vers le couple avec un petit sourire discret. Il leur ouvre la porte de ce qui s'apparente à son bureau et les y introduit en leur montrant courtoisement deux fauteuils bien rangés devant une grande table en verre sous laquelle on peut voir un ordinateur dernier cri et son écran. Sur le plateau transparent sont disposés un certain nombre de bibelots étranges, sortes de gadgets qu'on donne aux enfants pour qu'ils se tiennent tranquilles.

— Installez-vous confortablement ! Monsieur Cales ? Permettez-moi de vous appeler Franck ! Nous avons tout organisé… l'équipe vous attend pour effectuer un scanner. Mon assistante le Docteur Mallory ne va plus tarder, maintenant ! En fait, mon collègue le Docteur Dubois m'a parlé de votre cas qui semble très intéressant !… Très intéressant !… Nous allons étudier cela ensemble si vous le voulez bien !

— En fait…

Sans avoir le temps d'expliquer quoi que ce soit, Franck est interrompu par trois coups frappés à la porte juste derrière lui. Après avoir été priée d'entrer par le Professeur, une grande femme en blouse blanche apparaît. Son allure ne laisse aucun doute sur ses activités. Hautaine, les cheveux tirés en arrière, un maquillage sans excès mais suffisant pour dénoter un regard autoritaire, une silhouette bien élancée et de longues jambes assez fines, elle regarde le Professeur puis Sylvie, puis Franck.

— Monsieur et Madame Cales, je vous présente le Docteur Mallory. Docteur, Monsieur et Madame Cales !

— Enchanté ! Monsieur Cales, veuillez bien me suivre !

Franck, après avoir jeté un petit regard plein de doutes à sa femme, se lève et commence à suivre son guide. Sylvie reste alors seule avec le Professeur qui commence à lui poser quelques questions.

Difficile de suivre cette grande gigue qui ne marche pas, mais court littéralement. Elle file comme une anguille à travers les couloirs, pousse quelques double-portes sans donner l'impression de se préoccuper de celui qui la suit et qui se prend quelques battants au passage en pleine figure. À croire qu'elle n'est pas tout à fait d'accord avec ce qui se passe, comme si elle subit cette situation plus qu'elle ne la maîtrise.

Cette course effrénée aboutit enfin au laboratoire visé. Une immense porte double sur laquelle sont placardées plusieurs étiquettes dont un sigle radioactif ne laissait aucune ambiguïté sur les opérations réalisées ici. À l'intérieur, quelques appareils compliqués, tous reliés à un pupitre de commande envahi de boutons, d'interrupteurs, de claviers et de voyants multicolores tel le cockpit du dernier Airbus, siègent au centre de la pièce. Tout est blanc, propre et net. Pas une poussière par terre. Un éclairage homogène et presque naturel participe à la clarté des lieux.

— Monsieur Cales ! Allez vous déshabiller, en chaussette et en slip ! Enlevez tous vos bijoux ! Votre alliance, votre chaîne et vos médailles, ainsi que tout piercing… si vous en avez !

Cela se confirmait ! Elle devait être en rogne contre lui, ou contre le monde entier, d'ailleurs ! Sa façon de le regarder et de lui parler ne lui laisse plus aucun doute : elle ne l'aime pas ! En fait, elle n'a l'air d'aimer personne… Y a-t-il quelqu'un qui peut aimer cette femme, ici ?… Franck se résigne finalement à lui obéir en s'enfermant dans cette minuscule salle de déshabillage.

— Madame Cales, Sylvie, c'est cela ?

— Oui, Professeur !

— Voilà, j'irai droit au but ! Votre mari est apparemment atteint d'une déformation de l'arrière de sa boîte crânienne qui entraîne un déséquilibre psychique agissant directement sur l'augmentation du débit sanguin cérébral. Une atteinte du cortex préfrontal projette dans sa mémoire visuo-spatiale des images mentales directement créées par son subconscient. Tout ceci n'est bien évidemment qu'une théorie qui repose sur des cas similaires que j'ai observés sur d'autres patients et qui méritent d'être validée par les examens que nous allons lui dispenser.

— Ce qui signifie que vous allez le garder ici ce soir ?

— En effet, Sylvie ! Mais pas que ce soir. La lourdeur des examens nous oblige, mon équipe et moi-même, à le garder en observation pendant plusieurs jours ! Voyez-vous un quelconque inconvénient ?

— Bien !... Heu !... C'est-à-dire... son travail ! ?

— Pas d'inquiétude, je vous ai préparé un certificat d'arrêt de travail que vous pourrez remettre à son employeur dès demain matin ! Je vous ai également préparé un petit chèque en compensation de la gêne occasionnée par toute cette affaire !

— Je peux l'attendre ?

— Écoutez, les tests et analyses ont certainement débutés, dit-il en regardant sa montre. Je ne pense pas qu'il soit visible avant plusieurs heures... Ça m'embêterai de vous voir perdre votre temps, sachant qu'il est certainement très précieux !... Sylvie, rentrez chez vous et je vous promets qu'il vous appellera dès qu'il sera dans sa chambre... Je m'engage à ce qu'il le fasse dès que possible... Vous pourrez le voir dès demain, si vous le désirez... Mais ce soir, je pense qu'il est préférable pour tout le monde, que vous nous laissiez travailler !

Le ton convaincant du Professeur n'avait aucune équivoque et laissait Sylvie dans une sorte de contentement mitigé. Elle semblait rassurée de savoir Franck entre de bonnes mains, mais son intuition profonde la titillait jusqu'au plus profond d'elle même. Elle ne savait pas quoi répondre à cet homme qui la clouait littéralement sur place. Est-elle soulagée ou doit-elle éviter de donner sa confiance en cet homme ? Après tout, pourquoi y aurait-il un problème ? Le problème est bien que Franck tombe dans les pommes sans raison, qu'il a peut-être un hématome, un caillot ou on ne sait quel mauvais mal à la tête, et qu'il ne peut être mieux qu'ici en sécurité ! Sylvie continue à se convaincre de la qualité de son choix, se lève et finalement prend congé du Professeur.

— J'appellerai dans la soirée !

— Aucun soucis, chère Madame ! Demandez le numéro de la chambre à l'accueil avant de quitter la Clinique ! À très bientôt… Ravi de vous avoir rencontré.

1-17

Alice et Francis se rapprochèrent tout de suite de Phil très avides d'entendre ses explications. Ils restaient tout de même très perplexes. Comment ce jeune inconnu pouvait-il affirmer avoir compris ce que plusieurs scientifiques émérites avaient cherché à trouver depuis des semaines ! Après tout, peut être que la solution était tellement évidente qu'elle conservait son secret aux yeux trop passionnés !

— Regardez ! montra Phil, cette partie du texte semble hors du contexte. Il est écrit ceci : (« Incontestablement, la suite du calcul permettant d'aboutir à la solution de l'équation différentielle qui, déduit de la base première et ramenée au carré du deuxième résultat, se trouve en fait égale à trois fois la superficie du Soudan. Le développement incohérent issu d'un jargon complexe ne donnera pas aux citadins communs la capacité de valider facilement le fondement de ma découverte. La troisième maison de mon signe astral sous-entendra pour le plus initié la voie prochaine de la découverte. ») Si on lit normalement ce paragraphe, on ne comprend pas où il veut en venir. Il fait effectivement référence à l'équation différentielle du chapitre précédent et à un certain deuxième résultat. Puis il part dans un espèce de délire de mots qui n'ont plus rien à voir !

— Si c'est seulement ce que vous avez trouvé, vous en êtes au même point que nous ! répond Alice un peu déçue.

— Attendez, laissez-moi poursuivre, s'il vous plaît !... regardez de plus prêt ce texte... ne voyez-vous rien de particulier ?

Francis s'approcha et malgré une attention plus fine à l'écrit présenté, il séchait. Alice, peut être plus en condition que lui, chercha plus profondément l'indice suggéré par Phil. Hors du contexte... incohérent...

— On dirait que quelques mots sortent du relief des phrases...

— Bravo, Madame ! Si vous regardez finement le texte vous pouvez remarquer que quelques mots ou morceaux de mots ne sont pas tapés dans la même police de caractères... Le paragraphe est en « Times New Roman » alors que ces mots sont en « Arial ».

— Incroyable ! Dire que tout cela nous brûlait les yeux depuis tout ce temps, et qu'il a suffi de quelques secondes pour le déchiffrer ! Et quel en est le résultat ?

— Alors, en isolant les mots en question, on obtient alors... (« la suite... se trouve... dan... le... jar... din... sous... le... chaine »)... La suite se trouve dans le jardin sous le chêne... c'est peut-être plus clair pour vous, mais pas pour moi !

— Mais si ! Francis, rappelle-toi ! La maison dans laquelle tu as découvert ce dossier ! Ne possédait-elle pas un grand jardin ?

— Effectivement, mais... je me souviens maintenant, ce jardin m'avait marqué par la diversité des arbres qui y étaient plantés ! Il faut y aller au plus vite...

Francis avait déjà enfilé sa veste et sans plus attendre, il se dirigea vers la sortie du laboratoire. Alice et Phil lui emboîtèrent le pas, de peur de manquer une seconde de cette aventure qui s'annonçait palpitante. La vieille BM de Francis allait reprendre un peu de service pour un après midi car la maison en question se trouvait de l'autre côté de la ville à environ cinq à six kilomètres du Centre de recherches.

Il n'y avait guère de monde dans les rues. Il fallait reconnaître que la faible démographie avait fortement soulagé les problèmes de logement du vingt et unième siècle. Chaque famille restante n'avait eu que l'embarra du choix pour se loger confortablement. Il avait fallu pas moins de cinq longues années pour ranger et se débarrasser de tout ce qui pouvait gêner les survivants. On avait laissé sur place tout ce qui ne choquait pas comme ces automobiles pratiquement neuves qui servaient de jeux aux enfants. Francis était un des rares privilégiés qui roulait encore en voiture car aucune raffinerie n'avait repris ses activités par manque de personnel et de matière première. Les modifications qu'il avait apportées à son moteur expliquait cela. Par contre, le revers de la médaille était la lenteur de son véhicule puisqu'il flirtait à peine avec les cinquante kilomètres à l'heure alors que cette voiture antique dépassait à l'époque tranquillement les deux cents kilomètres à l'heure. Elle restait malgré tout plus pratique pour lui que ces chevaux qui avaient fait, par obligation, leur réapparition.

Les maisons avaient été nettoyées de fond en comble lors du « grand nettoyage ». En effet, une désinfection minutieuse de chaque maison, appartement, local commercial et privé ainsi que tous les lieux publics avaient subi la visite de brigades d'assainissement chargées d'une part de tout laver soigneusement, mais également de ramasser et détruire les corps des derniers morts de la grande épidémie.

Le petit groupe arrivait enfin près de la fameuse maison. Francis et Alice avaient vécu dans ce quartier. C'est pour cette raison qu'ils connaissaient la bâtisse que lui et sa bande de copains avaient surnommée « la maison hantée ». Leurs parents, pour éviter de les voir s'y rendre, leur avait fait peur avec tout un chapelet d'histoires plus terrifiantes les unes que les autres. Bien entendu, la curiosité étant plus forte que la peur. Un des jeux d'adolescents, juste après le grand nettoyage, fut de montrer sa bravoure en ramenant un objet de l'intérieur du bâtiment. C'est comme cela que Francis avait découvert ce dossier couvert de poussière dans la cave sombre de la maison. Il avait tout juste dix-sept ans. Le contenu des notes qui y étaient rassemblées devait très rapidement bouleverser son existence et devenir la principale préoccupation de sa vie. En titre, il était écrit : « Mémoire(s) de Franck. À qui lira et comprendra le contenu de ce dossier me rejoigne dans mon délire passé. N'oubliez jamais que le futur n'est qu'un passé qui ne s'est pas encore produit ! ».

La maison se dressait devant eux au travers d'un grand portail en fer forgé. Le jardin était un peu envahi de mauvaises herbes mais sans plus. Quelqu'un devait venir régulièrement l'entretenir. Plusieurs grands arbres agrémentaient sa surface de ci et de là. On pouvait reconnaître plusieurs essences différentes comme un platane solide très haut aux larges feuilles et au tronc clair et tacheté, un pin parasol fort odorant ayant formé un large tapis d'aiguilles à son pied, un saule pleureur très touffu et dont la coiffe comme le carré d'une jolie femme touchait pratiquement le sol, et le fameux chêne, majestueux, unique en son genre dominant ses collègues d'une bonne cime.

Francis jaillit d'un bon hors de sa voiture sans attendre les deux autres. Empressé de comprendre enfin ce qui se cachait derrière cet ultime chapitre, il était déjà face au portail prêt à l'escalader comme il y a dix ans. Un petit coup de nostalgie le traversa soudain. Toutes ces odeurs familières lui rappelaient de nombreux souvenirs de jeunesse, les bêtises, les copains, les copines, le premier baiser… Où sont-ils tous passés maintenant ? Ses amis, ses ennemis, les filles ? Seule Alice subsistait près de lui.

Après ces quelques secondes de blues, il bondit et en deux enjambées passa la grille, Alice et Phil le suivant de très près. Ils s'approchèrent rapidement du grand chêne, regardèrent par respect la silhouette imposante de ce vieux monsieur et commencèrent à inspecter ses racines… « sous le chêne »… Phil fouilla autour d'eux pour trouver un éventuel outil pouvant leur permettre de creuser. Alice accroupie au pied du tronc écarta patiemment les feuilles et le compost avec l'espoir de découvrir la cache recherchée. Francis restait debout très pensif. Il réfléchissait en regardant l'arbre fièrement dressé devant eux. Phil revenait tout à coup avec une pelle toute rouillée qu'il avait dégoté derrière la maison.

— Stop ! s'exclama Francis. Ce n'est pas là qu'il faut chercher !

— Sous le chêne ! C'est bien là ? rétorqua Alice étonnée.

— Sous le chêne ne veut pas pour autant dire à son pied ! Si je me rappelle, quand j'étais jeune, nous venions jouer dans ce jardin. Ce chêne était un peu plus imposant et quelques branches partaient par là… et par là ! Ces branches avaient été coupées car elles étaient devenues dangereuses pour les gens et pour la maison… Hé ! Oui ! une des branches atteignait le flanc droit de la maison… vers cette fenêtre là-bas !

Le petit groupe se déplaça alors vers le lieu indiqué par Francis et effectivement sous la fenêtre un boîtier de compteur d'eau était présent. Francis ne tenait plus et, d'un coup, grâce au petit opinel qui ne le quittait jamais, il fit sauter les quatre vis qui tenaient le couvercle. Au fond de la cavité se trouvaient quelques morceaux de polystyrène mélangés à un espèce de calfeutrage de fortune et à de nombreuses toiles d'araignées. Derrière tout ce bric-à-brac, Francis sortit en véritable vainqueur une chemise en plastique couverte de poussière.

— Oui ! Je l'ai !… Voyons ce qu'elle contient !…

1-18

Franck commence sérieusement à trouver le temps long. Il était venu pour rencontrer un spécialiste afin de mieux comprendre ce qui lui arrive depuis l'incident du matin et cela fait bientôt trois heures qu'il passe de main en main, d'examen en examen sans vraiment d'explication concrète. Tous les médecins et le personnel infirmier qu'il croise restent soit complètement muets, soit au courant de rien. Pourtant, à plusieurs reprises, Franck demande le Professeur Ballard pour obtenir plus informations sur tous les examens et analyses qu'on lui fait subir depuis son arrivée.

C'est en fin d'après midi, dans une salle d'attente, pourtant en compagnie d'un très intéressant magazine spécialisé pour les hommes qui l'aidait à oublier tout ce temps perdu à ne rien faire, qu'il entendit tout à coup une voix familière. La mégère, qui l'avait expédié vers le scanner et lâchement abandonné depuis, revenait à la charge… un peu calmée semblait-il !

— Je veux voir le Professeur, dit-il avant qu'elle n'ouvre la bouche.

— C'est pour cette raison que je suis là ! Le Professeur vous attend et je dois vous conduire à lui immédiatement.

Elle se retourne, ouvre la porte de la salle d'attente et esquisse un geste vers l'extérieur pour inviter Franck à bien vouloir la suivre. Ce dernier, se rappelant de la course-poursuite de l'aller, ne tarde pas à se lever et prend directement les devants. S'il reste en tête ou au moins à sa hauteur, il ne se fera pas distancer cette fois !… elle va voir à qui elle a à faire !… on ne l'a fait pas à un champion de course à pied ! Il sort de la pièce et directement part à droite… manque de chance, elle est partie vers la gauche !

— Hop ! Hop ! Doucement Miss ! Tu ne m'auras pas cette fois !

Difficile de se repérer dans ces conditions ! La course-poursuite du début d'après midi se reproduit. Mais Franck reste en bonne position. Ses virages bien négociés à la corde lui permettent de garder l'espoir de terminer sur le podium. Tout au bout du couloir, il reconnaît enfin la porte du bureau du Professeur, et là, d'un bon coup de reins, il dépasse sa concurrente directe et arrive le premier en véritable triomphateur devant le Professeur tout étonné.

— Hé bien ! Vous gardez le moral ! dit-il avec un large sourire.

La grande gigue, apparemment complètement dépourvue de sens de l'humour, reste en retrait, pince sans rire et raide comme la justice, les yeux au ciel.

— Merci Aglaé ! Je peux vous parler deux minutes ? lui retourne le Professeur alors qu'elle est déjà pratiquement au bout du couloir.

— En plus elle a un prénom parfaitement adapté ! murmure Franck en la regardant revenir vers eux.

— Franck ! Nous avons beaucoup de choses à nous dire ! Entrez et asseyez-vous, je vous en prie !… Aglaé ! Je voudrais vous dire… et la porte se referme.

Franck est encore dans le silence pesant de l'ambiance « salle d'attente ». Il déteste perdre son temps, et se fait un point d'honneur à être toujours parfaitement à l'heure à tous ses rendez-vous. Il commence à se sentir bouillir au plus profond de lui-même. Comment peut-on rester assis en pareille situation ? Cela fait presque quatre heures qu'il est soit assis, soit couché sans rien faire ! Il se lève et se rapproche de la porte mal fermée. Sans vraiment une curiosité mal placée, il surprend la conversation entre le Professeur et sa collaboratrice.

— … je ne comprends qu'à moitié Professeur ! Si on devait dérouler le tapis rouge à chaque fois qu'un cas particulier est à considérer…

— Écoutez, Aglaé, faites-moi confiance ! Ce n'est pas qu'un cas particulier, c'est bien plus que cela ! Nous avons à traiter un véritable élément classé d'intérêt national, pour ne pas dire Secret Défense ! Je ne peux vous en dire plus à ce moment, mais…

— Professeur !…

La porte venait de se refermer violemment et, du fait de son isolation, stoppe instantanément toute écoute. Franck se retourne alors vers l'intérieur du bureau en cherchant un centre d'intérêt. Ces bureaux de médecins possèdent pratiquement tous des tas d'éléments complètement inintéressants pour les simples mortels. Les mots qu'il venait d'entendre le perturbent plus qu'il ne paraît. De quel cas particulier pouvaient-ils discuter ? En fait tout cela devait justifier l'attitude de cette Aglaé qui n'avait jamais eu depuis leur première rencontre un seul mot sympathique envers lui. À vrai dire il s'en moquait un peu et n'avait plus qu'une idée en tête, rentrer chez lui !

— Excusez-moi encore, Franck ! Quelques petits points à régler… Vous savez ce que c'est ! Le management… Vous êtes cadre, n'est-ce pas ?

— Oui ! Mais je souhaiterais qu'on parle de mon problème… avez-vous les résultats de ce que vous m'avez fait passer cet après midi? Pouvez-vous me donner quelques précisions sur ce qui m'arrive? Vous savez, ce n'est pas que je suis très inquiet, mais je préfère savoir!

— Bien! Nous n'aurons les résultats de vos examens que demain, et c'est pour cette raison que je souhaite vous garder parmi nous cette nuit en observation! Je pense que c'est tout de même beaucoup plus prudent, voyez-vous, tant que nous n'en saurons pas plus sur votre état!

— Mais! Ma femme?

— Elle est au courant, et je lui ai même conseillé de rentrer chez vous, en la rassurant, bien entendu... que vous étiez entre de bonnes mains! Je vous ai fait spécialement préparer une superbe chambre! Votre épouse doit vous appeler en fin d'après midi.

— Mais à votre avis! Qu'est-ce qu'il m'arrive?

— Je ne préfère pas m'étendre ce soir sur un quelconque pronostique sérieux avant une analyse poussée de vos examens. Tout ce que je peux vous dire à ce stade et en fonction des quelques éléments en ma possession, est que vous avez un traumatisme du cortex cérébral qui provoque vos hallucinations. Est-ce grave ou non? Nous verrons...

Le discours du Professeur n'a pas du tout rassuré Franck qui reste sur sa faim. Un peu fatigué de cette journée mouvementée, il se sent résigné à suivre les directives du médecin qui l'amène sans tarder jusqu'à sa chambre. Effectivement, cette chambre est superbe, pas du tout comme on peut imaginer une chambre de clinique. Un canapé se dresse en petit salon dans un coin de la pièce. Un meuble en merisier supporte un téléviseur écran plat de soixante-dix centimètres au moins. Un bureau rangé contre le mur en face fait certainement office de table. Les murs sont peints d'un décor très sobre mais parfaitement en harmonie avec le mobilier et les rideaux bordent magnifiquement une grande fenêtre. Seul le grand lit et les quelques appareils à sa tête rappellent que l'on est bien dans une clinique. Auprès du lit, sur la table de nuit, un téléphone couleur ocre se met à sonner.

— C'est certainement votre épouse !... Je vous laisse ! installez-vous ! Vous recevrez votre dîner vers dix-huit heures trente. Vous avez un pyjama et tout le nécessaire de toilette dans la salle de bain sur votre droite ! à plus tard Franck.

— Allô ! Ha, c'est toi chérie ? Écoutes, je suis dans une grande chambre… d'hôtel ! Enfin, je veux dire comme à l'hôtel ! Tu verras… j'ai l'impression d'être considéré comme un prince !

Sur ces mots, Franck repense instantanément à la conversation qu'il avait surpris tout à l'heure dans le bureau du Professeur. « Le tapis rouge »… Serait-ce de lui qu'ils parlaient ?

— … le Professeur Ballard m'a même remis un chèque de dédommagement de quatre cents euros.

— Comment ? Je ne comprends pas !... Quatre cents euros pour une nuit ?

— Ho ! Il ne m'a parlé d'une nuit, mais d'un mois d'arrêt !

Sentant que quelque chose ne tournait pas rond, Franck venait de remarquer un changement dans le haut-parleur du téléphone. Le son était devenu plus sourd avec une sorte d'écho. Sans aucun doute, quelqu'un écoute leur conversation ! Il faut faire quelque chose, dire quelque chose, mais sans éveiller l'attention.

— Bon ! Tout va bien ma chérie ! Là, je suis parfaitement bien, tout va pour le mieux.

— Veux-tu que je te ramène quelques effets personnels ?

— J'ai tout ce qui me faut, pyjama, brosse à dents, etc., merci, gros bisous je te vois demain, n'est-ce pas ? À plus !

1-19

Francis était très excité en sortant le feuillet protégé sous la pochette plastique. Alice, impatiente également d'enfin découvrir les éléments qui manquent tant à leurs recherches, s'approcha de lui et, en lui serrant les épaules, jeta un regard tout mouillé d'émotion.

Ils avaient tellement cherché chacun de leur côté, puis ensemble, pour finalement avancer si doucement et butter jour après jour sur le même point noir : impossible de transférer un être physique sans risquer de graves anomalies corporelles irréversibles.

Pourtant, Alice avait bien réussi à trouver un moyen de créer une image visible par le « récepteur » visité par Francis. En fait, elle travailla des mois entiers sur la cartographie du crâne humain. Elle mit en évidence que la stimulation des liens neuromédiateurs entre l'hippocampe et le fond de l'œil, tout étant relié dans nos cerveaux par un ensemble de systèmes sous-corticaux qui, avec le cervelet, commandent notre vie motrice, rendait possible une projection de l'image mémorisée avec un petit réglage suffisant pour qu'elle apparaisse, non plus au niveau de l'esprit mais bien devant le « visité ». Le plus difficile était de produire ce phénomène à partir de « l'émetteur », et elle travaillait depuis plusieurs mois à la mise au point du neurostimulateur du Brain-cortex. Elle espérait même, grâce à quelques fructueux échanges, démontrer l'efficacité de sa théorie.

Ils avaient pourtant essayé à plusieurs reprises de se connecter à Franck, le rédacteur de ce fameux dossier, pour essayer de communiquer directement avec lui, sans succès. En fait, ils s'aperçurent très tôt que certains cerveaux sont plus récepteurs que d'autres et que celui de Franck, à la suite d'un banal incident, l'avait rendu émetteur et donc dans l'impossibilité, a priori, de recevoir un échange. Pour comble de malchance, le dossier se terminait sur un chapitre incompréhensible jusqu'à ce jour.

Francis commença à lire :

— ***Votre compteur d'eau*** :

Témoin de votre consommation, le compteur exprime en mètres cubes le volume d'eau que vous avez utilisé, et qui vous sera facturé. Son relevé régulier permet de surveiller votre consommation brute et de détecter vos fuites. Veillez à bien le protéger et à en faciliter l'accès au contrôleur-releveur de la maison. Ne jamais l'endommager.

Comment lire votre compteur ?

L'appareil en étain/cuivre possède un cadre# de contrôle. Seuls les chiffres noirs sur fond blanc, ou blancs sur fond noir, sont déclarés et pris en compte pour votre facturation. Ils constituent l'index que vous retrouvez montrée sur votre facture, exprimé en m³ (1 m³ = 1 000 l). Les chiffres rouges sur fond blanc (ou blancs sur fond rouge) correspondent aux litres, et ne vous sont pas reportés sur les relevés. Ils vous permettent de détecter des fuites éventuelles que vous auriez sur votre installation ou de mesurer la consommation d'un appareil ménager.

<u>Comment et quand protéger votre installation compteur ?</u>

Le compteur d'eau directement exposé au froid gèlera. il est de votre responsabilité de bien l'isoler. Vous comprendrez# que s'il est endommagé par le froid, vous serez contraint de payer les frais de réparation et de montage. Deux systèmes vous permettent de vous garantir toute votre installation contre le froid :

- le coffret qui est en façade, qui permet aussi l'accès du releveur à ce compteur sans que vous soyez dérangé,

- le regard antigel, situé dans votre jardin ; il est discret et de faible encombrement.

Enfin, pour votre sécurité et celle du releveur, vous chercherez à mettre tout en œuvre pour veiller au bon état de votre installation compteur car vous en êtes responsable.

Les trois compères se regardèrent un peu déconfits.

— Apparemment, ce n'est pas ce qu'on recherche, c'est juste une notice d'utilisation du compteur d'eau !

— C'est tout de même bizarre, Chéri ! Une notice fait forcément référence à un organisme… il n'y a aucun sigle, ni coordonnée ! On dirait un texte écrit pour la circonstance !

— Faites-moi voir ce texte ! lança Phil, peut-être s'agit il d'une nouvelle énigme dissimulée des regards étrangers !

— Il a forcément raison, sinon comment pourrait-on expliquer que cette feuille soit encore là ! s'exclama Alice avec dans ses yeux une étincelle destinée à raviver la motivation de son compagnon.

Francis tendit la feuille à Phil qui commença sans attendre à dévorer patiemment le texte. Sans trop de peine, suivant le même raisonnement que précédemment, il sortait rapidement quelques mots de la masse d'informations contenues dans le texte générique.

— Voilà, j'ai trouvé ! c'est une charade, s'écria Phil en direction des deux autres suspendus à ses lèvres, *mo… n pr… e… m…*

i… er… vous bru… lez… de… ne jamais… L'… étain… dre# mon… s… e… c… ond… vous… les… aur… ez… quand… Vous comprendrez# mon… tout… est… ce… que vous… cherch… ez !

soit en clair :

Mon premier, vous brûlez de ne jamais l'éteindre,

Mon second, vous les aurez quand vous comprendrez,

Mon tout est ce que vous cherchez.

En clair !… Par pour tout le monde apparemment. Et, comme une énigme peut en cacher une autre…

1-20

Franck reste seul, prostré dans cette immense chambre, au milieu de son grand lit blanc, envahi de dizaine de questions. Bon sang ! Mais que se passe-t-il ? Pourquoi, Ballard le retient-il ici sans les explications qu'il attend ? À quoi joue Ballard ? Quelle est la vérité dans toute cette histoire ? Combien de temps resta-t-il enfermé dans son esprit ? Trente minutes, une heure ou deux ? Seule l'entrée d'une infirmière le fait soudain sortir de cette torpeur. Elle lui pose un plateau-repas sur la table avec un petit sourire mais sans un mot et repart comme elle est venue. Toutes ces interrogations qui le torturent lui ont créé une sorte de nœud à l'estomac qui l'empêche d'avaler quoi que ce soit. Il pense et repense à tous les événements qui se sont produits depuis sa petite escapade du matin. Quelque chose cloche et il doit savoir de quoi il s'agit.

En se dirigeant vers la porte de sa chambre, il avait pris la décision de tout mettre en œuvre pour en savoir plus. Doucement il ouvre la porte et jette un œil à droite puis à gauche pour se rendre compte que personne n'est présent ou posté là pour le surveiller. Doucement, à pas feutrés, il s'engage dans le couloir et se dirige vers le bureau du Professeur. Caché dans un renfoncement très proche de son but, Franck attend quelques minutes pour voir enfin le Professeur sortir, juste refermer la porte et s'éloigner aussitôt. Il s'approche restant en éveil du moindre bruit et pénètre dans la pièce. Il s'avance près des étagères sur lesquelles il avait vu traîner des dossiers tout à l'heure. Plusieurs dossiers sont empilés ici et là, mais aucun d'eux ne mentionne quoi que ce soit qui peut éveiller son attention.

Tout à coup, sur le plan de travail, une chemise cartonnée à moitié ouverte attire son regard. Il se rapproche, feuillette quelques pages puis retourne la couverture pour y lire : « Projet Montauck – Phœnix II ».

— Franck ? Vous êtes-vous égaré ?

— Heu ! Bien !...

— La curiosité est un bien vilain défaut, Monsieur Cales !

— Professeur Ballard ! À quoi jouez-vous ? Pourquoi ai-je l'impression d'être surveillé, d'être retenu prisonnier ? Quel est ce projet Montauck ? A-t-il un rapport avec moi ?

— Vous êtes perspicace cher Monsieur ! On ne peut vous reprocher de vous poser toutes ces questions, mais n'est-ce pas un peu trop précipité ? Vous devez savoir qu'accéder à certaines connaissances peut vous fragiliser et, au lieu de vous sentir délivré, vous serez entraîné dans des difficultés que vous ne pouvez pas imaginer aujourd'hui.

— Écoutez, si vous voulez que je reste parmi vous, il faut m'en dire plus !

Au même moment, Aglaé fait irruption dans la pièce. Très surprise de voir Franck discuter tranquillement, elle intervient sèchement.

— Monsieur Cales ! Vous devriez être dans votre chambre ! Que faites-vous ici ?

— Calmez-vous Aglaé ! Franck est notre invité ! ne l'oubliez pas.

— Maintenant ça suffit ! Expliquez-moi ce qui se trame ici ! J'ai besoin de savoir !

— Professeur, vous n'allez pas...

— Suffit Aglaé ! Après tout, c'est peut-être mieux ainsi !... Franck, les phénomènes que vous avez évoqués par l'intermédiaire de mon confrère le docteur Dubois ont tout de suite éveillé notre attention. En effet, un cas similaire au vôtre a été décelé aux États-Unis sans pouvoir être totalement analysé. Il aurait permis de poursuivre un projet dénommé Phœnix II.

— Quel est ce Projet Phœnix ?

— En fait, c'est en 1969 que devait commencer un certain nombre d'expériences à Montauck aux USA. Ces expériences étaient destinées à effectuer des manipulations mentales ayant pour objet les liens entre les esprits vivants. D'abord appelé Projet Montauck pour rapidement devenir le projet Phœnix II, cette série d'expériences rassemble un groupe scientifique ayant travaillé sur le projet Phœnix I de Brookeaven. Désirant poursuivre leurs recherches issues de la chaise de Montauk, ils requièrent des moyens auprès des militaires qui acceptent et leur proposent de s'installer dans la base semi-désafectée de Montauk. Ils obtiennent ainsi qu'un des générateurs utilisés lors d'une expérience nommée expérience de Philadelphie réalisée en 1943 soit réquisitionné. À la fin des années 1971, des expérimentations sont réalisées sur des cobayes humains d'une manière relativement irresponsable, et causent aux sujets des brûlures à la poitrine et au cerveau. Des expériences sont même réalisées sur les habitants de Long-Island, de New York et du Connecticut afin de déterminer le rayon d'action. En 1973, l'ingénieur en radioélectricité Preston Nicols, affecté à la base, réussit à éviter les brûlures en éloignant les expérimentateurs de la base de Montauk. La « chaise » est alors installée à Southampton, reliée aux ordinateurs de la base et en 1974, on s'aperçoit que l'usage d'une trop grande puissance durant les essais entraîne des effets désastreux. En 1975, la « chaise » est ramenée à Montauk afin d'essayer de l'isoler dans une zone magnétiquement nulle. En 1976, une information parvenue à Nicols lors d'une nuit particulièrement agitée, permet de modifier favorablement le couplage des bobines situées sous la « chaise ». En 1977 et 1978, le transmetteur de Montauk continue ses mises aux points. Il reproduit alors les formes de pensées sans anomalie de temps et avec un haut degré de fiabilité. Suite à l'apparition de l'USS Eldridge le 12 août 1983, et face à l'épouvantable spectacle offert par tout l'équipage, la plupart en flamme, il est décidé d'envoyer Al Bielek et Cameron deux techniciens en 1943 pour détruire l'équipement et arrêter l'expérience ; en 1986, la base de Montauk est officiellement fermée et les transmissions des tours de Tesla sont arrêtées. 1987 marque la fin des expérimentations à Montauk. Le projet est relancé en 1995 suite à la découverte d'un phénomène étrange sur un homme qui parvient à recréer les mêmes liens de l'esprit sans l'aide de la « chaise ».

— Et vous pensez que je suis comme cet homme ?

— En effet, nous le pensons !

— Nous ? Vous n'êtes pas seul ?

— J'ai essayé de vous prévenir, Franck ! La connaissance n'est jamais gratuite !... Maintenant, Aglaé va vous raccompagner dans votre chambre. Promettez-moi de rester tranquille ! Mais, surtout, ne vous inquiétez pas ! nous allons vous chouchouter tout au long de votre séjour parmi nous !

Encore sous le choc, Franck regagne sa chambre avec Aglaé. D'autres questions se sont substituées aux précédentes dans son esprit. Il est de plus en plus clair qu'il est entré dans cette clinique aujourd'hui et qu'il n'est pas prêt d'en sortir... pour devenir quoi ? un cobaye humain ! Tout s'expliquait à présent... les petits soins particuliers, la superbe chambre, le chèque...

Aglaé lui ouvre la porte de sa chambre, l'y introduit et referme aussitôt derrière lui le loquet à double tours. Et voilà ! Une autre réponse ! Il était bien prisonnier de cette clinique ! Qu'allait-il devenir ? Qu'allait-on lui faire ? Des doutes, des craintes et des angoisses l'envahissent soudain. Il s'allonge sur son lit anéanti et éteint la lumière. Peut-être va-t-il s'endormir et se réveiller chez lui comme s'il ne s'était rien passé…

1-21

Nous sommes le 12 août 1943.

Le Docteur John Louis Von Neumann avait travaillé dur et longtemps pour, non seulement mettre au point les générateurs et tous leurs systèmes annexes, mais aussi pour assurer une organisation la plus parfaite qui soit. Il était le directeur du projet et à ce titre il avait la responsabilité de chacun des membres de l'équipe. Il avait participé en personne depuis juin 1942 à chaque recrutement en recevant lui-même chaque homme choisi lors d'entretiens très complets, parfois longs, mais avant tout très efficaces. Les critères de choix particulièrement stricts avaient certes joué un rôle très important de premier filtre, mais le rapport direct entre le directeur et les volontaires avait assuré l'émergence de leurs motivations pour participer à l'expérience et l'assurance de toute la discrétion nécessaire avant et après les tests. Ils étaient trente-trois sélectionnés pour une école d'entraînement spécial à Groton dans le Connecticut. De nombreux exercices et plusieurs débriefings managés par le Commandant, avaient été organisés régulièrement, pendant toute la période de stage.

Les cargos et l'USS Eldridge bénéficièrent également d'égards particuliers. En effet, on avait essayé de gommer au mieux les stigmates dont certaines restaient encore visibles suite à la dernière expérience. Mais du fait de leurs imposantes statures, aucune des blessures subies par les trois navires n'inquiétait le moins du monde le docteur et son équipe technique. Le matériel fut totalement revu, modifié ou changé dans certain cas : hors de question de laisser un quelconque doute dans l'application. Des ordres extrêmement précis furent donnés pour assurer le contrôle de chaque élément stratégique de l'équipement. Le destroyer d'un tonnage d'environ 1 500 tonnes qui fut spécialement affrété pour l'expérience avait fait travailler d'arrache pieds tous les équipementiers. Ils durent réajuster très soigneusement le matériel particulièrement lourd et c'est à la place de la tourelle de canon avant et du magasin à poudre que furent installés les deux générateurs entraînés par le moteur du navire. Un groupe diesel électrogène destiné à alimenter tout le système, quatre émetteurs et une tour imposante supportant les antennes, furent montés sur le pont, le tout devant permettre une certaine autonomie de l'équipement embarqué et surtout de s'affranchir des câbles encombrants. L'arrivée et l'efficacité du Docteur Bifield qui travaillait depuis quelques mois sur un émetteur radio spécialement adapté dans une tour hérissée de plusieurs antennes, avait permis la tenue des délais annoncés par Neumann.

Ce dernier, après mure réflexion, décida même, en parfait accord avec le Commandant, de ne pas réaliser les essais à quai, comme précédemment, mais à quelques encablures du port de Philadelphie. Il préférait ne prendre aucun risque vis-à-vis d'éventuels curieux restant indésirables, ceci donnant une autre difficulté à l'expérience dans l'obligation d'avoir nos trois bateaux en état de naviguer.

Il était quatre heures du matin quand l'équipage embarqua sur les trois navires. Chaque groupe fut préparé pour ce fameux jour. On s'affairait de ci et de là, chacun à son poste dédié, comme précisé tant de fois lors des entraînements. Le croiseur, coincé entre les deux cargos et solidement amarré à ces derniers, donnait un effet de jeune protégé entre ses grands frères. Le Commandant arriva le premier sur place et donna ses dernières directives à tous ses lieutenants afin de garantir la sécurité nécessaire.

— Je serai en permanence disponible sur le pont supérieur. Je veux que vous me préveniez aussitôt que vous remarqueriez le moindre événement inhabituel !

Le Commandant, grâce à son calme habituel, donnait une solidité à toutes les équipes, en calmant les quelques excitations qui pouvaient naître ici et là, mais aussi en rappelant à chacun l'importance de leur rôle. Il n'était bien sûr pas le seul sur le pont au petit matin, puisque Von Neumann voulait tenir sa place de responsable du projet, non seulement auprès de ses collègues proches de lui tels que les docteurs Bifield, Gustoff, Clarkson, Hilbert et Levinson, mais aussi pour l'ensemble des membres du personnel recruté avec qui il avait vécu toutes ces dernières semaines. Il était néanmoins plus fébrile que le Commandant et, ce qui n'arrangeait rien, ressassait sans cesse toutes les décisions qu'il avait dû prendre, notamment à la suite des demandes pressantes du Chef des Opérations Navales de ne surtout pas aboutir à la pleine invisibilité. En fait les raisons invoquées par la Navy étaient en rapport avec les systèmes de navigation qui restaient très rudimentaires, tels que la ligne de vue, l'œil et le radar. Les directives étaient on ne peut plus claires : le bateau devait être invisible au radar tout en restant optiquement visible. Mais un autre souci le rongeait depuis plusieurs semaines. Un rêve étrange, au demeurant si réel, le perturbait pratiquement une nuit sur deux. Était-ce son subconscient qui lui faisait ces signes ? Comme pour le forcer à suivre son instinct et non pas les ordres de la Navy… ?

Les trois embarcations appareillèrent enfin. Le Commandant et le Docteur s'étaient installés au poste de pilotage, les yeux rivés sur le pont avant pour rester au plus près des émetteurs récepteurs qui allaient leur permettre de diriger toutes les opérations. De leurs positions, ils dominaient l'ensemble de l'équipée, mise à part peut être l'arrière des cargos qui n'avait pas vraiment d'intérêt au niveau de l'expérience. La vision panoramique offerte par les larges ouvertures du local plongeait sur l'Eldridge qui paraissait tout petit entre les deux monstres. Impossible de se douter de sa présence parfaitement dissimulée durant les manœuvres de sortie du port. Autour d'eux certains privilégiés s'étaient ajoutés à quelques membres d'équipage. Il s'agissait en fait de trois haut placés de la Navy et de deux membres de la sécurité nationale qui avaient été dépêchés par le gouvernement pour suivre les opérations.

Les voilà enfin s'éloignant de la côte. Dans quelques minutes ils furent suffisamment loin pour lancer le test final. Le calme régnait mais, même si personne ne le montrait, chacun restait angoissé et tremblant. On allait enfin savoir… pouvoir connaître le dénouement tant attendu. Un puissant haut-parleur avait été mis à disposition des dirigeants pour que leurs ordres soient parfaitement entendus par tous les équipages sur l'ensemble des trois navires.

— S'il vous plaît ! Un peu d'attention c'est le Commandant qui vous parle ! À côté de lui, les personnes présentes se turent. « Nous arrivons à une distance suffisante pour effectuer nos essais ! Je demande à chacun de se tenir prêt à son poste de manœuvre. À mon signal, nous pourrons lancer les opérations ! »

Le Commandant se tourna vers le Docteur Von Neumann. De son regard profond, il essaya de percer les pensées de ce dernier, trouver l'assurance que rien n'irait de travers. Le docteur restait imperturbable, aucun signe extérieur pouvant inquiéter ni même pouvant rassurer n'émanait de sa personne.

— Docteur ? Tous mes hommes sont parés ! J'attends votre feu vert !

— Je viens de recevoir des nouvelles des postes stratégiques du croiseur, tout est OK ! Les ultimes essais de liaisons sont concluant d'après le docteur Bifield. Nous allons pouvoir lancer l'expérience !

Le Commandant prit le microphone et annonça d'une voix posée et la plus audible possible :

— ATTENTION ! Salle de commande ? à « 0 » vous actionnerez les commutateurs ! Prêt ? Dix… neuf…

Plus un bruit nulle part ! Chaque personne présente sur les lieux restait accrochée à cette voix qui venait du ciel. « huit…, sept… six… cinq… » De nouveau on sentait la tension monter dans les organismes. « quatre… trois… deux… » Plus que quelques secondes et un grand bon vers l'avenir sera accompli. Les deux techniciens détachés à la mise sous tension des commutateurs posèrent leurs mains sur les manches. L'atmosphère tendue du moment donnait une impression de chaleur accentuée par une température particulièrement clémente en ce jour d'été. Était-ce cela qui expliquait la transpiration et les mains moites de certains ? Ou était-ce dû tout simplement à l'angoisse de ce qui pouvait leur arriver ?… « un… zéro, CONTACT ! »

Les leviers de commande furent abaissés en même temps. Dans un sifflement strident les appareils se mirent tous en fonction, sans problème apparent. Dans le poste de pilotage, le Commandant et le Docteur jetèrent alternativement un œil vers l'extérieur et vers les écrans radar. Au bout de quelques secondes, le bip de l'écho radar disparut mais le bateau resta encore visible. Il ne fallut pas très longtemps pour que chaque homme présent réalise que l'objectif visé était enfin atteint. Ce fut alors une explosion de joie. Tous applaudirent à s'en rompre les os des deux mains, acclamant le Docteur comme jamais auparavant il put l'être. Jamais on avait vu cela avant ! Les indicateurs présents dans la salle de contrôle restaient stables sans présenter le moindre signe de surcharge comme lors du précédent rendez-vous.

— Bravo ! Docteur vous avez réussi ! Vous êtes formidable. Finalement les améliorations que vous avez apportées en si peu de temps ont vraiment été aussi efficaces que ce que vous aviez annoncé. Félicitations !

Le Docteur savoura l'instant présent. Son visage s'était détendu et un petit sourire apparut soudain. Il avait réussi !

— Commandant ? Regardez ! Qu'est-ce qui se passe ? On dirait une sorte de brume verdâtre autour du croiseur !…

1-22

Franck se sentait frustré, piégé dans cette chambre dorée mais uniquement en apparence puisqu'en fait il y était bien emprisonné. Il s'allonge sur son grand lit et se met à réfléchir. Que penser de la réaction du Professeur ? C'est quoi cette histoire de projet Monbauf ? Que veulent-ils exactement ? Pourquoi est-il si exceptionnel à leurs yeux ? Exceptionnel ?... Pour devenir quoi ?... Un cobaye ?...

Il doit se changer les idées. Il ne veut pas se morfondre dans cette histoire abracadabrante, surtout pour ne pas entrer dans cette spirale infernale qui s'annonce dans sa vie pourtant tranquille jusqu'alors. Il essaie d'actionner la télécommande du téléviseur commence à zapper et re-zapper...

Impossible de trouver la sérénité qui l'avait quitté dans la matinée. Il recommence à réfléchir. Il a besoin de réponses ! Il ne peut pas rester dans cette chambre et attendre l'irrémédiable. Il faut faire quelque chose, il peut faire quelque chose ! Il s'approche de la fenêtre et jette un œil à l'extérieur. Il regarde l'encadrement de l'ouverture, se retourne brusquement en direction de la chambre pour se rendre compte, d'un regard circulaire, qu'aucune caméra n'est présente dans la chambre. Comment expliquer cela ? Certainement par le besoin du Professeur de jouer la carte de la confiance !

À cette seconde, Franck a pris une décision : il ne restera pas ici sans tenter quelque chose. Il éteint la lumière et la télévision, il valait mieux rester prudent. Peut-être avaient-ils dissimulé une caméra quelque part. Et, dans une obscurité contrariée par cette petite lumière émanant d'un réverbère devant la clinique, il s'approche de la fenêtre, l'ouvre doucement afin de vérifier l'aplomb et se penche sur l'extérieur. Au premier étage une sorte de terrasse couverte par une véranda en aluminium courait le long du mur. Il faut descendre au moins deux étages sans aucune prise apparente… Comment faire ?…

Après quelques secondes de réflexion et une recherche rapide des moyens à sa disposition, Franck a un flash : les draps ! Un étage prend environ trois mètres, deux étages donnent six mètres, plus un bon mètre pour s'assurer sur le toit de la véranda, cela fait sept mètres à trouver dans le drap, le drap-housse et la couverture, chacun faisant à peu près deux mètres de long. Il manque un mètre !… Et la housse de protection du matelas ? il doit y en avoir une… Franck soulève toute la couche et constate effectivement sa présence. Il récupère tous les draps, les torsade, les noue et en teste l'attache… Un bruit provient soudain du couloir.

— Ha ! Non ! Pas maintenant !!

Les claquements de pas se rapprochent de la chambre et Franck dénoue aussitôt la couverture. Il lance rapidement le reste de sa cordée dans le cabinet de toilette, borde très rapidement son lit avec la couverture et se jette dessous. Les pas s'arrêtent devant la porte… qui s'ouvre…

Franck reste immobile dans son lit. La lumière du couloir filtre en une ligne lumineuse, s'épaississant progressivement dans la pièce… puis se stabilisant un court instant… pour disparaître dans le cliquetis du verrou actionné en position fermée… Les pas s'éloignent doucement…

Franck reste une minute figé, blotti dans le fond du lit afin de s'assurer une fois pour toutes de ne plus être dérangé. Puis il se lève, se dirige lentement à pas feutrés jusqu'à la porte de la chambre pour y coller son oreille. Les pas sont pratiquement inaudibles maintenant. Il peut reprendre le reste de corde improvisée ainsi que la couverture pour les assembler à nouveau. Il rapproche le fauteuil de la fenêtre et y attache son cordon, ouvre la baie vitrée, lance les draps par-dessus l'ouverture et essaie de jauger sa capacité à atteindre sans encombre la véranda. Un peu court ! Mais, il faut tenter le tout pour le tout. Il enjambe alors la traverse et s'assoit sur le rebord. D'un coup de rein, il se retourne, se saisit de la couverture et amorce sa descente le long de la paroi. Il fait un peu frais en cette nuit de printemps, mais peu importe le froid car cette fois plus question de reculer.

Il parvient au niveau de la vitre de l'étage inférieur, en faisant aussi attention que possible pour ne pas éveiller l'attention de l'éventuel occupant. D'une glisse rapide mais maîtrisée, il met le pied sur le rebord de cette fenêtre. Un peu de repos, un regard vers le bas pour juger du parcours restant et Franck peut repartir dans ses efforts. La corde semble tenir le coup ! Encore un petit effort !…

Mais Franck, dans sa précipitation et son excitation, avait commis juste une petite erreur : il n'avait pas franchement assuré le nœud sur le fauteuil. Erreur fondamentale ! La boucle commençait à se tendre dangereusement en glissant inexorablement vers un destin tragique…

Il reprend sa descente, lentement, prudemment. Il est loin de se douter, qu'un étage au-dessus de lui, se trame un contretemps fâcheux : la mauvaise accroche de son lien allait lui rappeler douloureusement la réalité de la terre ferme par une application sans appel de la loi de Newton. Il glisse en dessous de la fenêtre en frôlant la paroi aussi lisse que la peau d'une femme. Centimètre après centimètre, il s'approche du bas de son périple.

C'est alors qu'il sent un premier à-coup, puis un autre. Immédiatement son regard se dirige vers la racine de son échappée. Des tas de scénarii lui traversent l'esprit dont le pire de tous… la chute ! Il se presse alors pour parvenir le plus bas possible afin d'éviter de se fracasser au pied du mur, sur ou dans la véranda, avec, si ce n'est aucune blessure, le vacarme inévitable du choc. Plus que quelques longueurs… trop tard le nœud vient juste de lâcher !…

Franck se sent partir d'un coup attiré inexorablement vers le bas, et il tombe en essayant de retenir un cri…

1-23

Alice, Francis et Phil étaient revenus au Centre, un peu désappointés de ce qui venait de se passer. Francis était pourtant persuadé qu'il allait enfin trouver la solution qui leur permettrait de poursuivre leurs expériences. Une énigme ! Encore une énigme ! Y a-t-il une solution ? Ce Franck avait-il vraiment découvert ce qu'il leur manquait ? Ou était-il tout bonnement un imposteur ?

Phil, lut et relut la nouvelle énigme, cherchant par tous les moyens en sa possession de raccrocher ces indices incohérents à quelque chose de connu. Il avait une petite idée mais préférait attendre de consulter le net pour en parler aux deux autres afin de ne pas les décevoir plus qu'ils n'y paraissaient.

Alice essaya de remonter le moral à Francis.

— Francis ! Il ne faut pas baisser les bras maintenant, nous avons encore beaucoup à faire et ce n'est pas le moment de flancher. Regardes Phil, il a l'air passionné et je suis certaine qu'il va nous trouver quelque chose.

— Je suis un peu fatigué de tout ça ! J'ai bien envie de tout laisser tomber !

— Ho ! La la ! Et tout ça juste pour un petit contretemps ! Viens, il est temps que je te montre les résultats d'une de mes recherches. Je suis certaine que tu vas aimer.

Interloqué, Francis se ressaisit aussitôt. Effectivement il ne faisait pas partie de ces gens qui se laissaient aller aussi rapidement dans une déprime difficilement surmontable. Il avait tellement de projets devant lui qu'il ne pensait déjà plus à cette morosité qui l'avait envahi quelques minutes auparavant. Et l'amour de sa vie était toujours là pour l'aider à repartir plus conquérant encore. Que lui réservait-elle aujourd'hui ?

— J'ai réussi à mettre au point le neuro-stimulateur du Braincortex. Je pense qu'il est temps de l'essayer en vraie grandeur.

— Non ! Comment as-tu fait ?

— Ce serait un peu long à tout expliquer mais…

— Si je l'essayais sur Von Neumann ? Peut-être que…

1-24

… Franck tombe… Fort heureusement, freiné dans sa descente par son frottement contre le mur et stoppé par une réception plus souple qu'il pensait. Il était descendu d'un bon mètre, ses pieds projetés légèrement en arrière l'ayant fait basculer vers l'avant en le recollant de ce fait à la paroi.

— Houf ! pensa-t-il, en espérant que le bruit du choc n'ai pas attiré l'attention de quelqu'un !

De toutes les façons, ce n'est pas le moment de tergiverser ! Il faut continuer ! Franck s'accroupit et avance doucement vers le bord de la véranda. Là, il constate la présence d'une gouttière qui va lui permettre de retrouver le sol. En très peu de temps, il est enfin parvenu dans les jardins de la clinique. Selon lui, même si le plus dur semblait fait, il reste cependant à sortir de l'enceinte du centre de soins. Hors de question de passer par la guérite du portail d'entrée, le gardien le repérerait immédiatement. Il regarde alors autour de lui balayant rapidement du regard l'horizon qui s'offre à lui : des murs, trop haut à escalader, pas de grille ou de grillage ! Décidément, aucun répit cette nuit !

Il reste là, à méditer sur son avenir proche. Bon sang, il ne peut pas échouer ici, si près de la liberté ! Il décide de faire le tour de la clinique…

— Oui ! Il y a forcément une entrée de service derrière le bâtiment ! se dit-il.

Effectivement, il parvient sans attendre devant un grand portail en acier. D'un coup d'œil à droite, puis à gauche, il ne constate aucune activité pouvant remettre en question son évasion imminente. Par contre, il fallait faire très vite car, sans être pour autant paranoïaque, cette ouverture était certainement surveillée par le service d'ordre des lieux. Il met alors en place une stratégie : il foncera sur le portail, l'escaladera le long du bord gauche qui reste le plus à l'ombre et hop, il enjambera le sommet pour sauter de l'autre côté.

— Bon ! On y va, se dit-il en soufflant.

Il se met à courir à toute vitesse vers le coin gauche du portail et en profite pour faire une courte pause. Il regarde autour de lui pour se rendre compte qu'il n'est toujours pas repéré. Il s'agrippe alors à la structure de la porte et attaque l'ascension jusqu'aux pics qui dominent l'entrée. À l'aide du pilier, il franchit le sommet et entreprend sa descente de l'autre côté. C'est alors qu'il entend crier :

— Il s'est enfui… il vient de passer de l'autre côté !…

Franck saute alors sur Le bitume et décampe à toutes jambes vers le rond-point en face de lui. Ne pas se retourner ! Continuer à courir pour les semer… il se rappelait plusieurs épisodes d'un certain feuilleton « Magnum » lors desquels le héros pariait qu'il pouvait emprunter la Ferrari de son hôte en trouvant le code de son alarme tout en évitant de se faire prendre. Afin de ne pas le laisser gagner par la panique, il s'obligeait à ne pas regarder les deux molosses qui arrivaient sur lui à tombeau ouvert… Là, il ne s'agissait pas de voiture de luxe mais de sa peau et pas d'une histoire mais de sa vie…

Arrivé au rond-point, il prend à gauche direction de son village, non pas par la voie la plus directe, mais plutôt par de petites routes de campagne afin de ne pas risquer de se faire rattraper ou repérer par d'éventuels poursuivants. Il continue à courir… En fait, il se retrouve dans un élément qu'il connaît bien et, au fond de lui-même, se félicite d'avoir eu raison d'insister auprès de sa femme pour préférer ses baskets aux chaussures de ville. Il allait enfin pouvoir lui prouver qu'il avait eu raison de résister à ses insistances répétées afin qu'il mette autre chose que des chaussures de sport.

Il s'était habitué à l'obscurité qui le gênait de moins en moins. En se réfugiant dans un recoin derrière une petite maison, il s'arrête une première fois afin de se rendre compte de ce qui se passe au niveau de la clinique. Il se penche un peu en avant pour remarquer deux automobiles sortir en trombe de l'enceinte, ainsi que plusieurs pièces éclairées aux deuxième et troisième étages. Il se retourne et décide de reprendre sa course vers chez lui. Il connaissait bien ce secteur pour l'avoir maintes fois foulé lors de footing et de ballades avec Sylvie. Il est vrai qu'un paysage apparaît complètement différent la nuit. Les ombres créent des volumes fantastiquement inquiétants et le repérage est beaucoup plus difficile. Mais, comme il avait dû, de temps en tant, courir de nuit, le soir ou le matin de bonne heure avant de partir travailler, il ne se sentait absolument pas mal à l'aise. Ce qu'il craignait le plus était au sol et, pour cette raison, il prenait soin d'éviter la course dans les chemins sur lesquels les entorses et les chutes étaient assez inévitables.

Cela fait près de dix kilomètres qu'il courre. Sa maison ne se trouve plus qu'à trois kilomètres, soit environ une dizaine de minutes de là. Il n'avait rencontré que deux voitures sur sa route. Mais, afin de ne prendre aucun risque d'être reconnu, il avait à chaque reprise réussi à se dissimuler derrière un arbre.

Le voilà en vue de sa maison. Il ralentit pour inspecter les lieux avant d'arriver sur place. Ce serait stupide de se faire prendre en arrivant si près du but. Il stoppe sa course et se met à marcher d'abord pour reprendre son souffle puis pour mieux se faufiler. Effectivement, il repère une auto en face de l'entrée du jardin et une autre dans la rue passant derrière son terrain. Il se rapproche encore un peu plus restant sur ses gardes. Il sait comment pénétrer dans son jardin sans se faire voir. Sur le côté droit de la maison, il y a un petit ruisseau d'arrosage qu'il peut suivre jusqu'à un portillon qu'il avait aménagé l'année passée. Il s'y insère sans éveiller la moindre attention des occupants des deux véhicules en faction. Il s'avance près de la maison, ses deux chiens qui l'on sentit sont autour de lui.

— À la niche ! chuchote-t-il.

Tous les volets sont clos, les lumières éteintes. Vu l'heure, Sylvie devait certainement dormir ! Doucement, il se glisse devant la porte d'entrée, sort son trousseau de clés et pénètre à l'intérieur. Personne ! Tout est calme ! Ses détracteurs ne sont pas entrés dans la maison sans doute afin d'éviter de réveiller sa femme. Sans faire de bruit, il se rend jusqu'à la chambre à coucher et s'approche du lit.

— Chérie !...

— Quoi, qui est-ce ?

— Chuttt ! Non, n'allumes pas ! C'est moi, Franck ! N'aies pas peur, je vais t'expliquer ! murmure-t-il.

Sylvie regarde le réveil pour constater l'heure : minuit vingt-quatre ! Elle avait du mal à sortir de son premier sommeil, ses yeux encore remplis des rêves dont elle ne se rappelait déjà plus. Sortant tout doucement du moelleux de son oreiller, elle soulève péniblement ses paupières et se redresse d'un coup.

— Franck !... Franck ? Que fais-tu là ?...Mais... tu devrais être à la clinique !

Affolée, elle s'assoit sur le bord du lit en esquivant à peine un profond bâillement. Elle se retourne vers son mari, le visage chargé d'interrogations.

— Ne cries pas, s'il te plaît ! Il y a des gens là, dehors, qui n'attendent que ça pour intervenir !

— Quoi ? Je ne comprends rien !

— Sylvie, je me suis enfui de cette clinique. Le Professeur voulait m'y garder pour faire des expériences.

— Qu'est-ce que tu racontes ? J'ai discuté avec lui et il me paraissait sympa ! Tu dois te tromper ! C'est pas possible !

— Je t'assure que c'est la vérité ! Ils m'ont fait des tas d'examens ; je suis passé de mains en mains, de salles d'analyses en salles d'analyses, sans aucune explication de la part de tous ceux et celles que j'ai rencontrés et tout ça malgré mes demandes répétées. Intrigué, je me suis rendu dans le bureau de ce Professeur si secret et devine ce que j'ai découvert ?

— Dis-moi !

— En fait, ce Professeur Ballard a travaillé sur des recherches aux USA en rapport avec des manipulations mentales…

— Mais, quel rapport avec toi ?

Franck la regarde les yeux gonflés à la fois de fatigue et de sentiment. La boule qui voyage au fond de sa gorge l'empêche certainement d'être aussi convaincant qu'il aurait souhaité l'être…

1-25

La joie de chacun n'avait été que de très courte durée, soixante secondes exactement. L'Eldridge s'enveloppait progressivement d'un nuage vert clair. La panique commença à se faire sentir dans la salle de contrôle. Le Docteur se saisit du téléphone pour appeler ses collègues. Le Commandant, ayant fait de même, ne parvenait pas à obtenir les renseignements pouvant expliquer ce phénomène. Tous les cadrans et les écrans ne remontaient aucune défaillance de l'équipement pouvant donner des informations sur ce qui se passait réellement.

— Bon sang ! Il faut tout arrêter ! cria le Docteur suant à grosses gouttes. Je ne veux prendre aucun risque pour l'équipage ! ARRÊTEZ TOUT !

— Mais Docteur ! Ce n'est sans doute pas un gros problème ! Regardez, nous continuons à voir le bateau sans qu'il n'y ait le retour d'un écho radar ! Ce doit être un échauffement de l'équipement... c'est tout !

— Je ne crois pas ! C'est beaucoup plus grave ! Nos appareils de contrôles présents dans cette salle ainsi que ceux gérés par les docteurs Hilbert et Levinson ne relèvent aucun défaut ! Il faut stopper l'expérience !

— Non ! Docteur nous sommes si près de l'objectif…

Il n'avait pas fini sa phrase qu'il se produisit un nouvel incident plus inquiétant encore. Un gigantesque flash bleu venait d'illuminer l'espace entre les deux cargos comme si plusieurs photographes avaient déclenché leurs appareils au même moment. Le Docteur Von Neumann, de plus en plus fébrile, ne tenait plus en place. « IL FAUT ARRÊTER TOUT DE SUITE L'EXPÉRIENCE ! » répétait-il sans cesse. Mais tous les membres des équipages étaient si étonnés de ce qui se passait qu'ils restaient comme figés, sans entendre quoi que ce soit, ni comprendre ce qu'ils voyaient.

Le bateau disparut alors complètement. La panique s'étendit à l'ensemble des deux navires accompagnants. Des propos totalement incohérents remontèrent de tous les bords augmentant l'agitation de chacun.

— Mais où est-il donc passé ?… Il s'est entièrement désintégré !… Et les hommes ? Que sont ils devenus ?…

1-26

Alice revint avec le stimulateur. Francis après l'avoir examiné n'en revenait pas. Elle avait réussi à réaliser cet appareil pouvant se connecter au Brain-cortex et s'il était aussi efficace qu'il espérait, il pourrait certainement convaincre ce docteur de ne pas réaliser cette expérience désastreuse.

Le neuro-stimulateur se présentait comme un boîtier d'une dizaine de centimètres de côté, garni de composants électroniques miniaturisés. Trois câbles émergeaient du petit coffret : deux devant être raccordés aux extrémités du Brain-cortex, le dernier permettant le transfert des données entrant et sortant des modules de commandes.

Francis s'assit sur la chaise et se posa le Brain-cortex sur le front. Alice, un peu stressée tout de même, se rapprocha de lui.

— Mon amour ! Es-tu prêt ? Es-tu sûr de vouloir faire cette expérience ?

— Je suis tout ce qu'il y a de plus prêt ! Si tu remarques la moindre anomalie, coupe le circuit de commande et fais-moi revenir !... Je t'aime.

Alice actionna la commande principale. Les circuits commencèrent à s'activer et le ronronnement des générateurs se fit entendre. Tout se déroulait pour le mieux. Francis était tout à coup enveloppé d'un nuage verdâtre. Phil interrompit les investigations qu'il avait entrepris en arrivant dans le laboratoire dans le but de découvrir le résultat de l'énigme découverte précédemment. Subjugué par ce qu'il voyait, il interpella Alice.

— Que faites-vous? Vous n'avez pas d'autorisation pour réaliser ce que vous faites! Je suis là pour vous éviter de faire des bêtises… vous me mettez en porte à faux!

— Calmez-vous Phil, c'est juste une petite vérification pour valider notre nouveau matériel.

— Mais Randock ne va pas tarder à débouler ici! Il vous surveille en permanence de son QG!

— Aucune crainte! Ne lui répétez pas, mais nous avons quelque peu détourné les données qu'il contrôle, en mettant les principales commandes sur un circuit annexe que nous avons mis au point parallèlement à l'équipement opérationnel. Il n'y verra que du feu!

Francis avait commencé à disparaître dans ce cocon verdâtre.

— Que lui arrive-t-il? cria Phil en se rapprochant apeuré de la chaise.

— Ho! On se calme Phil. Il reste enveloppé dans ce brouillard, son esprit est loin, mais il est toujours dans la pièce. En fait il effectue une liaison ou une connexion si vous préférez.

— Je ne comprends rien! Expliquez-moi!

— En fait, nous avons récupéré plusieurs éléments issus de diverses expériences destinées à mieux comprendre le comportement humain pour certaines, à dissimuler des objets ou des êtres humains pour d'autres ou encore à développer la capacité de notre cerveau. Toutes ces données regroupées et analysées ont rapidement convergées en un seul objectif: percer le mystère de l'espace-temps. Depuis la nuit des temps l'homme n'a cessé de rêver aux voyages dans le temps passé et futur. Pour y parvenir, il sut rapidement qu'il lui fallait maîtriser cet espace-temps qui entoure la vie de chacun d'entre nous mais nous dépasse cependant tous. Et pourtant certaines expériences apparemment éloignées de cet objectif ont amené sans le savoir des éléments très concrets que nous avons compilés pour parvenir à voyager dans le temps mais uniquement par l'esprit, en nous connectant à d'autres esprits récepteurs.

— Je suis en pleine science-fiction !

— Le projet est très réel. Il s'appelle aujourd'hui Projet Phœnix IV. Et il a été Phœnix I puis II... jusqu'à IV. Un dossier découvert par Francis ayant fondamentalement relancé ce Projet grâce à toutes une série de notes émises par un certain Franck ayant vécu en 2006 des expériences psychologiques personnelles extraordinaires suite à un incident ayant déclenché, chez lui, une profonde modification de son système cérébral.

— Franck ! Est-ce le signataire des fameuses énigmes ?

— Exactement ! Cet homme a été persécuté une bonne partie de son existence car, non seulement il avait acquis le don exceptionnel de pouvoir se connecter sans appareillage, mais en plus il avait appris certaines informations ultra-secrètes sur ses possibles capacités à utiliser ce don.

— Et donc, afin d'éviter que certaines de ses découvertes ne parviennent à des pensées mal intentionnées, il a codé certains éléments.

— Bravo ! Vous êtes décidément très perspicace ! Mais, que faites-vous donc avec cet espèce de monstre sans foi ni loi qu'est Randock ?

— À vrai dire, quelques fois je me le demande ! Pour être franc, j'avais besoin d'apprendre, d'évoluer et, dans le monde actuel, c'était lui ma seule opportunité pour y parvenir. Mais, pour en revenir à vos expériences, pourquoi ne pas vous connecter directement à ce Franck ?

— C'est tout simple ! Enfin si on veut ! Il existe dans la nature des émetteurs et des récepteurs. Apparemment, très peu d'individus peuvent être les deux en même temps ! Seule l'utilisation de l'équipement que nous avons mis au point Francis et moi peut permettre à des récepteurs de devenir des émetteurs et inversement.

— Et Franck est un émetteur, n'est-ce pas ?

— C'est tout à fait ça !

— Mais, je suppose que vous ne travaillez pas sur ce projet que pour le plaisir de trouver un moyen de voyager dans le temps !

— En effet, nous savons qu'en 2008, un groupe de médecins se sont associés pour travailler sur l'élaboration d'un antivirus.

— Une antidote pour le virus qui nous menace ?

— Oui ! Mais laissez-moi vous expliquer ! En fait, ils ont trouvé la solution, l'antivirus après des mois de recherches difficiles et épuisantes pour chacun d'entre eux. Si fatigantes qu'aucun d'entre eux n'a pu survivre à la maladie… enfin, ce n'est pas tout à fait exact puisqu'un des docteurs s'est injecté le sérum avant le décès de ses collègues et a survécu.

— Mais où est il ? Pourquoi nous n'avons pas cet antidote ?

— Calmez-vous ! Ce docteur s'appelait Albert Grans. Il n'a pas survécu très longtemps après les autres médecins de l'équipe… pas à cause de la maladie, mais parce qu'il s'est tout bonnement suicidé.

— Comment en êtes-vous si sûr ?

— Nous l'avons visité, bien évidemment !

— Je ne comprends pas pourquoi vous me parlez de cet homme sachant qu'il n'est plus de ce monde ! Comment récupérer l'antivirus ?

— Réfléchissez ! Albert Grans s'est suicidé… pour récupérer l'antivirus il faut qu'il soit en vie, n'est-ce pas ? Donc nous n'avons que deux solutions, soit lui prélever suffisamment de son sang avant qu'il ne meure, soit l'empêcher qu'il se suicide !

— Et c'est pour cette raison que vous cherchez à matérialiser vos voyages dans le temps ?

— Exactement ! Car nous avons cherché dans son entourage un proche ou quelqu'un pouvant intervenir avant l'irrémédiable acte. Sans succès, il replongeait peu de temps après. De toutes les façons, il nous est interdit de changer le cours du temps… ça fait partie de l'éthique !

Phil resta dubitatif. Il comprenait maintenant l'enjeu et, même s'il ne savait pas comment l'annoncer à Alice et à Francis, il se sentait complètement prêt à s'investir dans cette quête qui devait sauver le reste de l'humanité.

1-27

Francis se sentait comme projeté dans un espace gélatineux dans lequel tout mouvement est extrêmement difficile. Cette période, impossible à mesurer, apparaissait toujours avant le contact. Elle restait floue et délicate à décrire ou même expliquer mais, au fur et à mesure des contacts qu'il effectuait, il semblait de plus en plus possible de la reconnaître et même de l'analyser.

Mais quel esprit tortueux ! Il avait essayé de se connecter à lui à plusieurs reprises sans vraiment atteindre les résultats escomptés. Avec ce nouvel appareil, il espérait en se montrant à lui pouvoir enfin le convaincre de la réalité de ses propos.

— Docteur ! Docteur !

— Encore ce rêve ? Je suis dans ce rêve qui revient de nouveau dans mon sommeil. Il a l'air pourtant si réel !

— Docteur ! Vous ne devez pas faire cette expérience ! Elle est dangereuse pour les hommes volontaires qui ont été retenus.

Francis devait être le plus clair possible sans pour cela se dévoiler, le remède risquant d'être pire que le mal. Il hésita à se propulser hors de sa conscience pour apparaître à ses yeux. Et pourtant, le choc que cela provoquerait pourrait être le salut attendu afin d'éviter l'irréparable. Il essaya une nouvelle fois de stimuler les neurones de son hôte.

— Docteur ! N'acceptez pas de changer vos plans. Ne vous laissez pas influencer par ceux qui veulent chercher à limiter votre expérience !

Le Docteur luttait pour ne pas céder aux incursions de cet intrus. Il rejetait catégoriquement la possibilité d'une quelconque réalité dans l'espace de son subconscient qui le perturbait en cette nuit noire. Francis ne parvint pas à se dégager de l'emprise de son simili rêve. À cause de cela, il perdit toute chance de pouvoir apparaître devant le Docteur. Il tenta à nouveau de s'extraire des profondeurs de son cortex cérébral… sans succès. Épuisé, il abandonna…

* * *

Alice et Phil le virent revenir à lui.

— Rien à faire ! Impossible de lui faire prendre conscience de la réalité de ces contacts ! Il m'a littéralement rejeté une nouvelle fois !

1-28

Chaque minute qui passait paraissait interminable. Le Commandant inspecta avec les Docteurs chaque appareil, chaque émetteur pour trouver une explication plausible à ce terrible cauchemar. Ils ne s'expliquaient toujours pas le phénomène ayant pu coûter la vie à tous ces hommes qu'ils pensaient définitivement perdus. Tout l'équipement ne présentait aucun défaut susceptible d'amorcer ne serait-ce qu'un début d'explication à ce qu'ils venaient de voir et qu'ils ne voyaient désormais plus. Fort d'essayer à tout prix de maîtriser une situation qui, inexorablement lui échappait, le Commandant avait réuni ses lieutenants pour qu'ils maintiennent le calme au niveau de tout le personnel restant sur les cargos, car ces derniers commençaient à parler, de plus en plus excités, de ce qui venait de se passer.

Quatre longues heures plus tard, l'Eldridge réapparut… ce qui aurait dû calmer l'ensemble des acteurs de ce mauvais scénario ! Mais en fait personne ne mit très longtemps à se rendre compte que quelque chose clochait. Des bruits bizarres, des craquements et des crissements provenant du croiseur se faisaient entendre. Mais le plus inquiétant étaient les cris aux trois quarts étouffés par une sorte de bourdonnement incessant. La superstructure d'antenne était totalement détruite ce qui pouvait expliquer qu'aucune information n'avait pu être enregistrée depuis la disparition du bateau. De la salle de contrôle on devinait des manifestations très étranges. Des sortes de boules de feu sillonnaient les coursives et les parois semblaient tapis d'objets insolites difficiles à discerner de si haut.

— Il se passe quelque chose de très inquiétant sur l'Eldridge ! Il faut envoyer une équipe sur place ! Commandant, appelez deux de vos hommes, je demande aux docteurs Gustoff et Clarkson de nous rejoindre immédiatement ! Il y a urgence ! Faites regrouper tout le personnel sur les ponts arrières des cargos. Arrangez-vous pour que personne ne puisse voir ce qui se passe sur le croiseur !

— Vous pouvez m'en dire un peu plus ?

— Malheureusement non ! Mais, pour l'amour du ciel, faites ce que je vous demande !

Le Commandant s'exécuta, pensant bien qu'il n'était pas au bout de ses surprises. Il téléphona aussitôt à quelques-uns de ses hommes afin de leur donner toutes les directives nécessaires pour rassembler tout le monde au plus vite sans accentuer la panique naissante. Un de ses meilleurs éléments l'avait déjà rejoint, un autre ne tarda pas. On voyait, en bas sur le pont avant, des regroupements qui s'organisaient le plus éloignés possible du croiseur. Les lieutenants du Commandant firent tout leur possible pour convaincre l'équipage de les suivre sans poser de questions… ce qui ne paraissait pas toujours évident, mais après tout ils étaient tous formés pour assurer tout cela.

Le Docteur Gustoff était en émoi. Il avait les yeux écarquillés et n'arrêtait pas de se gratter la tête synonyme d'une grande perturbation.

— Docteur Neumann ! Que s'est-il passé ?

— Je ne préfère pas m'étendre sur cela pour l'instant ! Si vous le voulez bien, je souhaiterai que vous concentriez toutes vos compétences sur l'expédition que nous allons réaliser à bord de l'Eldridge… Ha ! Docteur Clarkson ! Venez nous avons également besoin de vos lumières…

L'équipe s'était construite. Les six personnages la constituant, descendirent au niveau du pont principal. Le Docteur Von Neumann mena le groupe d'une allure assez soutenue, ses collègues lui emboîtèrent le pas avec beaucoup de mal pour rester silencieux sans poser les questions qui les rongeaient. À quelques mètres derrière eux, le Commandant et ses deux hommes avancèrent en observant tout ce qui se passait autour d'eux, attentifs au moindre bruit. Plus ils approchaient du croiseur, plus l'ambiance était inquiétante et pesante. Des cris et des gémissements furent de plus en plus perceptibles. Arrivés sur le pont, ils se rapprochèrent du bastingage et crurent voir des phénomènes extrêmement curieux à bord du croiseur pourtant trop loin pour en être sûr.

— Vite ! Messieurs, il ne faut traîner ! Il se passe des choses là-bas… nous devons nous y rendre sur le champ !

Ils se dirigèrent vers une petite vedette amarrée à tribord et dévalèrent l'échelle de coupée qui leur permis de monter à bord. Ils étaient aussi impatients d'arriver sur le croiseur qu'inquiets de ce qu'ils allaient y découvrir. Le commandant s'installa à l'avant pour piloter l'embarcation tandis que les autres se placèrent tant bien que mal sur toute la surface arrière. La mer était très calme et la vedette n'eut aucune difficulté à faire la traversée du cargos jusqu'au croiseur.

— Messieurs ! Avant de monter sur le pont, je souhaite que vous observiez tout ce que vous pourrez ! Notez tout ce qui vous paraîtrait étrange ou anormal.

— Docteur ! Que pensez-vous que nous allons trouver ?

— Je n'en ai pas la moindre idée ! Tout ce que je redoute c'est de découvrir des tas de cadavres ou des blessés graves. Mais il faut également trouver pourquoi !… Pour cela, il faut examiner tout le matériel !

Les propos de von Neumann n'avaient rien de rassurant. Même le Commandant qui s'efforçait pourtant de rester maître de sa personne, commença à s'inquiéter. Il était temps de monter à bord pour effectuer les constatations aussi terribles qu'elles puissent être…

1-29

Franck s'était blotti dans les bras de sa femme, retenant un petit sanglot mais pas cette petite larme qui coule sur sa joue. Il est épuisé mais heureux d'être là près de celle qu'il a toujours aimé. Il la serre alors très fort et retourne son visage pour joindre ses lèvres aux siennes. Il l'étreint alors tendrement, si amoureusement qu'elle fond complément dans ses bras. Les quelques habits qu'ils portent finissent par voler aux quatre coins de la chambre et l'enlacement de leurs deux corps les confond en un seul être merveilleux. Les caresses de l'un se mêlent aux caresses de l'autre, sans retenue, au niveau de tous ces petits endroits qu'ils ont appris à connaître au fil du temps pour arriver à ce niveau exceptionnel de volupté. Chaque endroit de leur corps est examiné par toutes ces mains qui progressent sans à-coup et avec tant d'envie. À chaque fois qu'ils faisaient l'amour, ils redécouvraient les merveilles de leurs différences. Ces seins, ces fesses, la douceur de ces cheveux, et ces sexes si distincts et si complémentaires qui transpirent ensemble toute cette chaleur d'excitation et d'amour. Ils glissent l'un sur l'autre, l'un à côté de l'autre puis l'un sous l'autre. Leurs langues essaient de déguster le moindre instant privilégié de ce fabuleux moment, de savourer tout ce plaisir qui transpire de tous leurs pores. L'accouplement est irrémédiable comme une attirance obligée de deux corps opposés et pourtant si proche, et les flux et reflux donne à ce ballet aquatique une harmonie hors du commun. Les caresses s'estompent pour laisser leurs places à un mouvement parfaitement synchronisé. C'est le début de l'apothéose qui s'annonce par une excitation maximale de deux êtres qui désormais ne font plus qu'un. Comment appeler ce qui peut aller au-delà du maximum ? C'est cet extrême, ce point culminant, ce sommet, cette pointe, ce pic qui enfin déclenche l'inattendue et l'espérée simultanéité de la jouissance… et tout retombe, sauf l'amour et la tendresse de rester ensemble.

Après quelques minutes de retour au calme, réfugiés l'un contre l'autre, ils se sentent si bien. Franck a presque totalement oublié ses problèmes pendant ses instants si merveilleux.

— Qu'est-ce que tu comptes faire ?

— Je n'en sais rien !

— Mais, franchement, le Professeur ne m'est pas apparu si néfaste ! Je ne comprends pas ton attitude. Il m'a même donné un chèque…

— Quoi ? Il t'a donné un chèque ? Mais de combien ?

— Enfin ! Calme-toi…

— De combien ?

— Ne cries pas ! Qu'est-ce qui te prend ?… Bien, au début, je pensais que c'était un chèque de quatre cents euros…

— Quatre cents euros ?

— En fait, quand je suis arrivé à la banque, le banquier à fait une drôle de tête quand je lui ai remis ce chèque… Le Professeur Ballard me l'avait donné sous enveloppe quand je l'ai quitté en milieu d'après midi, et j'avais juste jeté un œil pour voir quatre cent… mais c'était en fait un chèque de quatre cent mille euros ! Tu te rends compte ?

Franck, abasourdi, s'assied dans le lit. Qu'est-ce que cela signifiait ? Pourquoi avoir donné une telle somme ? Il commençait à mieux comprendre toute cette excitation autour de lui, cette volonté de le retenir prisonnier de cette clinique. Il n'était pas l'homme qui valait trois milliards mais au moins quatre cent mille… pour l'instant ! Mais pourquoi ?

— Je vais prendre une douche, dit-il en se levant du lit.

Il entre dans la salle de bain et pénètre dans la cabine. Le jet d'eau tiède coulant sur sa peau lui fait un bien fou, le calme et le détend de la tête aux pieds. Il profite de chaque instant sous cette fontaine bienfaitrice. Le gel douche qu'il utilise accentue encore plus cette sensation de bien-être. Ces moments-là, on ne voudrait qu'ils ne s'arrêtent jamais… Il stoppe l'arrivée d'eau au mitigeur, attrape la serviette et sort de la cabine en s'essuyant. C'est alors qu'il entend :

— Oui ! Il est ici !

Il comprend tout de suite ce qu'il se passe : sa femme est en train de le donner à ses détracteurs. Il faut vite prendre quelques affaires et fuir au plus tôt. Il s'habille aussitôt, récupère un sac de sport et le remplit de linge de première nécessité et de produits de toilette. Il passe alors discrètement dans le salon, récupère ses papiers et s'apprête à sortir quand sa femme apparaît.

— Chéri ! Où vas-tu ?

— Tu les appelais n'est-ce pas ? Pourquoi ?

— Écoutes, ils m'ont promis qu'ils allaient te protéger ! Tu ne peux pas risquer ta vie…

— Je ne veux pas devenir leur cobaye, je ne serai jamais leur prisonnier ! Tu comprends ? Je préfère m'en aller ! Je t'aimais.

— Mais moi aussi je t'aime !

— Permets-moi d'en douter à présent ! Tu aurais dû me faire confiance ! J'ai besoin de réfléchir à tout ça.

— Et ta fille, tu y penses ?

Franck regarde Sylvie comme si c'était la dernière fois qu'il la voyait. Les yeux de sa petite femme sont plein de larmes qui coulent désormais le long de ses joues. « Ne t'en vas pas ! » semblait elle lui lancer à travers son regard noyé de tendresse.

— C'est trop tard ! Je suis déjà parti…

1-30

La première vision qu'ils eurent en montant sur le pont fut apocalyptique. Des hommes étaient là devant eux incrustés dans l'acier du pont et des cloisons. Ils devaient être morts car aucun d'eux ne bougeait.

— Mon Dieu ! C'est épouvantable ! Quelle mort atroce pour ces pauvres diables ! s'exclama le Docteur Clarkson.

— Mais ! Comment est-ce possible ?

— Au nom du ciel qu'avons nous fait ?

— ATTENTION !

Un homme arriva vers eux complètement désorienté. Il courrait dans tous les sens et ses mots, ses phrases étaient totalement incohérents. Il s'approcha du Commandant et lui dit :

— Aidez-nous ! nous étions demain et nos enfants sont nos parents… nous ne savons plus quand nous vivrons…

Et il repartit comme il était arrivé. Le commandant resta hébété devant cet homme aux réactions étranges. Ce n'était pas le seul phénomène surprenant qu'il leur était donné de voir. Un homme arriva devant le groupe. Il pleurait. Et tout à coup, il se consuma entièrement et disparu à leurs pieds, en poussière.

— Que Dieu nous protège ! lança un des deux lieutenants.

— STOP ! répondit Von Neumann. Il faut rester le plus lucide possible ! Bon sang ! Pensez aux survivants ! Ils ont besoin de notre aide ! Ceux-là… on ne peut plus rien pour eux !

Les propos du Docteur se voulaient fermes et autoritaires, mais il ne pouvait s'empêcher de ressasser ce rêve prémonitoire qui s'avérait maintenant réalité en ce jour maudit. Au fur et à mesure que le groupe avançait, le spectacle qui s'offrait à leurs yeux était effrayant. Un vrai cauchemar ! Des hommes en feu les bousculaient pratiquement. Certains disparaissaient puis réapparaissaient devant eux. Ils rencontrèrent même un homme qui hurlait à l'intérieur d'une cabine, son bras étant incrusté dans la cloison. C'est le Commandant qui se chargea de lui trancher le bras avec une hache qu'il avait récupéré dans la coursive. Seuls quelques hommes se trouvant sous le pont semblaient avoir échappé à toutes ces atrocités. Ils étaient tous dans une sorte de sommeil léthargique, incapable de se rappeler quoi que ce soit.

Le Commandant et ses deux acolytes avaient commencé le « nettoyage » comme ils disaient. On ne pouvait pas laisser ces choses en l'état. Il fallait supprimer toutes les traces pouvant choquer les secours nécessaires à la récupération des blessés. Les docteurs donnaient les premiers soins et constataient les dégâts. Tout était hors d'usage, comme brisé volontairement par la main de l'homme. Comment expliquer cela ?

— Tous les survivants, blessés ou non, seront regroupés à l'hôpital militaire de Philadelphie, sous bonne garde. Nous devrons les briefer avant qu'ils n'en sortent, s'ils en sortent !

Le Commandant en excellent militaire avait prévu toutes les situations dont la pire comme celle qu'ils vivaient là. Pour lui, l'expérience Philadelphie avait échoué et il fallait supprimer toutes traces susceptibles de donner aux médias une quelconque information sur ce Projet. Un traitement adapté avait été mis au point par les médecins de l'armée pour, en quelque sorte,

« laver » les mémoires de chaque intervenant et ces incidents seraient alors vite oubliés de tous ceux qui auraient pu y participer. Seules certaines personnes sous le secret avaient eu le privilège de conserver quelques souvenirs de cette journée si éprouvante mais tellement extraordinaire.

1-31

Le brouillard venait de totalement disparaître autour de Francis. Près de lui, Alice et Phil attendait qu'il reprenne complètement ses esprits. Il enleva son bandeau et le posa sur la table proche de la chaise.

— Impossible de me connecter ! Il n'a rien voulu entendre. Il m'a carrément refoulé ! Impossible même de projeter mon image pour vérifier le fonctionnement de ton neuro-stimulateur ! Je suis désolé.

— Tant pis ! Tu auras fait tout ce qui était en ton pouvoir ! Tu ne peux pas t'en vouloir !

Alice essaya de lui remonter le moral avec quelques mots gentils et en le serrant dans ses bras. Elle savait qu'il avait mis beaucoup d'espoir dans ce dernier contact pour enrayer une catastrophe s'étant produite en 1943. Mais comment aller contre le cours du temps. Ce temps qui passe inexorablement entraînant avec lui toutes ces joies, ces réussites, ces moments de bonheur mais aussi ces douleurs, ces atrocités et ces erreurs. Mais a-t-on les moyens ou même le droit d'influencer ce temps qui fait notre expérience ?

— Francis, pendant que tu te connectais, Phil a découvert quelque chose.

Francis ne savait plus ce qu'il fallait penser. Il avait encore échoué dans son expédition. Et ces échecs successifs commençaient à le miner. Il restait prostré dans les bras de son aimée les yeux dans le vague. Il repensait sans cesse à cette catastrophe qu'il n'avait pu conjurer. Pouvait-il vraiment l'empêcher ? En aurait-il un jour les moyens ?… Phil… découvert ? Il revint tout à coup à la lucidité.

— Phil ? Qu'avez-vous découvert ?

— Après quelques recherches, je suis parvenu à déchiffrer le message de Franck…

— Allez-y Phil, s'interposa Alice, ne le laissez pas languir plus longtemps !

— En fait, en faisant ressortir les lettres puis les mots en relief, j'ai mis en évidence une charade :

mon premier, vous brûlez de ne jamais l'éteindre#: Flamme

mon second, vous les aurez quand vous comprendrez#: Ailes

mon tout est ce que vous cherchez#: Flamel

— Je ne comprends pas !

— En fait, il s'agit de Flamel, Nicolas Flamel !

— Désolé, mais…

— Nicolas Flamel fut un écrivain public qui vécu au XIVe siècle. Il est dit qu'il s'est mystérieusement enrichi en découvrant la pierre philosophale recherchée depuis la plus haute antiquité par plusieurs générations d'alchimistes, et que, grâce à cela, il est parvenu à réaliser le Grand Œuvre : la transmutation des métaux.

Francis resta bouche bée, le regard dans le vide. Des centaines d'informations fourmillaient dans sa tête qui essayait d'ordonner les raisonnements qui se profilaient à la suite de cette formidable nouvelle. Transmutation ! Voilà le lien qu'il attendait !

— Phil, vous êtes un génie !

— Je ne saisis pas tout ! Mais vous allez peut-être me mettre sur la voie ?

— En fait, reprit Alice, nous avons réussi les contacts mentaux, nous envisageons des contacts virtuels avec mon nouvel appareil, mais, comme je vous l'ai expliqué, c'est le contact physique l'objectif de notre recherche.

— Et vous pensez que ce Flamel peut vous aider à atteindre ce but ? Tout ça parce qu'il aurait découvert cette pierre pour transformer du métal en or ?

— En fait ce n'est pas la transformation de l'acier en métal précieux qui nous intéresse, s'interposa Francis, mais bien le fait que l'opération réalisée est une transmutation physique qui peut agir directement sur les atomes et les molécules… et donc sur l'homme… reste à retrouver la trace de cette pierre philosophale et du manuscrit qui n'ont jamais été retrouvés malgré de nombreuses recherches.

— Mais comment allez vous faire pour trouver quelque chose complètement disparu ?

— Rien ne se perd dans ce monde ! Tout se transforme…

Partie 2

La transmutation

2-1

Francis était tout excité. Il allait enfin pouvoir avancer de manière significative sur son projet. La découverte de Phil était un véritable pas en avant, relançant l'objectif qu'ils s'étaient fixés à la reprise de Phœnix. Alice travaillait d'arrache pieds sur les réglages nécessaires pour assurer la connexion avec Flamel, tandis que Francis étudiait les quelques données que Phil lui avait remises sur ce qui restait connu de son histoire. La synchronisation devait pouvoir déclencher un contact juste avant la découverte du livre…

Randock fit irruption dans le laboratoire. Il était accompagné de Dico, bien entendu, et de Flo qui jeta un regard sans équivoque à Phil.

— Vous pourriez frapper avant d'entrer ! lui envoya Alice.

— Pourquoi ? Auriez-vous quelque chose à cacher ?

— C'est vous qui le dites ! Ou apparemment c'est ce que vous aimeriez… n'est-ce pas ?

— Écoutez, je ne suis pas là pour chercher les embrouilles avec vous ! Je souhaiterais que vous réintégriez mademoiselle Floriane dans votre équipe.

— Comment ? interrogea Alice, cette fille est totalement incontrôlable ! Que cherchez-vous ? Une nouvelle bagarre ?

— Nous avons eu une discussion avec Floriane et elle est maintenant parfaitement en phase avec notre attente à tous. Je peux vous garantir que l'incident de ce matin ne se reproduira plus… Je vous en donne ma parole !

En disant ces derniers mots, Randock fixait les yeux de Flo, comme pour la convaincre de relayer de manière favorable ses propos. Effectivement, pendant toutes ces heures qu'ils venaient de passer ensemble, non seulement ils évoquèrent l'incident, mais insistèrent très longuement sur toutes les techniques de maîtrise de soi indispensables à ce genre de mission. Randock savait que cette explosion était essentiellement due à une surpression de sa protégée restée trop longtemps enfermée dans des activités non physiques qu'elle abhorrait. Grâce à une grande expérience Randock avait réussi en si peu de temps à redonner à Flo tout le courage et la détermination qui la caractérisait lors de son recrutement et qui faisait de cette jeune fille un réel atout.

Par contre, ce retour ne plaisait pas le moins du monde à chaque membre de l'équipe et Francis comme Alice y voyaient même une possible remise en question de l'expérience qu'ils avaient envisagée. Effectivement, il devenait très difficile de tenter quoi que ce soit ouvertement devant cette Folle qui demeurait corps et âme au service de son chef. Il fallait réfléchir à une autre stratégie pour réaliser, malgré tout, la connexion prévue.

Entre-temps, Dico s'était rapproché de la chaise. Il venait de remarquer le boîtier neuro-stimulateur et, comme à son habitude de fouineur, il chercha à comprendre.

— C'est quoi, cet appareil ? Il ne me semble pas l'avoir déjà vu ici !

— Heu !… C'est un amplificateur que Francis a mis au point pour éviter les interférences lors des essais…

Dico se retourna vers Randock qui devint très attentif tout à coup.

— Ce ne serait pas un de ces appareils destinés à brouiller nos contrôles à distance par hasard ?

— Ne dites pas n'importe quoi ! Regardez son branchement… Pour brouiller ces fameux contrôles, nous aurions plutôt inséré quelque chose au niveau du générateur ou entre celui-ci et l'armoire de contrôle !… Cette question, venant de vous, me surprend !

— Non ! Non ! Mais je m'en doutais bien ! C'était juste pour vous taquiner un peu… pour prêcher le faux afin de savoir le vrai !…

Francis regarda Alice qui avait bien sauvé la situation, mais risquait de les exposer à un autre problème puisqu'elle venait de leur dire où ils avaient piraté le système pour ne pas être surveillés de l'extérieur. Il suivit discrètement Randock et ses deux acolytes qui, fort heureusement, n'avaient pas bronché d'un poil. Ils avaient bu les paroles d'Alice comme elle l'espérait. Alice était particulièrement douée pour ce genre de situation. Son petit sourire malin et juste ce qu'il faut de manière, sans tomber pour cela dans la vulgarité, et le tour était joué. Tous ces stupides hommes tombaient dans le panneau. Ce n'était pas toujours du goût de Francis, mais le regard pétillant de sa belle suffit pour le rassurer.

— Allez, Dico, on s'en va ! Nous allons laisser tout ce beau monde entre de bonnes mains, dit Randock en lançant un regard complice à Flo qui le lui rendait aussitôt.

Et les voilà partis ! Flo, se sentant l'intruse dans cette équipe, s'installa au fond de la salle comme une pauvrette. La voyant à l'écart, Phil s'approcha d'elle pour essayer de renouer contact avec sa partenaire. Francis et Alice en profitèrent pour se murmurer :

— Nous sommes mal ! dit Francis, comment réaliser l'expérience avec cette fille sur notre dos ?

— C'est clair ! Il faut réfléchir, il y a forcément une solution ! Je vais essayer de lui faire la causette et, entre femme, il en sortira sûrement une information qui nous permettra de détourner son attention !

— Attention ! Elle vient vers nous !

— On peut savoir de quoi vous parlez ? Qu'est-ce que vous manigancez tous les deux ?

— Mais rien du tout ! Nous aussi nous avons notre intimité...

— S'il vous plaît ! Ne me prenez pas pour une imbécile ! De toutes les façons l'intimité s'arrête où commence le complot ! Et je n'accepterai aucune conspiration de votre part !

Ces mots secs et sans équivoque n'appelaient aucune réponse si ce n'est un nouveau conflit qu'Alice et Francis évitaient à tout prix car ils savaient que, dans la minute qui suivrait, Randock et ses complices feraient irruption en compagnie du Directeur Grandt qui ne pourrait alors faire autrement que de leur interdire l'accès au laboratoire et peut-être même de remettre en question leur implication dans le Projet Phœnix IV. Voyant la tension monter d'un cran, Phil intervint.

— Flo, calme-toi ! J'ai eu l'occasion de discuter avec eux, il n'y a vraiment rien à craindre !

— J'avais bien senti que tu étais de leur côté ! lui répondit-elle hargneusement.

— De quoi tu parles ? Depuis mon arrivée ici, j'ai suivi scrupuleusement les ordres de Randock ! Comment peux-tu penser autrement ?

Floriane restait perplexe, particulièrement méfiante et entièrement sur ses gardes. Sa coiffure très brune aux cheveux mi-long coiffés au carré faisait ressortir son regard profond d'un bleu impressionnant qu'elle manipulait à souhait. De nombreux hommes s'étaient fait prendre par cette mante religieuse avide de domination et de pouvoir sur l'être soit disant fort. Mais elle appréciait Phil et lui faisait confiance car il ne la considérait pas comme une conquête possible et ses regards vis-à-vis d'elle n'avaient jamais été ambigus.

Un peu calmée, elle retrouva son coin et s'assit à terre.

— Assieds-toi là !

— Je suis bien ! Laisse-moi tranquille !

Ne pas insister, telle était la devise de Phil dans ses relations avec Flo. C'était une des conventions pour assurer la paix. Phil s'installa cependant près d'elle et lui passa un magazine qui traînait sur une table. Elle le prit d'ailleurs sans hésiter dès qu'elle aperçut un article de sport de combat en première page et Phil profita de ce moment bénéfique pour adresser un clin d'œil à Alice.

Alice profita de cette opportunité pour se rapprocher de Francis afin de mettre en place avec lui le stratagème qui détournera suffisamment l'attention de cette fille. Elle prit un crayon et un morceau de papier pour écrire un petit mot à Francis : « Utilisons la 2e chaise pour la neutraliser ! ». Francis regarda sa femme, les sourcils légèrement froncés pour tenter de tout comprendre aussi silencieusement que possible. Le regard en retour d'Alice fut sans commentaire mais pourtant si rassurant.

Francis n'avait pas tout compris mais lui faisait tout de même confiance. Il s'était tant de fois retrouvé, avec et sans elle d'ailleurs, dans des situations difficiles qu'elle avait souvent retournées en sa faveur, qu'aujourd'hui, il pouvait la suivre les yeux fermés sans aucune crainte.

Alice appela Flo.

— Mademoiselle Floriane ! Je voudrais vous montrer quelque chose qui va vous permettre de mieux comprendre nos travaux.

Laissant tomber le magazine sur le sol à la page qu'elle était en train de lire, Flo se leva d'un coup de rein. Elle s'approcha d'Alice, un petit sourire malicieux dans un regard néanmoins interrogatif.

— Que veut dire cette embrouille ? Vous essayez de me posséder ?

— Mais non ! Notre intérêt, à Francis et moi, est bien de poursuivre nos recherches sans être gênés par quiconque, et donc s'il s'avère nécessaire de mieux faire participer notre entourage, nous le ferons bien volontiers.

— Ce qui, en clair, veut dire ?

— Pour faire avancer notre projet, nous organisons « des contacts »... dans les règles de l'institut bien entendu ! Nous allons demander l'autorisation d'en réaliser un dans l'heure qui suit. Et afin de mieux contrôler « ces voyages », je vous propose de vous installer sur cette deuxième chaise qui est branchée en parallèle de la première, et vous pourriez vérifier de vous-même que mon mari ne fait aucune action illicite.

— Qu'est-ce qui me garantit qu'il ne s'agit pas d'une manœuvre de votre part pour m'avoir !

— Le Directeur lui-même ! Nous allons l'appeler ensemble pour obtenir l'autorisation de réalisation du contact, et nous en profiterons pour lui parler de votre association à cette expérience ! Qu'en pensez-vous ?... D'autant que vous ne pourrez jamais être plus au cœur de votre mission... et vis-à-vis de Randock... !

Flo porta sa main droite à sa bouche et se mit à réfléchir. Il est vrai que Randock serait d'autant plus fier d'elle qu'elle se sera autant impliquée ! Et si, effectivement, le Directeur garantissait qu'il n'y avait aucun danger sur cette expérience, pourquoi ne pas la tenter ? Elle regarda Phil qui semblait par ses mouvements de la tête l'encourager dans sa décision.

— OK ! Par contre, si je remarque quoi que ce soit... !

— Nous allons immédiatement appeler ensemble Monsieur Grandt.

Alice se saisit du téléphone et composa le numéro du Directeur en prenant soin de mettre le haut-parleur en fonction.

— Monsieur le Directeur ? Alice à l'appareil. Je vous appelle pour vous signaler que nous allons faire une connexion ce soir, et nous souhaitons avoir votre accord pour cela.

— Alice ! Je te remercie de suivre le protocole, le mot de passe pour l'atteindre sera « aventure ».

— Merci Monsieur ! Par contre, afin de prouver notre bonne foi, nous nous proposons de fonctionner en binôme. Floriane, l'agent de Randock, allant voyager avec Francis.

— Heu !... Le Directeur marqua un temps d'arrêt qui inquiéta un peu Flo.

— Aucun risque Monsieur, nous observerons à la lettre les directives liées au binôme !

— Quels sont les risques, si risque il y a ? s'interposa Flo.

— Bonsoir Mademoiselle Floriane ! En fait le seul risque serait un voyage trop long qui pourrait occasionner des lésions importantes au niveau de la mémoire... mais ce risque est aussi important pour les deux « voyageurs ».

— Merci, Monsieur ! Même si je ne suis pas totalement rassurée, le fait que je ne serais pas la seule à risquer un problème me tranquillise. Bonsoir !

Voyant le visage de Flo se détendre, Alice sut qu'elle avait réussi à la convaincre. Elle se retourna vers Francis qui comprit que son plan était en marche. Elle lui dit :

— Je viens d'avoir le Directeur au téléphone ! Il m'a donné le code pour lancer le « voyage » de ce soir. Flo va t'accompagner !

— Comment ça, elle va m'accompagner ?

— Hé ! Oui ! De cette façon elle pourra contrôler que nous ne faisons rien d'illicite !

Un nouveau clin d'œil aussi discret que possible permit de stopper instantanément les questions de Francis. Flo, même si elle faisait tout pour que rien ne se voit, n'était pas complètement sûre de son choix. L'excitation de cette expérience effaçait entièrement toute peur de l'inconnu. C'était une aventurière, après tout, et rien ne pourrait l'empêcher de vivre sa vie à fond.

Alice l'installa sur la chaise près de celle où Francis était déjà confortablement assis. Puis, elle posa délicatement un deuxième Brain-Hypocortex sur la tête de la jeune fille et se dirigea vers l'ordinateur. L'ouverture du 3e fichier déclenchée par le contact des bandeaux, permit la confirmation des droits d'accès en reconnaissant le cerveau de Francis. Les puissants ordinateurs lancèrent leur fonction-relais pour assurer la connexion.

— Je souhaiterais un accès au sensibilisateur temporel ! lança Francis.

— Annoncez le code d'accès, répondit l'ordinateur.

— Code : Aventure

— Veuillez donner le code de connexion

— Code : 44 2 1 A @ 25 DFR

— Vous aller entrer dans le cortex du 3e fichier ! Confirmez-vous ?

— Ordre confirmé, sous le code 35 N°4 DF,

— Entrée effective dans 15 secondes… 10 secondes… 5, 4, 3, 2, 1… entrée effective.

Francis commençait à avoir l'habitude de ces drôles de sensations ressenties au début de l'expérience. Par contre, ce n'était pas du tout évident pour Flo qui commença à se raidir et à se crisper sur les bras de son fauteuil. Alice en profita pour administrer une dose tranquillisante supplémentaire vers son Brain-Hypocortex. Chaque appareil permettait la transmission d'un léger anesthésique qui, par capillarité au pourtour de la tête assurait la décontraction du cerveau pour faciliter son contrôle dans la recherche de la synchronisation avec l'esprit récepteur. L'idée d'Alice était d'endormir complètement Flo afin de permettre à Francis de voyager en toute quiétude. Partagée entre rêve et réalité, Floriane, vraisemblablement, ne se souviendrait que d'éléments trop flous pour l'amener à en déduire une conspiration à son encontre.

Alice monta doucement la puissance et, à partir de sa propre liaison brain-hypocortex sur son casque implanté, elle communiqua de nouveau avec l'ordinateur central.

— Puissance à 80 %.... à 90 %..... à 100 % ! Attention, êtes-vous prêt à lancer le contact ?

— Allez-y ! Je suis prêt !

— Ordinateur central ?

— Annoncez votre code d'accès !

— Code : 111 67 B @ 99 XXC

— Code correct !

— Enclenchez la connexion !

Un nuage de lumière verdâtre envahit l'espace entourant les deux chaises. Flo s'endormit tout de suite, tandis que Francis leva son pouce droit pour signaler à sa femme qu'il était parfaitement en phase et prêt à partir. Alice connecta le neuro-stimulateur et appuya sur le commutateur principal.

— Début de l'expérience Phœnix !! commenta-t-elle. Aucun problème à signaler ! Connexion cérébrale parfaitement en place.

Les deux chaises ainsi que leurs occupants étaient maintenant totalement enveloppés d'une sorte de cocon qui les rendaient à peine visible. Flo affichait un petit sourire trahissant la béatitude d'un profond sommeil, tranquille pour elle et pour Alice qui était certaine que son plan avait correctement fonctionné. Dès que la jeune fille fut bien assoupie, elle coupa la liaison vers sa chaise et ses mains se détendirent instantanément. Quelques légers soubresauts de ses doigts prouvaient une bonne activité cérébrale, signe de l'évolution correcte de l'expérience. Francis, quant à lui, avait le visage un peu plus tendu car la recherche de la connexion demandait un travail personnel un peu éprouvant. En effet la machine, bien qu'elle assurait les réglages en phase avec la stimulation nécessaire à la profondeur des voyages, ne servait que de trait d'union entre le monde réel et le temps visité. La connexion finale, qui pouvait durer près d'une heure restait du ressort de l'émetteur sur le récepteur. Le plus frustrant restait dans le fait que certains contacts ne se maintenaient pas plus de quelques minutes souvent trop brèves pour accomplir certaines missions. Alice et Phil, restés dans le laboratoire, étaient en veille, l'un sur l'équipement et l'autre, assez inquiet, il faut le signaler, sur le bon déroulement des opérations. « Pourvu qu'il n'y ait aucun problème ! » pensa Phil.

2-2

Franck sait qu'il n'a guère de temps devant lui pour échapper à ses poursuivants. Dans sa tête affluent des images plus extravagantes les unes que les autres, dignes des meilleurs scénarii. Tous ces événements le grisent un peu, le rendant même plutôt surexcité de vivre en direct une vraie scène de film d'espionnage. Et tel qu'il a pu le voir à maintes reprises dans divers feuilletons télévisés, il jette un œil à droite, puis à gauche afin d'assurer de ne pas être vu, et se glisse en hâte vers l'arrière de la maison en frôlant soigneusement les murs. Juste avant de parvenir au portail donnant sur le ruisseau d'arrosage, il entend, au loin :

— Il vient juste de sortir ! Vous ne l'avez pas vu ? Il a dû passer devant vous, pourtant !

— Passes par-derrière !

Mais Franck a déjà pris le même chemin étroit et dérobé qu'à son arrivée. Il remonte vers le nord, entre les haies et le petit ruisseau pratiquement à sec. Il connaissait parfaitement le secteur pour l'avoir emprunté maintes fois lors de ses courses pratiquement quotidiennes, et, afin d'assurer un rythme de course le plus soutenu possible, il bascule son sac sur son dos et passe ses deux bras dans les anses. Un peu déséquilibré, il se reprend rapidement et récupère sa cadence, encouragé par le remue-ménage qu'il perçoit au niveau de sa maison. Ne pas se retourner ; il faut s'éloigner le plus vite possible, pense-t-il.

— Il est là-bas ! ARRÊTEZ !

Un impact vient de le frôler, sans aucun coup de feu ! Ils doivent avoir des silencieux pour ne pas attirer l'attention de tout le quartier ! Franck venait de sentir un terrible frisson traverser tout son corps. Mais, pas question de flancher, ni de se faire rattraper : continuer… continuer irrémédiablement sa course !

— Visez les jambes, les fléchettes anesthésiantes vont le stopper !

Mais il court très bien, le bougre ! Il réussit même à disparaître de leur champ de vision au détour de cette ruelle à peine éclairée par le croissant de lune au-dessus de leurs têtes. Les voix s'estompent derrière lui ce qui le rassure, freine cependant un petit peu sa course un court instant, mais ne tarde pas à repartir de plus belle grâce à toute cette motivation qui ressort du fond de son être. Il longe à présent quelques maisons voisines, toutes endormies d'un profond sommeil, en alternant trottoir et route afin d'éviter toutes les voitures garées. Son regard, plus souvent dirigé vers le sol pour éviter les obstacles, jauge régulièrement l'espace devant lui pour choisir au mieux le chemin le plus adapté à sa cavale. Il tourne une nouvelle fois sur sa gauche en direction de la sortie du lotissement. Il y est presque.

C'est alors qu'une voiture apparaît juste derrière lui. La peur remonte en lui en déclenchant l'accélération de la dernière chance. Mais qu'est-ce qui pouvait motiver autant ces gens ? Il devait représenter une grande valeur pour déclencher autant d'intérêt ! Finalement, ces incidents qu'il avait vécus ce matin devaient être beaucoup plus extraordinaires qu'il ne le pensait ! Il était à nouveau submergé de tas de questions. Est-ce la raison pour laquelle il ne vit pas cette pierre devant lui ? Toujours est-il que son pied droit tourne dessus et il part en roulé-boulé sur le bitume comme un judoka à l'échauffement.

Franck se retrouve assis sur le bord de la chaussée, sa première préoccupation étant l'état de sa cheville. Tout va bien ! Plus de peur que de mal ! C'est un des risques qu'encoure chaque coureur à pieds lors de leurs virées nocturnes… C'est alors qu'un crissement de pneus à sa hauteur le fait rapidement redescendre sur terre. La voiture qui le poursuivait était arrêtée, là, toute proche de lui. Instantanément, la porte du conducteur s'ouvre et un homme en sort.

— Tout va bien ?… Vite ne restons pas là ! Montez.

Franck, sans savoir pourquoi, se laisse aider à se remettre debout, se défait de son sac au dos et accepte l'invitation de l'étranger. Quelque chose au fond de lui le confortait dans son choix. À peine s'est-il installé dans l'auto, qu'elle démarre en trombe.

— Vous semblez bien connaître le quartier, indiquez-moi comment en sortir au plus vite ! lança l'homme en passant une vitesse.

C'était un homme assez grand, mince avec de grandes mains vigoureuses. Il était habillé d'un jean et d'une veste noire tombant sur un pull à col roulé de couleur claire. Il portait une fine moustache bien dessinée au centre de ses joues légèrement creusées. Il était plutôt châtain foncé, quoique dans le sombre de l'habitacle, il était facile de se tromper.

— Prenez la première à gauche, puis à droite, vous sortirez du lotissement…

— Après je connais !

Au volant, il semblait parfaitement dans son élément et il ne fallut guère de temps à l'équipée pour atteindre la sortie du lotissement.

— Planquez-vous ! ordonna-t-il en lui poussant la tête en dessous du tableau de bord.

Fort heureusement, les deux hommes postés dans le véhicule garé sur le bord n'avaient rien vu d'autre qu'une automobile conduite par un homme allant vraisemblablement travailler très tôt. S'assurant d'être bien hors de portée de leur vue en contrôlant d'un œil son rétroviseur, l'homme délivre Franck de sa position plutôt inconfortable.

— C'est bon ! Vous pouvez vous relever !

— Mais… qui êtes-vous ?

L'homme continue sa course vers la nationale, s'engage en prenant soin de ne pas être repéré par quiconque et se dirige vers la ville. Il reste silencieux de longues minutes malgré plusieurs tentatives de Franck pour entamer une conversation sur l'explication de ce qui venait de se passer. Quelques kilomètres plus loin, il arrête le véhicule, met au point mort en enclenche le frein à main.

— Je m'appelle Pierre Martin. Je suis agent secret, je fais partie de la DGSE (effectivement un petit air particulier avait sauté aux yeux de Franck depuis leur rencontre). Nous avons appris dans la journée ce que le Professeur Ballard envisageait de faire avec vous ! Et j'ai donc été dépêché sur place par mes supérieurs pour l'en empêcher !

— Ha ! Mais que comptait-il faire avec moi ? Je ne comprends décidément rien à cette histoire !

— Je suis chargé de vous conduire auprès du Commandant afin qu'il vous instruise. Mon rôle s'arrête à votre transfert et votre protection jusqu'à son arrivée.

— Et, où est-il ce Commandant ?

— Vous le rencontrerez suffisamment tôt ! Il n'est pas en France pour le moment ! En attendant vous allez vous réfugier dans un endroit tenu secret.

C'était de plus en plus romanesque. Extraordinaire de vivre en vraie grandeur une affaire de ce genre. Sylvie qui lui reprochait sa petite vie pépère et routinière : petite course à pieds tous les jours ; le film le soir à la télé... ! Ha ! Pour ça, il était gâté ! Aujourd'hui, il vivait réellement une histoire d'espionnage. En espérant qu'elle se termine bien !... A priori on n'en était qu'au début de l'histoire, moment où pas grand monde ne comprenait vraiment ce qu'il se passait.

La voiture qui venait d'entrer en ville, prend la direction du centre. Pierre devait bien connaître le secteur car il n'hésitait dans aucune de ses manœuvres. Il prend une, puis deux, puis trois ruelles étroites dans lesquelles il n'aurait pas fallu se retrouver en face d'un autre véhicule sous peine de devoir l'un ou l'autre reculer. Devant eux un petit parking de quelques places semble les attendre enfin. Il se gare, stoppe le véhicule et enlève sa ceinture, prêt à sortir.

— Nous y sommes ! Si vous voulez bien me suivre !

Franck se saisit de son sac et descend de l'auto pour l'accompagner. Ils se dirigent tout droit vers un grand portail en fer forgé que Pierre ouvre avec une clé qu'il vient de sortir de la poche de sa veste. Le battant s'écarte juste ce qu'il faut pour passer et Pierre le referme aussitôt derrière Franck. Devant eux, un grand jardin s'étend, parsemé de superbes arbres gigantesques. On peut reconnaître un saule, un pin des landes, un pin parasol, un magnifique chêne, un platane et de nombreux autres feuillus, résineux créant une forêt mystérieuse dans la nuit. On peut également deviner de remarquables massifs de fleurs et de végétations luxuriantes tout autour du jardin. En face, se dessine une grosse bâtisse cossue, certainement une maison de maître construite sur deux étages et mansardée. Un escalier de trois marches assez larges permet d'accéder à un petit patio donnant directement sur une immense porte d'entrée sculptée à l'ancienne.

— Donnez vous la peine d'entrer, s'il vous plaît !

Franck reste subjugué par cette maison qui lui rappelle les maisons hantées des films d'épouvante qu'il regardait de temps en temps à la télé. L'intérieur est aussi impressionnant que l'extérieur. Un grand hall, tapissé de cadres qu'il contemplera plus tard, donne sur un grand escalier qui surplombe une vaste salle dans laquelle sont disposés une longue table de ferme en bois massif accompagnée d'une dizaine de chaises à hauts dossiers, un canapé en cuir d'angle d'au moins quatre places avec deux profonds fauteuils assortis tournés vers une volumineuse cheminée en pierre du Gard, un vaisselier et une bibliothèque apparemment bien fournie, les murs étant ornés de tentures et tableaux de toutes sortes. À droite une porte à moitié fermée attire l'attention de Franck.

— Ce sont les cuisines par-là ! Je vous ferai visiter plus tard ! Venez ! Je vais vous montrer votre chambre. Je crois que vous avez besoin de dormir un peu.

Il est vrai que toutes ces émotions avaient un peu retourné Franck. Pierre, n'ayant plus entendu le son de sa voix depuis un bon moment, l'avait bien senti. Il était temps de se reposer, si toutefois cela allait être possible, car Franck était si excité… !

Ils montent le grand escalier et se dirigent vers une des portes sur le palier. Pierre l'ouvre et d'un geste courtois lui fait signe d'entrer. Une grande chambre digne du plus luxueux hôtel s'offre à ses yeux émerveillés. « Je dois rêver, ce n'est pas possible ! » pense-t-il. Un grand lit Louis XV trône devant lui. De chaque côté de la couche, un bureau de pente à toutes faces en placage de bois de rose, amarante et sycomore orné d'une marqueterie de treillage ouvrant par trois tiroirs en ceinture et un abattant révèle un intérieur plaqué de satine et marqueté de fleurs à quatre tiroirs. Une commode en marqueterie, et une très belle armoire à ornementation de bronze ciselé et doré imposent leur style à toute la pièce. Au sol est posé un superbe tapis persan épais à souhait et aux murs trônent de magnifiques tableaux, certains étant même suggestifs. Une autre issue ouverte laisse apparaître une salle de bain très bien équipée. Très las, Franck remercie Jack en lui souhaitant le reste d'une bonne nuit, referme la porte derrière lui à l'aide du loquet prévu à cet effet et s'étale de tout son long sur le lit d'un moelleux qui semble l'appeler à quelques heures d'un repos bien mérité.

— Pour la visite de la salle de bain, ainsi que le reste de la maison, on verra plus tard, se dit Franck avant de s'enfoncer dans un sommeil profond.

2-3

Paris, juin 1357, quartier Châtelet, rue des Écrivains

Dans une ruelle proche de l'église Saint Jacques la Boucherie, à la porte de son échoppe dont l'enseigne est « la fleur de Lys », un homme contemple les passants. Il n'est guère grand, porte un pourpoint court, moulant avec un col haut et dont les manches sont fendues au niveau de l'avant-bras ce qui permet de montrer les vêtements de dessous telle qu'une chemise à manche longue et des braies courtes. Les épaules, la poitrine et le dos sont apparemment rembourrés et, sur le devant, il arbore de magnifiques broderies. Sa taille est maintenue par une ceinture et ses jambes ne sont couvertes que de collants. Par-dessus, il porte une chasuble cousue avec des fentes appelées pertuis. Il a les cheveux coupés assez courts à cause de son haut col et son visage est à moitié recouvert d'une belle barbe bien fournie.

La rue qu'il observe est garnie de pavés qui tintent bruyamment aux passages incessants des chevaux et des carrioles voyageant de ci et de là en cette belle fin d'après midi de printemps. Il est vrai que, suite à des temps plutôt sombres, la population, même si elle reste éprouvée par la famine de 1315-17 et par la peste de 1348-49, reprend doucement mais sûrement sa place dans la ville. En face de sa boutique, se dresse un local, bien lumineux grâce à deux grandes baies ouvertes sur la voie, à l'intérieur duquel un bourrelier et un chapuiseur s'étaient associés pour fournir une bonne partie des cavaliers de la ville. Un peu plus à droite, la voix forte et claire de son ami le parcheminier pourfend l'air, comme à son habitude, pour tenter de raisonner son jeune apprenti tel un écho dans la vallée. Un mercelot essaie en porte à porte de vendre toutes sortes de marchandises fidèles à sa réputation de « marchand de tout et faiseur de rien ». Un hottier en compagnie d'une botresse traverse la rue en papotant en direction du lavoir.

Deux femmes portant des robes longues, moulantes, plutôt décolletées et tombant jusqu'au sol passent devant lui. Il les salue courtoisement et elles répondent d'un petit gloussement discret. Leurs corsages sont échancrés. Les femmes doivent porter ce que l'on appelle le tassel, qui cache la chemise intime. Sur ces robes, au niveau des poignets, elles exhibent des bombardes, qui sont des volants retombant sur les mains, parfois remplacées par des tippets, en fait de longues bandes décoratives. Pour sortir, la femme se couvre d'un voile ou d'une coiffe car seules les servantes vont tête nue. La coiffure se porte en arrière, leur front est rehaussé par une épilation des sourcils et leurs cheveux sont redescendus sur les tempes par deux chignons sur lesquels sont posés une résille et un voile nommé le hennin. Leurs parfums embaument leur passage en grisant presque notre homme qui a du mal à les quitter des yeux.

Cet homme se nomme Nicolas Flamel. Il est né à Pontoise en 1330, et ses parents, d'origine modeste, ne manquent pas de l'instruire en lui faisant apprendre à lire et à écrire le Français et un peu de latin chez les Bénédictins. Il devient vite apprenti écrivain public chez Maître Gobert pour acheter ensuite une charge de juré – libraire – écrivain. Il monte alors son échoppe dans laquelle il dresse les comptes des petits commerçants, apprend aux bourgeois à signer de leurs noms, copie et enlumine des manuscrits de toutes sortes.

Il est heureux dans sa petite vie et s'est fait quelques relations grâce à son travail mais aussi à son grand cœur. C'est pour cette raison que tout le quartier le respecte et le salut volontiers en circulant devant chez lui.

Le passage de ces deux femmes l'ayant stimulé quelque peu, il décide de retourner à ses travaux. Il pousse la porte vitrée à meneaux de sa boutique dans le cliquetis provoqué par un pendule fixé juste au-dessus. Il entre dans une vaste salle tapissée d'étagères encombrées de livres, manuscrits et papiers entreposés dans un ordre que seul lui devait maîtriser totalement. Un bureau proche de la fenêtre rappelle sa fonction, de part les objets qui y sont rassemblés : une bouteille d'encre dans laquelle est piquée une longue plume, une pile de parchemins et de feuillets vierges à droite et écrits à gauche, une baguette plate en travers d'un sous-main et quelques livres empilés, dont un ouvert en son milieu. À gauche de l'entrée, une table de travail fait face à l'autre fenêtre. Au fond de la salle, un escalier étroit devait certainement permettre l'accès à un appartement situé à l'étage. Il contourne le bureau, pousse son fauteuil, s'assied et se rapproche de l'écritoire d'un coup de reins. Il se saisit de l'ouvrage ouvert devant lui et, au moment où il s'apprête à consigner sur une feuille quelques résultats de comptes d'un de ses clients, le carillon de la porte qui s'ouvre le prévient de l'entrée d'un visiteur.

— Holà ! Maître Flamel, seriez-vous dans l'obligeance de me recevoir ainsi ?

C'était Monsieur le Marquis de la Roche-Bruyère un de ses plus gros Clients. Gros clients d'ailleurs dans tous les sens du terme car, non seulement ce bourgeois était assez proche du Roi lui-même, mais, du fait de ses fréquentations et donc de repas forts nombreux et souvent trop goûteux, il devait peser plus du quintal au bas mot. Il tenait, depuis plusieurs générations, une entreprise de transport qui pouvait se vanter aujourd'hui de traiter avec de nombreux pays outre-mer puisqu'il ne possédait pas moins de trois magnifiques navires.

— Monsieur le Marquis ! Que me vaut cette visite ?

— Bien, mon ami, comme vous le savez, nous avons fait acquisition d'une nouvelle caravelle. Et nous souhaiterions en assurer le rendement.

— Ce qui signifie l'intégrer dans vos comptes, je suppose ?

— Mieux que cela, très cher ! Nous ne voulons pas qu'elle pèse de manière… comment dirai-je ?… Trop lourdement sur notre patrimoine. Vous nous comprenez ?

— Bien, bien ! Je vais m'occuper de cela dès que vous m'aurez remis tous les documents associés à votre achat.

— Tenez ! Étant donné que nous avions envisagé ce genre d'argumentaire de votre part, nous avons fait préparer cette pochette à votre attention.

Le Marquis sort un classeur contenant quelques feuillets et le remet à Nicolas Flamel qui le pose sur le bord de son bureau. Puis, en esquissant une révérence, ce dernier raccompagne son client jusqu'à la sortie de son officine, et, ravi d'avoir encore consolidé son carnet de commande, il revient s'asseoir à son bureau en se frottant les mains.

Encore une journée qui ne se termine pas trop mal pour Nicolas Flamel. Le nombre de ses clients et les travaux qui lui sont recommandés lui permettent de vivre correctement dans un petit appartement situé juste au-dessus de son commerce. Il est l'heure de fermer ! Il pousse les volets, engage les barres latérales et verrouille la porte. Puis, après avoir gravi les quelques marches de l'escalier enfoncé à l'autre extrémité de la salle du rez-de-chaussée, il accède à son petit logis composé modestement d'une cuisine et d'une chambre. La pièce à coucher, très sobre, ne contient qu'un grand lit, une armoire, cadeau de sa mère, et une petite commode. Dans la cuisine, une cheminée et un four lui permettent de se faire pitance juste ce qu'il faut pour se coucher le ventre plein. Un réservoir qu'il faisait remplir régulièrement d'eau potable par les porteurs d'eau du quartier avait été encastré spécialement à cet effet dans le mur mitoyen. Cette cuve lui assurait non seulement le breuvage, mais aussi l'eau nécessaire à sa toilette, car il était très méticuleux sur lui et ne supportait pas de se sentir… sale. Et tous les soirs il suivait rigoureusement la même routine : après le dîner, il se lavait, mettait sa robe de chambre et se couchait bien au fond de son lit. Puis il soufflait sa bougie avant de s'endormir.

Mais cette nuit-là ne devait pas être une nuit comme les autres. Un peu agité, Nicolas se tourne et se retourne incessamment dans sa couche. Il est vrai qu'en Juin, les nuits sont particulièrement tièdes et, malgré la fenêtre de la chambre bien ouverte, il transpire comme jamais. Il se lève, va dans la cuisine se rafraîchir un peu et retourne se coucher. Quelques minutes suffisent pour qu'il se fasse à nouveau absorber par les bras de Morphée.

— Nicolas Flamel ! Vous allez bientôt recevoir un ouvrage merveilleux.

Pendant qu'il rêvait, devant lui, apparut un ange tout de blanc vêtu. Ce dernier tient à bout de bras un grand livre en cuir épais recouvert et relié de cuivre. L'ange s'approche de lui doucement pour ne pas l'effrayer et lui dit :

— Regardez ! Ce livre extraordinaire va changer votre vie, celle de votre famille ainsi que celle de tous vos proches.

— Mais, qui êtes-vous ? Vous êtes un ange ?

— Si vous voulez ! Tenez…

Nicolas se rapproche de l'ange et s'apprête à ouvrir le manuscrit. Son excitation est à son comble… tellement forte… que Flamel se réveille… Il s'assied sur le bord de son lit et, les yeux recherchant une lueur de réalité dans l'obscurité de la pièce, se frotte le visage en se disant :

— Que m'est-il arrivé ?… Était-ce un rêve ?… Cela paraissait si réel !…

2-4

— Francis ? Francis ?... Comment ça va ?

Francis commença à reprendre ses esprits.

Près de lui, Flo dormait comme un nouveau-né, complètement détendue.

— Tout va bien ! Rassure-toi ! Mission accomplie, ou presque ! Ho ! Ho ! Je vois que notre amie profite bien de la vie... ! chuchota-t-il pour ne pas la réveiller.

Il ôta son casque et le posa sur le bord de sa chaise, souffla à fond et se détendit comme à la sortie d'un profond sommeil.

À peine levé, il se dirigea vers Alice pour lui faire le rapport de ce qu'il avait vu et fait, avant le réveil de la belle au bois dormant. Phil se rapprocha d'eux.

— La connexion s'est produite avec un peu de difficulté. L'homme est bien un récepteur, ce qui va nous faciliter la tâche, mais, je remarque une nouvelle fois que, plus on remonte dans le temps, plus il est difficile de se connecter.

— Mais, je pense que son esprit, particulièrement ouvert de part ses lectures et ses contacts professionnels, a dû t'aider dans ta quête, n'est-ce pas ? reprit Alice.

— Certainement ! En fait, je me suis présenté à lui habillé tout en blanc, comme un ange et je lui ai monté le livre. Au moment où il a voulu l'ouvrir, j'ai interrompu le contact.

— Heureusement ! Car comment aurais-tu pu lui montrer quelque chose que tu cherches toi-même !

— Hé ! Hé ! Par contre, je sens qu'il faut retenter cette expérience au moins une fois afin que ce bouquin devienne bien une obsession chez lui.

— Bien ! Profitons du sommeil paisible de notre chère Floriane pour réaliser les autres voyages. Mais, sachant que tu dois te reposer entre deux connexions, on pourrait utiliser ces instants pour aller manger un morceau… qu'en penses-tu ? et devançant une remarque de Francis, Alice s'empressa de le rassurer : Pas de problème pour Flo, puisque j'ai dans la poche le détecteur qui nous préviendra aussitôt d'un changement de son état. Mais, vu la dose que je lui ai administrée, elle en a pour toute la nuit… ! Vous venez avec nous Phil ?

— Heu ! Non merci, je préfère rester ici, au cas où il prendrait à Randock ou un de ses sbires, l'idée de débarquer ici. Si vous pouviez me ramener un petit en-cas et une boisson gazeuse !

— OK ! À tout à l'heure !

Francis et Alice quittèrent alors le laboratoire en direction de la cafétéria…

22-5

Un rayon de soleil filtre au travers du volet, se faufilant délicatement jusqu'au lit. Bientôt, ce sont plusieurs fines lignes de lumières qui envahissent la chambre et créent des motifs particulièrement étonnants en mêlant réel et irréel dans un ballet d'éclats et de reflets merveilleux. Ces lignes et ces traits, dessinant de plus en plus les objets de la pièce dans une autre dimension, finissent par caresser le visage à moitié endormi de Franck. Difficile pour lui d'ouvrir les yeux suite à la nuit plutôt mouvementée qu'il vient de passer. Il s'étire et tente une nouvelle fois de sortir de ce rêve fantastique qu'il vient de faire. Ses yeux encore un peu lourds s'ouvrent sur une vision surprenante, d'abord dans le brouillard vitreux, puis de plus en plus claire comme lors de la mise au point d'un objectif.

Devant lui, se dressent des meubles inconnus, dans une chambre non moins étrange. Il s'assoit au milieu du lit et se rappelle la nuit qu'il vient de vivre, son évasion de la clinique, sa discussion avec sa femme, sa rencontre avec cet homme et son arrivée dans cette maison. Il se lève et se dirige vers la fenêtre qu'il ouvre en grand. Une odeur enivrante remonte des parterres de fleurs et de végétations disséminées dans le jardin qui s'offre à sa vue. Les grands arbres qui peuplent le terrain bordé de hauts murs masquent pratiquement tous les immeubles voisins qui apparaissent néanmoins entre quelques-unes de leurs branches. Le soleil, aux trois quarts levé, éblouissant, donne tout un cœur à des oiseaux qui piaillent à tue-tête comme pour le remercier de ce don du ciel.

Il se retourne et s'approche de la porte de la chambre. Après s'être rendu compte qu'elle était fermée à clé, de l'intérieur donc vraisemblablement par lui-même, il l'ouvre et s'apprête à descendre le grand escalier.

— Monsieur Cales ! Avez-vous bien dormi ?

La voix venait de d'une pièce au bas de l'escalier sur la gauche. Franck continue de descendre les marches et voit apparaître un homme en contre bas.

— Ho ! C'est moi, Pierre !… Pierre Martin ! Je vous ai sauvé la mise cette nuit !

Franck se rappela cette poursuite endiablée qui les avait amenées jusqu'ici. Il est vrai que les choses apparaissent différemment la nuit et le jour, et c'est d'autant plus vrai d'un homme qui se présente tout à coup en short et en débardeur.

— Je vous ai préparé un bon petit-déjeuner… en attendant l'arrivée du Commandant. Venez vous joindre à moi !

— Heu ! J'arrive.

Il termine sa descente et suit Pierre jusque dans la cuisine. Sur la table au centre de la pièce un bol rempli de café noir fume, entouré de quelques tartines de pains beurrés. Deux pots de confiture à la fraise et à la marmelade d'orange sont ouverts près d'une motte de beurre. Juste en face, un deuxième bol vide attend son futur patron, en compagnie d'une petite cuillère et d'un petit couteau.

— Pas de croissant ? dit Franck ironiquement.

— Faut pas rêver, heu !… Si je peux me permettre ! Café, chocolat, thé ?

— Café noir ! Vous avez du jus d'orange ?

Pierre prend la cafetière et verse le café chaud dans le bol vide. Puis il ouvre le réfrigérateur, en sort une bouteille de jus de fruit et la tend à Franck.

— Prenez un verre et servez-vous !

Au moment où ils s'assoient pour commencer à déguster leur sympathique petit-déjeuner, Pierre se lève d'un bon et se dirige rapidement vers le bord de la fenêtre en faisant voler sa chaise. Dans la précipitation, le bol de Franck, comme happé par le courant d'air déplacé, échappe presque de ses mains sans empêcher de l'asperger.

— Putain ! Qu'est-ce qui vous prend ?

— Chuuuut ! Couchez-vous !

Un pistolet à la main, Pierre se penche vers la fenêtre et à travers le rideau, il tente de deviner quelque chose dans le jardin. Rien à droite, rien à gauche ! Le portail s'ouvre…

— Mais, couchez-vous, nom de Dieu ! Je ne veux prendre aucun risque !

Franck pose son bol pratiquement vide maintenant et s'exécute aussitôt. Dans quelle galère s'est-il encore mis ? Qu'y a-t-il dehors qui puisse justifier une telle méfiance ? Il est trempé de café et commence à avoir un peu froid allongé sur ce carrelage glacé. Il regarde dans la direction de la fenêtre et essaie de s'en rapprocher.

— Restez où vous êtes, bon sang ! Vous voulez vous faire tuer ?

— Non ! Mais…

— C'est bon ! Vous pouvez vous lever, c'est le Commandant !

Il avait envie de lui dire : « Ho ! Plus jamais ça ! ». En quelques secondes, il lui avait fait une de ces trouilles ! Avec ses grands airs de « Texas Rangers » ! Et pour rien, par-dessus le marché !

Déjà, on frappait à la porte d'entrée. Pierre ne tarde pas à l'ouvrir et salue les deux personnes qui se présentent sur le palier.

— Commandant, je suis content de vous voir !

— Lieutenant, je souhaiterais votre rapport immédiat sur les vingt-quatre heures passées !... Je ne vous présente pas le Lieutenant Émilie Boucau ! Elle va s'occuper avec vous du colis !

En effet, Pierre et Émilie se connaissaient bien pour avoir réalisé ensemble plusieurs missions à l'étranger et notamment la plus récente en Irak. Elle était assez grande, des cheveux blonds tirés en arrière sur un visage parfait. Franck fut comme attiré par son regard qu'il ne quitta pas un long moment jusqu'à ce qu'elle lui dise assez sèchement :

— Monsieur Cales ?

— Franck ! Heu ! Vous pouvez m'appeler Franck, si ça ne vous dérange pas !

— Bien, Franck ! Nous allons vivre ensemble pendant quelque temps car je suis chargée avec Pierre de vous protéger jusqu'à votre transfert. Je souhaite tout savoir de vous, vos défauts, vos besoins, vos qualités, vos relations... en fait tout ce qui pourra mieux nous aider dans notre tâche. Nous n'avons que trop peu d'informations sur vous pour assurer la meilleure des protections rapprochées. Plus vous serez éloquents, et plus nous serons efficaces ! Ok ?

Franck ne savait plus trop où se mettre. Il fuyait ce regard qui, pourtant le subjuguait. Quelque chose le troublait, mais il n'osait plus la regarder à nouveau de peur qu'elle ne s'aperçoive de son embarras. Forte de son expérience, Émilie se rendit compte très vite qu'il perdait ses moyens et avec un petit sourire elle essaya de le mettre à l'aise :

— Ne vous inquiétez pas ! Je ne vais pas vous mettre à nu immédiatement. Nous avons du temps devant nous. Détendez-vous !... Offrez-moi donc un café !

Sans perdre un instant, il se précipite sur la machine à café et remplit une tasse qui se trouvait à proximité. Se rendant compte de son état, au moment où il tend la tasse vers la jeune femme, il balbutie :

— Heu ! Je suis pourri… enfin, je veux dire… je dois aller me laver… et me changer…

Émilie, en buvant une gorgée de son café, sourit de nouveau voyant Franck paniqué et partant du mauvais côté de la pièce.

— La sortie, c'est par-là !

— Oui ! Je n'en ai pas pour très longtemps !

Franck n'avait même pas remarqué la disparition des deux autres. Il était resté fixé sur Émilie, et s'en voulait à présent d'avoir été si maladroit. Il monte les escaliers quatre à quatre, puis entre dans sa chambre pour se diriger aussitôt dans la salle de bain.

Après quelques minutes et enfin dignement habillé, il redescend vers la salle où ils sont tous les trois assis dans des fauteuils se faisant face. Dès son apparition, ils arrêtent instantanément leur discussion.

— Franck ! interpelle le Commandant en se levant vers lui, venez un peu nous rejoindre. Nous étions en train de parler de vous et nous souhaiterions vous poser quelques questions.

Franck s'enfonce dans un des fauteuils et se tient prêt aux questions de son auditoire.

— Nous avons surpris une liaison satellite codée vers la CIA, reprit le Commandant. (Les deux Lieutenants, assis proche de ce dernier, dévisagent Franck depuis le début de l'entretien.) Il y était mentionné un cas particulièrement intéressant de syndrome de Montauk, maladie mentale extrêmement rare, puisque, à ma connaissance, il n'existe plus qu'un seul cas reconnu au monde.

— En quoi cette histoire m'intéresse-t-elle ?

— J'y viens ! Après analyse de ce message par nos experts, toutes les pistes que nous avons découvertes nous ont conduits irrémédiablement vers vous. D'abord à la clinique, puis devant chez vous lorsque nous nous sommes rendus compte que vous vous étiez échappé des griffes du Professeur Ballard. Pouvez-vous nous expliquer ce que vous faisiez dans son service ?

Franck expliqua tous les événements qui l'avaient amené jusqu'à la Clinique : Le footing du matin, l'accident et les pertes de conscience. Le Commandant et ses deux compères ne loupaient aucune de ses paroles. Il parla de ses entrevues avec le Professeur, de tous les examens qu'il lui a fait subir, la découverte de ce dossier inquiétant sur son bureau et cette impression qu'il avait d'avoir été retenu contre son gré dans cette prison dorée. Le Commandant acquiesçait par de petits mouvements de tête ce qui encourageait Franck à poursuivre son récit. Il expliqua sa dernière rencontre avec sa femme qui l'avait trahi pour une somme d'argent, puis l'arrivée de Pierre et la maison.

— Ces pertes de conscience ! Pouvez-vous nous les décrire ?

Il expliqua qu'en se frottant la tête à un endroit très précis, il perdait tout contact avec la réalité pour se retrouver dans un espace qu'il ne maîtrisait pas, comme dans le corps d'un autre. Émilie et Pierre restaient dubitatifs, une main au niveau du menton. Sa version semblait si spontanée qu'elle ne pouvait qu'être vraie !

— Vous pourriez essayer d'en provoquer une maintenant, devant nous ?

— Pourquoi ?… Enfin, pourquoi pas ?

Le regard d'Émilie reste sans équivoque. Mais sous son charme, il ne peut que céder à sa demande.

— Mais, je ne maîtrise rien ! C'est nouveau pour moi, et…

— Faites-nous confiance ! Pensez à un personnage que vous avez connu et tentez le « voyage » !

Le « voyage »? Quel « voyage »? Décidément, Franck ne comprend pas tout. Néanmoins, il commence à se frotter la tête au point stratégique en regardant ces trois spectateurs qui viennent de se redresser du fond de leurs assises et, quelques secondes plus tard…

2-6

— Est-elle toujours endormie ? Nous vous avons ramené un sandwich et un coca. Tenez !

— Merci ! Elle dort bien, et elle parle également !

— C'est bon signe. Je vais lui administrer une nouvelle petite dose de tranquillisant car nous allons tenter une nouvelle connexion.

Francis et Alice s'apprêtaient à relancer le protocole pour un nouveau contact. Phil semblait plus détendu en s'étant rendu compte que Flo ne risquait rien et surtout pas de leur causer la moindre gêne. Francis se repositionna sur la chaise tandis qu'Alice relança toutes les opérations de mise en fonction de la machine.

Ils avaient profité de ce petit intermède pour discuter de leurs idées sur la suite des opérations. L'objectif étant de découvrir le secret de Nicolas Flamel qui aurait trouvé la méthode pour réaliser la transmutation dans un vieux manuscrit, « Aesch Mezareph », de Abraham le Juif. Il n'existerait que deux exemplaires de ce livre, l'original et une copie, l'un étant conservé à la Bibliothèque Nationale. Par contre, aucun d'entre eux n'était, en 2006, disponible à la consultation car tous ceux ayant tenté de déchiffrer son contenu, sont soit devenus fous, soit ont disparu sans laisser de trace. Seul Flamel possédait la clé de son interprétation et Francis était prêt à tout pour élucider le mystère de cette transmutation, phase obligatoire pour envisager le moindre voyage physique dans le temps.

Ils avaient donc décidé tout d'abord d'activer la curiosité de Flamel, puis de le suivre tout au long de sa quête pour découvrir avec lui la solution de cette énigme. Il fallait complètement s'intégrer à sa vie par plusieurs contacts successifs et ils savaient d'hors et déjà qu'ils allaient y passer la nuit entière. Après avoir tout d'abord essayé d'évaluer le nombre de connexions nécessaires, très rapidement et d'un commun accord, ils décidèrent qu'il valait mieux prendre les décisions au fil du temps et s'organiser en conséquence. Le seul risque était de ne pas boucler l'expérience avant le lendemain matin.

Francis commença à se noyer dans le brouillard vert clair qui entourait déjà sa chaise.

— OK pour moi ! dit-il avant de s'enfoncer dans sa nouvelle connexion.

— C'est parti pour une nouvelle expérience Phœnix IV plan 2 phase 2, répondit Alice dans l'enregistreur.

2-7

Nicolas avait passé la matinée à ressasser son rêve mystérieux. Avait-il mangé quelque aliment indigeste ou était-ce le verre de vin trop âpre qu'il avait pris juste avant de s'allonger ? Il opta plutôt pour la fatigue d'un surplus de travail.

La journée s'annonçait encore plus soutenue que d'habitude et il oublie vite le songe qui le préoccupait. En effet, la succession de visites de ses Clients l'oblige très rapidement à penser à tout autre tourment. Comme par hasard, chaque visiteur amenait des problèmes différents certes, mais tous pénibles à traiter, et Nicolas Flamel voit la fin de journée arriver comme une délivrance. Le soir, avant de se coucher, il repense à son rêve de la veille et il s'endormit en essayant d'en provoquer le retour. Mais il se réveille le lendemain matin, le surlendemain et ainsi plusieurs nuits de suite sans parvenir à reproduire la merveilleuse vision qu'il finit par oublier après quelques semaines.

La vie continue autour de lui comme s'il ne s'était rien passé dans sa petite existence sage et tranquille. Il fréquentait depuis peu la belle Pernelle Léthas dont il était aussitôt tombé amoureux dès leurs premières rencontres.

C'était un magnifique jour d'été, devant le portail de Notre-Dame, il faisait si chaud qu'elle était sortie de l'église pour prendre un peu l'air frais. Nicolas ne tarda pas à la rejoindre et il lui fit la cour en détaillant avec elle les sculptures du portail. Grâce à son métier, il commençait à posséder une large culture et il n'hésita pas à en user pour cette belle femme tomba très vite sous son charme. Puis il la revit à de nombreuses reprises, autant de fois qu'il le put, et Pernelle devint pour lui d'abord une amie puis une confidente.

Il lui avait parlé de ce rêve si particulier qui l'avait quelque peu perturbé. Selon Pernelle, l'ange provenait très certainement du bon fond de Nicolas, un signe du tout-puissant afin qu'il assure autour de lui tout le bonheur qui débordait de son cœur. Il lui avait souri et lui avait rendu son gentil compliment par un long et tendre baiser. Puis les jours ont passé et il oublia son rêve pour davantage porter ses réflexions sur son nouvel objectif: faire du bien autour de lui.

Ce jour-là, les Clients s'étaient faits particulièrement rares. La fin d'après midi de ce jour d'août 1357 fut excessivement longue et Nicolas avait hâte de fermer boutique. Ce qu'il aurait fait sans l'arrivée impromptue de Maître Cronilles qui, comme à son habitude, souhaitait de nombreuses précisions sur ses comptes.

— Bien sûr Maître ! Vous avez parfaitement raison sur ce point, mais, comprenez que nous ne pouvons pas inclure cette dépense à ce niveau !

— Bien ! Bien ! Ne peut-on pas déduire ces frais pour en être moins redevable ?

— Ce me semble délicat… et risqué ! Par contre vous pourriez envisager de demander un report que je m'empresserai de vous écrire à l'attention de vos créanciers…

C'est alors que Pernelle entre dans l'échoppe ce qui provoque l'arrêt net de la conversation de nos deux personnages.

— Ho ! Là ! Il se fait tard et je ne peux que m'éclipser devant si grande beauté !

Nicolas était délivré grâce à sa belle qui non seulement lui permettait de trouver la meilleure issue à son tracas de fin de journée, mais illuminait littéralement son établissement, son cœur, sa vie tout entière. Maître Cronilles les quitte sans omettre un baisemain et plusieurs révérences à l'attention de Pernelle qui garde quelques difficultés à dissimuler le rose qui vient d'apparaître au niveau de ses joues. Elle appréciait ces marques de courtoisie et ne s'en cachait pas.

— Passant devant votre échoppe, je ne pouvais pas filer sans entrer pour vous saluer.

— Vous êtes merveilleuse comme à votre habitude et je vous serai éternellement redevable du bonheur que votre présence me procure.

— Arrêtez Nicolas, vous me mettez mal à l'aise.

— Ho ! Ce n'est certainement pas le but, car, bien au contraire, je ferai mon possible afin que tous les jours qui me restent à vivre soit un compliment pour votre beauté et votre gentillesse.

— Vous me flattez comme à votre habitude. Je suis heureuse d'être votre amie.

Il lui offre une verveine et un petit godet de mirabelle qu'ils dégustent ensemble en parlant de leurs dernières œuvres. Ils se devinaient l'un l'autre au fil des jours qui passaient recherchant sans cesse les rencontres mutuelles pour disserter sur les bienfaits de l'existence. Ils s'apercevaient, au fur et à mesure de leurs conversations, de toute la générosité de leur complémentarité devant l'harmonie de leurs idées communes. Les heures passaient sans qu'ils ne s'en rendent compte si ce n'est ce temps qui déroulait inexorablement son flux en creusant ses marques à tout jamais.

— Il se fait tard ! Il faut que je vous quitte.

— Le temps est comme un rêve auprès de vous : on souhaite qu'il continue mais il s'arrête toujours trop rapidement.

Et Pernelle lui dépose sur la joue un baiser qui, une nouvelle fois, l'émeut jusqu'au plus profond de son être. Elle part encore trop tôt à son goût, mais c'était ainsi. Il ne gagnait pas suffisamment pour lui demander sa main, mais ne désespérait pas d'y parvenir un jour. Il la raccompagne jusqu'à l'entrée de la boutique, lui ouvre la porte et la regarde s'éloigner, le cœur déjà serré par son absence. Quand elle disparaît au coin de la rue, il entre et ferme son établissement. Il range les quelques documents éparpillés sur son bureau, remet de l'ordre au niveau d'une étagère sur laquelle quelques livres avaient été un peu malmenés, puis monte dans son petit appartement afin de se préparer une nouvelle fois à une nuit en solitaire.

Après s'être préparé un léger dîner comme à son habitude, il se déshabille et se débarbouille. Ce n'était pas la faim qui le motivait ce soir-là, mais plutôt l'envie pressante de se retrouver dans son lit douillet suite à cette grande fatigue occasionnée par ses dernières journées de travail particulièrement chargées. Il grignote seulement quelques petits morceaux de pain et avale un gros bol de soupe. Puis, extrêmement las, il se dirige vers sa chambrette et s'affale sur son lit, le sommeil le gagnant en quelques minutes seulement.

Dans les limbes du sommeil qui le gagne petit à petit apparaît une silhouette qu'il reconnaît immédiatement. Tout de blanc vêtue, une merveilleuse femme s'approche de lui flottant dans une lueur bleutée et délicatement lui offre le sourire qu'il attendait. C'était Pernelle qui lui faisait bouillir le sang pratiquement toutes ses nuits depuis qu'il l'avait rencontrée. Elle était magnifique dans sa façon de se mouvoir, dans ses gestes sensuels et sa voix émouvante. Décidément tout en elle l'attirait. Il avait tant envie de la revoir, et la revoir encore, et encore…

Soudain sa vision de rêve se brouille. Il a beau insister pour préserver l'image magique qu'il retenait toutes les nuits le plus possible par la pensée, mais sans succès car elle devenait complètement floue. Le visage de Pernelle fondait littéralement dans sa tête pour pratiquement disparaître du songe qu'il était en train de faire…

C'est alors qu'elle se transforme en un ange, plus exactement elle devient l'ange qui était apparu quelques semaines plus tôt dans son rêve. Moins apeuré que précédemment, il reste absorbé dans son sommeil par cette nouvelle vision. Le même grand livre dans les mains, l'ange lui dit :

— Regarde ce livre, béni d'entre tous les livres dont tu ne comprendras pas le contenu. Beaucoup d'autres, hormis toi, ne le comprendront jamais, mais un jour, tu y reconnaîtras quelque chose que personne, à par toi, ne verra jamais.

Et la vision fabuleuse disparaît à nouveau en provoquant le réveil de Nicolas trempé de sueur. Il se lève d'un coup et se dirige vers une table située à l'entrée de sa chambre. Il prend une plume et note la phrase qu'il vient d'entendre dans son rêve en prenant soin de ne pas en oublier un seul mot. Ensuite, combien de temps reste-t-il à contempler cette phrase ? Une heure ? deux peut-être ! C'était forcément un signe du destin pour lui indiquer une épreuve ou certainement sa propre destinée !… Se sentant impuissant devant ces questions qui demeuraient inexorablement sans réponse, il décide de se recoucher et, après un long moment de méditation allongé sur son lit, il parvient enfin à se rendormir…

2-8

Plongé dans les méandres du passé, Francis se débattit tel un beau diable afin d'atteindre le but qu'il s'était fixé. Autour de lui, les éléments étaient devenus un peu plus précis, pour lui confirmer enfin qu'il allait pouvoir réaliser ce qu'il était venu faire. Malgré le flou dans lequel la silhouette évoluait devant ses yeux, il pensait bien avoir deviné de qui il s'agissait. Il décida alors de se substituer à elle pour accomplir sa mission. Il força la mémoire profonde et remplaça progressivement la jeune femme afin de ne pas l'effrayer. Et, l'image du fameux livre dans les mains, il prononça la phrase volontairement mystérieuse qu'il avait préparée avec Alice :

— Regarde ce livre dont tu ne comprendras pas le contenu. Beaucoup d'autres, hormis toi, ne le comprendront jamais, mais un jour, tu y reconnaîtras quelque chose que personne, à par toi, ne verra jamais.

Puis, il disparut rapidement afin de provoquer le réveil de Nicolas Flamel. De nouveau propulsé dans un amalgame constitué de lumières et d'étincelles multicolores, mais aussi de courants et de tourbillons comparables aux rapides de certains torrents, Francis sentit tout son corps se reconstruire comme s'il avait été disloqué et éparpillé aux quatre coins de la pièce dans laquelle il se trouvait. Aucune possibilité dans ces conditions particulières de mesurer le temps qu'il passa dans cet état. Tout ce qu'il se souvenait était toujours très inconfortable et chaque fois beaucoup trop long.

Il revint enfin à lui, assis sur la chaise. Alice, penchée sur lui, enleva son casque et s'enquit immédiatement de sa forme. Elle savait que plusieurs voyages réalisés coup sur coup, comme ceux-là, pouvaient altérer sa perception sensorielle, certes momentanément, mais à chaque fois difficile à supporter. Non ! Apparemment les questions d'usage prévues dans ces cas se révélèrent très positives, ce qui la rassura bien évidemment. Il était temps, maintenant, de préparer la prochaine connexion qui devait être très importante puisque correspondant à l'analyse du fameux livre par Flamel.

— Le plus difficile n'est pas d'évaluer les gènes du receveur, le programme que nous avons mis au point s'en charge à merveille, mais c'est bien de parvenir à se caler sur la meilleure date possible car, plus on remonte dans le temps, moins on a de précisions nécessaires aux contacts recherchés.

— C'est bien ce que je me demandais ! reprit Phil. Je ne comprenais pas pourquoi vous prévoyiez plusieurs « voyages » ! Maintenant c'est plus clair : vous travaillez pratiquement à tâtons !

— Exactement ! Avec Alice, nous avons évalué au maximum les périodes correspondantes à toute l'histoire de la vie de Nicolas Flamel, grâce à des récits glanés à la bibliothèque ou sur le net. Mais, même si certains faits ne sont pas si contradictoires que cela, et même assez cohérents d'ailleurs dans leurs chronologies, nous avons besoin de fixer des dates les plus exactes possibles pour assurer le contact, et quelques fois on peut tomber complètement à côté de ce que nous cherchons.

Malheureusement, dans certains cas, comme il serait trop risqué de retenter une nouvelle connexion, nous préférons abandonner.

— Dans le cas qui nous intéresse, intervint Alice, nous savons que Nicolas Flamel a fait un séjour en Espagne en 1378, à Saint-Jacques-de-Compostelle pour être plus exacte. C'est lors de ce voyage qu'il rencontra un vieux médecin juif converti, Maître Canches, qui l'accompagna à Paris et lui livra diverses clefs d'interprétation. Malheureusement, Canches mourra en route, à Orléans sans avoir atteint Paris ni vu le manuscrit détenu par Flamel. Nous devons donc essayer de nous caler sur le retour, après sa rencontre avec Maître Canches.

— Exactement ! Nous pensons que leur pèlerinage eut lieu pour les festivités de l'apôtre, aux alentours du vingt-cinq juillet 1378. Et sachant qu'Orléans est à environ mille huit cents kilomètres de Santiago-de-Compostela, Saint-Jacques-de-Compostelle, on pourrait évaluer le parcours à près de deux mois et demi, en comptant les haltes et les détours. Soit, pour moi, une connexion doit être établie vers le vingt-huit ou vingt-neuf août 1378.

Le raisonnement de Francis laissa Phil fort déconfit. En si peu de temps, comment avaient-ils fait ? Comment avaient-ils réussi pour tout prévoir ? Rien ne semblait être laissé au hasard : la date de synchronisation du contact, peut être même le lieu et pourquoi pas tout ce qu'ils avaient prévu de lui dire pour récupérer le maximum des informations qu'ils recherchaient. Cette aventure devenait véritablement passionnante pour lui et il ne regrettait pas le choix qu'il avait fait de soutenir l'équipe que formaient Alice et Francis.

Déjà, Alice s'apprêta sur tous les réglages nécessaires à un nouveau départ. Francis aurait dû attendre au moins une heure avant de déclencher une nouvelle connexion, mais la pression était telle qu'il ne voulait plus perdre une seconde pour retrouver son contact. Il s'assit sur la chaise, positionna son casque et enclencha le processus. Phil n'en perdait pas une miette. Son regard passait alternativement de l'un à l'autre, attrapant le moindre signe, le plus petit geste, la mimique insignifiante, comme pour apprendre ou mieux comprendre ce qui se déroulait devant ses yeux.

L'espèce de nuage vaporeux de couleur entre le bleu et le vert très clair enroba pratiquement Francis. Ce nuage qui semblait provenir du générateur présent sous son siège se répandit progressivement vers le plafond. Au travers de cette sorte de brume, on devinait à peine un tremblement de ses paupières signifiant très certainement une forte activité cérébrale en phase avec le travail fourni avant la connexion. Puis plus rien…

Alice resta en éveil les yeux braqués sur tous les écrans de contrôles et les afficheurs éparpillés devant eux. Elle était particulièrement vigilante au plus petit signe pouvant indiquer le moindre soucis devant déclencher l'interruption immédiate de l'expérience. Ils constituaient vraiment l'équipe dont on rêve, tellement soudée, en parfait synchronisme. Phil les enviait. Il attendit avec une certaine impatience le retour du « voyageur »…

— Il se passe quelque chose ! lança tout à coup Alice, Il faut vite le faire revenir…

2-9

— Mon Dieu ! J'ai vu ma grand-mère ! Je lui ai même parlé ! Comment est-ce possible puisqu'elle est décédée depuis vingt ans ? C'est extraordinaire…

— Hum ! C'est bien ce que je pensais ! dit le Commandant. En fait, votre grand-mère va croire en un rêve prémonitoire. En vous voyant, elle ne peut pas faire le lien avec vous puisque vous êtes différent aujourd'hui !

— Ho ! la la ! Mais c'était si réel !

— STOP ! intervient brutalement Émilie. Tout ça ne prouve rien ! Je pense que cet homme nous bluffe depuis le début et que nous perdons notre temps.

— S'il vous plaît, Émilie ! Calmez-vous ! Croyez-en mon expérience, les réactions de Franck me paraissent, au contraire, tout à fait saines…

— Vous avez du beurre dans les yeux et…

— ASSEZ ! stoppe net le Commandant. Allez vous calmer dans le jardin, j'ai deux mots à dire à Franck.

Émilie n'avait pas l'habitude de perdre son sang-froid de la sorte, mais là, elle bouillonnait intérieurement et ressentait depuis quelque temps l'envie d'exploser pour toute contrariété qui l'affectait. Elle accepte l'offre de son chef, se lève de son siège et sort de la maison une cigarette à la main.

— Je vais fumer une clope dehors !

— Excusez-la, Franck ! Depuis l'incident, il lui arrive trop régulièrement de « péter les plombs » comme on dit. En fait c'est pour cette raison que je lui ai proposée cette mission un peu plus calme que les précédentes et fort éloignée de ce qu'elle avait l'habitude de traiter. Je compte beaucoup sur cela afin qu'elle retrouve suffisamment d'équilibre pour continuer à travailler dans l'équipe.

— Mais vous parlez d'un incident ? Pouvez-vous m'en dire un peu plus ?

— Heu ! Je ne souhaite pas m'étendre ce matin sur ce sujet. Ne m'en voulez pas, mais la blessure est toujours trop présente et je ne veux rien envenimer. Vous me comprenez, j'espère ?

Le regard de Franck se porte alors sur Pierre semblant demeurer volontairement à l'écart, puis traverse la fenêtre vers Émilie qui, toute seule, adossée à un arbre, fume, les yeux perdus dans le ciel. Même s'il accepte de ne pas insister, il reste dubitatif avec une envie folle d'en savoir un peu plus pour l'aider à retrouver le sourire qui manque tellement à un si joli visage. Le Commandant intercepte sèchement l'attention de Franck en le faisant revenir brutalement dans sa conversation.

— Franck, je souhaite que vous nous expliquiez, avec le plus de détails possibles, tout ce qui vous arrive, depuis le début de vos « voyages » jusqu'à votre retour.

— Que vous dire ?

— Tout ce dont vous vous rappelez !

Franck commence à réfléchir, les yeux dans le vague, sur toutes les phases importantes qu'il a vécues juste auparavant. Il essaie de ne rien omettre : le frottement de l'arrière de sa tête, le départ dans une sorte de remous extrêmement flous, l'arrivée dans un rêve si réel, une vision conditionnée par l'autre ainsi que le retour très rude, très rapide comme un réveil impromptu à la suite d'une nuit particulièrement agitée. Le Commandant ne laissait passer aucune parole sans noter toutes les informations qu'il jugeait importantes. Il interrompait de temps en temps le discours de Franck pour lui demander de préciser certains détails afin d'approfondir ses explications. Puis il reprenait son écriture en noircissant un petit carnet qu'il avait sorti de la poche de sa veste.

— Merci, Franck !

— Ce qui m'épate, est d'avoir l'impression de pouvoir communiquer avec la personne que je visite !

— Heu ! Je ne pense pas que ce soit uniquement une impression ! Je crois que vous avez le pouvoir de communiquer réellement.

Franck, même s'il n'a pas besoin d'être persuadé de la qualité de l'expertise du Commandant, reste perplexe malgré les propos encourageant de ce dernier. Toutes ces expériences restaient très épuisantes, surtout au moment de la prise de contact et du retour. Il avait envie de monter dans sa chambre, d'abord pour se reposer un peu, mais surtout pour prendre le recul nécessaire à la compréhension de tous ces événements qui l'assaillaient depuis deux jours. Et le Commandant, ayant remarqué qu'il souhaitait se retirer, allait en profiter pour lui aussi s'éclipser. Avant de partir, il donne quelques directives à Pierre, salue Franck et ne tarde pas à sortir de la maison. Puis il se dirige vers Émilie, la prend par la taille et lui glisse un petit mot qui semble lui remonter le moral.

À mi-hauteur sur l'escalier qui le mène à sa chambre, Franck se retourne vers Pierre et lui demande :

— Pierre ! J'ai senti, tout à l'heure, que vous étiez gêné lorsque nous avons parlé de cet incident qui a touché Émilie ! Est-ce que vous pouvez m'expliquer ?

Pierre le regarde, hésite quelques instants puis propose :

— Ok ! Mais pas ici.

— Venez me rejoindre dans ma chambre !

Pierre suit alors Franck, et après avoir poussé la porte, commence à lui expliquer. En fait, Émilie est mère célibataire d'un petit garçon. L'ayant eu très jeune lors d'une liaison compliquée, elle a longtemps caché l'existence de cet enfant à la D.G.S.E. à cause de ses responsabilités. Mais tout se sait un jour ou l'autre, et pas forcément par les bonnes personnes. En effet, malgré toutes les précautions qu'elle prenait lors de chacune de ses missions, une bande de terroristes fit pression sur le gouvernement en enlevant de son fils, il y a dix ans environ. Après s'être faite sérieusement sermonner par ses responsables pour cette « cachotterie », elle tenta tout ce qu'elle put pour le faire libérer, sans succès. Les terroristes réclamaient la libération de plusieurs de leurs chefs et une rançon non négligeable. Malgré toutes les actions intentées pour les satisfaire, une vidéo de l'exécution du gamin fut diffusée sur les chaînes arabes bouleversant tout le Service et atteignant Émilie au plus profond de sa chair. Il fallut plus d'un an d'étroites surveillances et de puissants traitements pour l'aider à sortir de sa torpeur. Et c'est grâce à une volonté hors du commun qu'on la vit enfin revenir dans le Service.

— En fait, au fond d'elle-même, une lueur incompréhensible, instinct de femme certainement, la motive aujourd'hui pour continuer à vivre : elle est persuadée que son fils est toujours vivant ! Et elle fera tout ce qu'elle pourra pour le retrouver. C'est pour cette raison qu'elle passe tant de temps sur Internet, afin de glaner telles ou telles informations susceptibles de l'aider dans ses recherches.

— Quelle histoire ! Mais comme je la comprends car c'est si difficile d'être séparé de son enfant !

— Pour moi, elle a trouvé un motif pour continuer à vivre à peu près correctement, sans cela, elle se serait déjà tirée une balle dans la tête !

Franck est abasourdi par l'histoire qu'il vient d'entendre. Comment peut-on faire du mal à un enfant ? Il comprend maintenant l'attitude d'Émilie et compatit à sa douleur qui doit être intense. Mais, attention ! Il ne faut pas pour autant entrer dans une compassion avec elle, qui aurait les conséquences fâcheuses qu'on imagine sur leur relation qui ne s'annonce pas si simple que cela.

— Le Commandant lui a interdit de quitter le territoire pour l'instant. Car, comme on peut le comprendre, il veut éviter qu'elle fasse une bêtise, surtout en ce moment, du fait des relations diplomatiques tendues entre la France et l'Irak. Et puis, on a vu l'exécution ! Il ne peut y avoir de doute ! Il est bien mort !

Pierre, ayant entendu la porte d'entrée claquer, stoppe instantanément sa discussion, et regarde Franck dans les yeux comme pour lui envoyer un message signifiant qu'il valait mieux qu'elle ne les surprenne pas parlant d'elle. Puis il quitte rapidement la pièce laissant Franck, seul dans ses pensées.

— Il y aurait peut-être quelque chose à faire, se dit-il…

2-10

Voilà vingt ans déjà que Nicolas s'évertue à déchiffrer cet ouvrage extraordinaire qu'il avait acquis pour deux florins à un vendeur bien mystérieux. Quand cet homme était entré dans son office, il avait tout de suite reconnu l'ouvrage relié de cuivre et intitulé « Livre d'Abraham le Juif ». C'était bien le même document qu'il avait vu dans son rêve prémonitoire. Un manuscrit des plus rares, édition unique et numérotée. Sur la première page, l'inscription suivante était tracée en lettres d'or: « Abraham le Juif, Prêtre, Prince, Lévite, Astrologue et Philosophe, au Peuple Juif dispersé en France par la Colère de Dieu, Souhaits de Prospérité ». La dédicace était suivie d'anathèmes proférés à l'encontre de quiconque ouvrirait ce livre sans être prêtre ou scribe.

D'abord seul, puis en compagnie de sa femme Pernelle qu'il avait épousée, toutes ses tentatives pour percer le secret de ce livre restaient vaines car, malheureusement, les vingt et un feuillets qui le constituaient étaient couverts de textes alchimiques qu'il ne comprenait pas. Et malgré l'aide de sa femme qui l'encourageait jour après jour, soir après soir, il avait la détestable sensation de ne jamais pouvoir atteindre son objectif nonobstant tous ses efforts. Il s'était rapproché pourtant à plusieurs reprises de quelques alchimistes, mais aucun d'eux ne parvint à déchiffrer le mystérieux livre.

Nicolas bénéficiait toutefois d'une certaine culture en la matière grâce à tous les volumes comme le manuscrit de chimie d'Almasatus très efficace, paraît-il, qu'il possédait en tant que libraire. Pourtant, il se sentait désespérément incapable de traduire la plupart des symboles qui composaient l'ouvrage. Mais notre homme n'était pas du genre à baisser les bras et il restait de plus en plus en éveil sur toutes les pistes pouvant l'aider dans ses recherches. Il apprit que l'une des trois voies de pénétration de l'alchimie arabe dans l'Europe chrétienne fut l'Espagne, les deux autres étant la Provence et la Sicile. En effet, ce furent principalement les savants juifs, chassés de Cordoue par le fanatisme des Almohades, qui traduisirent les ouvrages alchimiques arabes et permirent ainsi de diffuser les traités. Il décida d'un commun accord avec Pernelle d'effectuer le pèlerinage de Saint-Jacques-de-Compostelle afin, tout d'abord, de conforter leur foi, mais surtout d'essayer d'y rencontrer toute personne susceptible de les aider dans leurs recherches.

Le pèlerinage de Saint-Jacques-de-Compostelle était l'un des plus importants du Moyen Âge. De nombreux chemins menaient à Compostelle depuis toute l'Europe occidentale, jalonnés d'hospices dédiés au Saint. Les pèlerins avaient pour coutume de rapporter comme témoignage de leur voyage des coquilles de pectens, qu'ils fixaient à leur manteau ou à leur chapeau, d'où le nom de coquilles Saint-Jacques donné par la suite à ces mollusques. Certains pèlerinages étaient infligés comme pénitence par l'Église ou comme sanction judiciaire par le pouvoir civil. Mais en règle générale, ils étaient entrepris de façon volontaire, soit pour expier une faute grave, soit pour solliciter une faveur spéciale, en particulier la guérison d'une maladie, soit, tout simplement, dans une perspective de recherche de salut. Les pèlerins voyageaient en groupe sous la houlette d'un guide et parfois d'une escorte armée, pour échapper aux nombreux périls du voyage, et suivaient des itinéraires connus, jalonnés de sanctuaires, de couvents ou d'hospices prêts à les accueillir et à leur offrir gîtes et couverts. Les routes terrestres et maritimes étaient bien souvent semées d'embûches comme les attaques de pillards, mais aussi les épidémies, la famine, les tempêtes et les guerres, et c'est pour cela que la plupart des pèlerins prenaient la précaution de faire leur testament avant de prendre le périlleux chemin.

Le voyage des Flamel dura près de trois mois pour se rendre de Paris à Compostelle. C'était une véritable expédition qu'ils avaient méticuleusement préparée avec l'abbé de leur paroisse. Ils devaient impérativement arriver à leur destination pour la grande fête de l'apôtre le vingt-cinq Juillet. Durant toute la semaine, la ville de Santiago-de-Compostela en Espagne était en liesse et de nombreuses rencontres y étaient organisées pour communier et prier ensemble.

Au détour d'une entrevue avec quelques personnages très intéressants, Nicolas distingue un homme très particulier qui attire tout de suite son attention. Cet homme s'appelle Maître Canches, savant Juif converti. En discutant du manuscrit, Nicolas transporte Canches d'étonnement et de joie, ce dernier reconnaissant quelques passages d'un livre qu'il croyait à jamais perdu. Ils décident aussitôt de revenir ensemble en France afin de consulter plus en détail le fameux ouvrage.

« … par esprit d'oraison, de la région d'Aquitaine, contraint à la dévotion, je marchais, pressé, vers l'extrême de la Galice pour implorer humblement la miséricorde divine et la privauté de l'apôtre Jacques » (Prologue à « *De Virginitate Mariae* », Xe siècle).

Août 1378. Sur le chemin retour de Saint Jacques, aux environs de Tours. Paroles de Nicolas Flamel :

« Cela faisait près soixante et onze jours que nous marchions sur ces chemins interminables mais si magnifiquement tortueux. Autant de louanges étaient à l'actif de toutes ces familles visitées qui avaient été si gentilles et si hospitalières. Et Pernelle restait merveilleuse dans toutes ses réactions si encourageantes et son soutien omniprésent pour continuer à motiver notre envie d'atteindre notre but. Plus j'apprenais à la connaître plus je lui trouvais des qualités exceptionnelles qui m'encourageaient à continuer encore longtemps à ses côtés en oubliant presque la fatigue de toutes ces journées sur les routes.

Nous avions échappé à de nombreux déboires lors de notre périple. Car même si nous nous étions fort bien préparés à ce grand voyage aussi bien spirituellement qu'économiquement, nous ne pouvions prévoir toutes ces rencontres avec des gens si différents dans toutes les contrées que nous venions de traverser. On nous avait pourtant mis en garde sur les difficultés qui allaient jalonner tout notre parcours. Mais que nenni, l'envie était si forte de parvenir à réaliser ce vœu que tous ces obstacles devenaient autant d'épreuves à surmonter pour valider auprès de notre Dieu tout puissant cette envie de prouver notre dignité vis-à-vis de notre but.

Le petit groupe que nous avions constitué, en plus de Pernelle et moi-même, était composé d'un prêtre qui nous servait de guide à la fois spirituel et géographique, de Maître Canches, de trois pèlerins dont une femme qui avait sympathisé avec mon épouse, de deux opportunistes qui ne fréquentaient le chemin que pour faire prospérer leur gloire personnelle, en recherche d'exotisme, et d'un criminel condamné au pèlerinage pour purger sa peine, encadré par trois hommes de la garde puissamment armés. Ces derniers ne nous quittant pas depuis le début de notre voyage nous avaient sortis de quelques situations particulièrement délicates de part la méfiance qu'ils inspiraient autour de notre équipée vis-à-vis de tous les malandrins et les routiers qui auraient voulu essayer de nous détrousser.

En effet, l'époque était plutôt propice au brigandage et à la grande criminalité. En conséquence des ravages de la guerre, de la pression fiscale et des désastres démographiques les paysans avaient déserté les campagnes afin de trouver de meilleurs hospices et des salaires décents dans les grandes villes. Les restes de la terrible épidémie de peste ayant ravagé l'Europe entière ainsi que les soulèvements paysans et urbains ne donnaient aucune garantie aux pèlerins sur pratiquement l'ensemble du parcours et renforçaient même l'héroïcité de l'exploit de chaque participant. On comprend, après avoir réalisé cette longue aventure, comment tel périple a pu déclencher chez l'homme une telle atmosphère épique et envoûtante, un tel besoin de surpasser toute son humilité au plus profond de son âme.

Certes, j'avais eu, grâce à ma fonction, l'occasion de lire de nombreux documents sur le sujet. Le « Guide du pèlerin de Saint-Jacques de Compostelle » écrit par Aymerie Picaud un moine Français du prieuré Saint-Pierre de Parthenay-le-Vieux, qui fit le pèlerinage en 1123, faisait partie des livres de ma librairie que j'avais pu compulser plus d'une dizaine de fois. Il y était présenté les quatre principaux chemins qui traversaient la France (Paris, Vézelay, Le Puy et Arles) et qui se rejoignaient à la frontière pour ne plus en former qu'un seul jusqu'à Compostelle. L'auteur décrivait les régions traversées, leurs habitants, leurs coutumes ainsi que tous les lieux saints à ne pas manquer pour se recueillir tout au long du voyage. Il précisait aussi les passages difficiles et même les zones dangereuses, fort nombreuses, sans omettre tous les conseils pour éviter de tomber dans certains pièges.

Le plus intéressant restait sans nul doute toutes ces conversations que nous avions avec Maître Canches. C'était un homme exceptionnel. Ses connaissances et ses visions du monde nous avaient complètement bouleversés en quelques semaines de discussions profondes et captivantes. Nous restions souvent jusqu'à des heures très tardives pour uniquement l'écouter parler, suspendus à ses lèvres comptant toute sa conception de la vie dans le monde. Mais il ne se sentait pas très bien depuis quelques jours déjà. Était-ce les trop nombreux courants d'air qui l'avaient affecté dans tous les monuments religieux que nous avions visités ensemble, un quelconque aliment qu'il aurait mal digéré, ou tout simplement une grande fatigue occasionnée par toute cette marche. Son teint de plus en plus blême commençait, Pernelle et moi, sérieusement à nous inquiéter. Mais jamais nous n'aurions laissé transparaître nos sentiments de craintes envers sa santé. »

— Maître Canches? De quelle merveille allez-vous nous conter en cette fin d'après-midi?

— Ho ! Je ne vais pas veiller très tard ce soir, car les quelques lieues que nous avons franchies en ce jour m'ont occasionné grande fatigue. Je sens au fond de tout mon être qu'il est grand temps d'accélérer notre enseignement concernant votre quête. Je sais en ce jour que jamais je ne parviendrai au bout du chemin.

L'attitude du vieil homme laisse Flamel sans voix. Il avait envie de lui dire tout son soutien sur lequel il pourrait compter. Mais quelque chose en lui confirmait ses dires, ce qui l'attristait profondément. Depuis deux nuits il retrouvait de nouveau des rêves prémonitoires mais au demeurant si réels qui semblaient lui indiquer l'urgence d'avancer au plus vite dans l'enseignement dispensé par Canches pour décrypter les formules du manuscrit.

— Nicolas, le temps est venu de vous communiquer les clés qui vont vous permettre de déchiffrer les formules. Avec ces explications, vous pourrez avancer dans vos recherches. Être conscient de l'importance d'un secret est le premier pas nécessaire pour en résoudre l'énigme ! Je pensai pouvoir réaliser un de mes rêves, mais je sais à présent que je ne parviendrai jamais à Paris.

Flamel devait garder, le reste de son existence, ses paroles jusqu'au plus profond de son âme en lui réservant dès cet instant toute son attention. Il commença alors à lui expliquer patiemment…

2-11

— Contact réussi ! lança Francis en déposant son casque. J'ai pu effectuer trois connexions sur plusieurs nuits différentes ! C'était…

Il était très excité pour une première fois qu'il effectuait une telle prouesse. Alice participait également à sa grande joie en se rendant compte de la performance de son mari. Ils commençaient à bien maîtriser le processus ce qui allait donner une nouvelle dimension à leurs expériences. Mais il semblait nettement plus fatigué que lors des précédents voyages. Phil, qui l'avait remarqué, s'approcha doucement du couple.

Une chose le taraudait dans ce qu'il avait pu lire sur l'histoire de Flamel. En effet, une phrase paraissait à son sens un peu inquiétante dans la présentation du fameux grand livre d'Abraham le Juif: il se souvenait avoir lu sur la première page une malédiction destinée à tous ceux qui oseraient entreprendre une lecture approfondie du manuscrit à l'exception des prêtres et des scribes. Alors une idée lui traversa l'esprit.

— Francis ! Vous me paraissez particulièrement épuisé !

— Vous savez Phil, après autant de rebondissements et surtout plusieurs voyages successifs… il est vrai que je commence à fatiguer un peu… mais ce n'est pas le moment de baisser les bras et j'ai encore suffisamment d'énergie pour atteindre notre objectif.

— Puis-je me permettre de vous proposer quelque chose ? J'ai peut-être une solution à vous présenter.

— C'est-à-dire ?

Devant la hardiesse de Phil, Alice et Francis se voulurent attentifs à sa réaction. Ils étaient prêts à entendre ce qu'il avait à dire. En fait, Francis savait qu'il pouvait encore lutter contre ces effets de grande lassitude qui commençaient à peser de plus en plus sur lui, mais pendant combien de temps encore ! Il ne faisait pas trop d'illusion sur ce qu'allait proposer Phil, mais pourquoi ne pas l'écouter !

— Bien ! Je vous vois de plus en plus fatigué au fil de vos « voyages ». Et je sais combien cette nuit est importante pour vous deux. Mais, rappelez-vous la malédiction écrite sur les premières pages du manuscrit. Vous n'êtes ni prêtre, ni scribe !

— Oui ! Mais où voulez-vous en venir ?

— Je peux vous remplacer dans les connexions.

Francis se retourna vers Alice et chercha dans le fond de ses yeux une réponse à la sollicitation de Phil. Il voulait dire oui, je suis complètement exténué, mais il pensait néanmoins que cette idée pouvait être très risquée pour lui tout d'abord, mais surtout pour la réussite de leur plan.

Pierre continua :

— Ma passion pour les livres m'a souvent conduit à l'écriture. Et pour le plaisir, j'ai écrit trois romans il y a quelques années, pas mal réussis, ma foi !

Alice empêcha Francis de répondre en s'interposant entre les deux hommes.

— Francis ! Je crois que c'est une excellente idée. Car vu le nombre de connexions qui nous restent à réaliser, un peu de repos te fera le plus grand bien. Le fait de pouvoir alterner les contacts entre toi et Phil est intéressant, à condition, bien entendu, de le préparer correctement à ses futurs voyages.

— Je ne suis pas si sûr !

— Écoutes ! Nous devons lui faire confiance… Nous n'avons pas le choix ! Tu sais comme moi qu'autant de contacts simultanés vont altérer tes fonctions cérébrales jusqu'à un niveau que nous ne maîtrisons pas ! Et, aussi bizarre que cela puisse paraître, ce temps que nous sollicitons ne joue pas en notre faveur !

Elle avait raison. Les heures passaient irrémédiablement et il ne leur restait que peu de ce temps avec lequel ils jonglaient, ce temps qu'ils souhaitaient tant maîtriser et dont ils avaient besoin pour percer ce nouveau mystère afin d'avancer encore un peu plus dans leurs recherches.

— Je…

— Je sais ! C'est une décision difficile à prendre, mais c'est la seule qui puisse être prise pour l'avenir de notre projet, mais surtout pour ta propre santé. Nous allons préparer Phil qui ne se rend pas bien compte de la décision qu'il vient de prendre. Allez, viens !

Francis avait quelques difficultés à coordonner toutes ses réflexions afin de converger vers la plus sage des décisions. Ils avaient à la fois raison et tort car l'entreprise n'était pas si simple à mettre en œuvre, il en était parfaitement conscient. D'un autre côté, il sentait bien au fond de son être que ses limites étaient pratiquement atteintes et qu'en les atteignant avant l'objectif recherché, il ne pourrait que remettre en cause d'une manière fondamentale l'aboutissement de leur projet. Il regarda de nouveau Alice, puis Phil et dit :

— Bon ! Ok, on peut essayer au moins une connexion ! Sachant que, au moindre problème, on arrêtera tout !

— C'est une bonne décision ! Nous serons extrêmement vigilants.

Phil pavoisa devant l'opportunité qui s'offrait à lui, sans s'imaginer une seule seconde dans quelle galère il venait de s'engouffrer. Déjà Alice commença à lui expliquer les principes fondamentaux de l'expérience, puis lui montra les principaux organes de l'équipement. Au début Francis resta, malgré tout, un peu à l'écart, peut être par méfiance, mais pourtant sans rater un seul mot de tout ce qui se disait. Puis il s'invita dans les explications pour étayer les commentaires d'Alice et parfaire la formation. Très vite, Phil se sentit prêt à sa première connexion.

2-12

— Enlève ta cagoule et viens avec moi !

— Je veux ma maman !

— Tais-toi ! Allez viens, on va aller la voir !

Le petit garçon suivit l'Arabe jusqu'à une femme voilée qui l'attendait à la porte de la maison. Tout était en ruine à l'extérieur et il faisait très chaud, la pleine lune éclairant un paysage de sable et de décombres. La femme lui fit enfiler une espèce de tunique et en rabattit rapidement la capuche sur sa tête. Puis ils coururent comme des dératés jusqu'à une voiture qui les attendait au coin de la rue. La femme le poussa alors à l'arrière du véhicule et le recouvra d'une couverture.

— Pas de bruit ! répéta-t-elle à plusieurs reprises.

Le gamin apeuré mais cependant motivé par le fait de revoir très vite sa maman, resta recroquevillé dans le fond de l'auto. Sans un mot, il s'endormit…

* * *

— J'ai réussi ! Il faut que je lui parle !

Franck vient juste de reprendre conscience à la suite d'un contact extraordinaire qu'il a réussi à provoquer après avoir touché la main d'Émilie. Il se lève d'un bon et se dirige en courant vers la porte de sa chambre qu'il ouvre brutalement et claque derrière lui. Puis il dévale rapidement les escaliers en appelant à corps et à cri Émilie qui apparaît à la porte de la cuisine l'arme au poing.

— QUE SE PASSE-T-IL ? hurle-t-elle très inquiète.

— Holà ! Calme ! réplique rapidement Franck en se bloquant sur la dernière marche de l'escalier, ses deux mains en protection devant lui. Pas de problème ! Tout va bien !

Émilie baisse son arme en soufflant, la replace dans son étui et le met tout de suite en garde.

— Ne faites plus jamais ça !

— J'ai quelque chose de très important à vous dire, Émilie. Je viens de faire un voyage, ou plus exactement d'en provoquer un qui va vous intéresser.

— Je ne comprends pas !

— J'ai vu votre fils… vivant !

Émilie reste sans voix quelques instants, puis comme une furie fonce sur Franck et le prend au collet en le coinçant contre le mur avec une force inouïe.

— Qui vous a parlé de mon fils ? Qui vous permet ?

— Calmez-vous, Émilie ! Je vous assure que c'est la vérité…

Pierre, ayant perçu l'altercation, s'interpose en faisant écran de son corps devant Émilie qui se débat en le repoussant. Mais la force et l'expérience de Pierre assure en un rien de temps l'apaisement de la jeune femme. Franck accuse le coup et se ressaisit aussitôt. Il recule d'un pas et reprend en essayant de décrocher le regard d'Émilie.

— Heu ! Je vous garantis que je n'ai jamais été aussi sincère avec vous que maintenant ! Je vous certifie que c'est la stricte vérité ! Jamais je ne pourrais vous faire du mal, sachez-le ! Ma fille me manque tellement que votre douleur, je la sens tout au fond de mes tripes. J'ai vu un arabe qui a substitué votre enfant par un autre qui semblait mort. Puis, avec l'aide d'une femme, il l'a fait sortir de la maison dans laquelle ils se trouvaient, une automobile les attendait à l'extérieur… c'est tout ce que j'ai vu !

Émilie était perplexe, mais aussi très étonnée. En effet, elle se rappelle de cet homme avec qui elle avait communiqué, il y a une quelques années, juste après l'enlèvement de son fils, et qui lui avait décrit une histoire relativement similaire à celle rapportée par Franck.

— Vous vous connaissez ? interrogea-t-elle.

— Désolé, mais je ne comprends pas ! Je suis censé connaître qui ?

— Écoutez, je ne sais pas à quoi vous jouez ni qui vous êtes réellement, mais sachez que je n'apprécie pas du tout ce qui se passe ici ! Je vous rappelle que nous ne sommes pas là pour moi, mais bien pour vous. Alors, si vous savez quelque chose qui m'a échappée, j'aimerais le savoir au plus tôt ! Sinon, tchaô !

Pierre la rattrape avant qu'elle ne franchisse la porte et lui dit :

— Émilie, je t'assure que tu te trompes, il est blanc comme neige et n'a vraiment rien à voir avec ton correspondant !

— Votre fils a une cicatrice juste au-dessus de l'oreille droite ! Je l'ai remarqué quand il lui a enlevé la cagoule.

Émilie sentant la colère monter en elle, se retourne vers Franck et s'apprête à se jeter sur lui, sans compter sur Pierre qui la ceinture immédiatement. Toutes griffes dehors, elle lui hurle :

— QUE LUI AVEZ VOUS FAIT ? VOUS ÊTES AUSSI AVEC CES POURRIS !

— Mais comment puis-je vous le dire pour que vous me croyiez ? Je vous le jure, j'ai vu tout cela lors de mon dernier voyage… Écoutez, pour vous prouver ma sincérité, je suis prêt à essayer de faire une autre connexion avec votre enfant… ceci nous permettra peut-être de repérer l'endroit où ils ont pu l'emmener !

Émilie fait un arrêt, regarde fixement Franck et lui pose juste une question.

— Vous prétendez accéder à la mémoire des gens que vous « visitez », n'est-ce pas ? Si ce que vous dites est vrai, ramenez-moi une information que seuls lui et moi puissions connaître !

Franck avait compris que l'enjeu était de taille, mais il se sentait serein car tout à fait capable de relever ce défi. Il s'assoit dans un des fauteuils du salon, rejoint aussitôt par Émilie et Pierre, et commence par se détendre en soufflant à pleins poumons. Puis il s'enfonce doucement dans le confort de l'assise comme lors d'une séance de sophrologie. Le spectacle qu'il offre aux deux autres, même s'il attire toute leur attention, les laisse tout de même septiques. Bien installé dans la profondeur des coussins, il se sent enfin prêt à entamer son « voyage ». Il commence par se toucher la tempe, puis il continue en se frottant un peu plus vigoureusement l'arrière de l'oreille droite… jusqu'à ce que sa main tombe violemment sur l'accoudoir. Émilie se lève d'un bon et claque ses doigts devant le visage de Franck pour s'assurer de l'état de ce dernier. Délicatement, elle lui soulève une de ses paupières et se rend compte effectivement de sa léthargie. Il respire doucement par sa bouche ouverte et quelques tremblements de l'extrémité de ses membres dénotent chez lui une activité cérébrale intense. Elle se retourne alors vers Pierre et lui dit :

— S'il simule, c'est qu'il est vraiment fort !

— Écoutes ! Moi, je le crois sincère ! Et vu ce que j'ai appris sur lui… !

Franck se saisit alors brusquement de la main d'Émilie qui, surprise par se soubresaut n'a pas le temps de s'échapper de son étreinte subite. Elle reste alors debout près de lui sans bouger, néanmoins très inquiète.

Quelques minutes plus tard, Franck revient brutalement à lui. Il est trempé de sueur et ses yeux sont profondément rouges. Il semble particulièrement exténué, mais un large sourire lui ouvre le visage et rassure ses spectateurs de fortune.

— Je l'ai vu à nouveau ! Il est bien vivant et se porte à merveille… Il va être grand temps pour vous d'aller le chercher, car il change jour après jour, et pas forcément dans le bon sens du terme !

— Dites-moi ? Cette information, cette preuve !

— Ha ! Oui ! Mais, savez-vous Émilie, qu'il y pense encore maintenant, car ça lui manque ! Personne ne le borde aujourd'hui ! Et surtout plus d'histoire d'Aladin pour l'aider à s'endormir !

— Comment avez-vous pu savoir cela ?

— Sans parler de son verre d'Aladin, de sa brosse Aladin, de ses draps Aladin… c'était un fan d'Aladin votre gamin ! Et le plus beau cadeau que vous lui ayez offert c'était cette bise qu'Aladin lui a faite à Euro-Disney lorsque vous l'y avez emmené !

Il avait frappé fort et, complètement subjuguée, Émilie reste sans voix. Son regard est trempé d'émotion. Elle a envie de rire, pleurer et crier en même temps. Elle se retient pour ne pas lui sauter au coup et le remercier encore et encore… Elle reprend espoir. Mon Dieu ! Si ce pouvait être vrai ! Faites que ce soit vrai !

2-12

— Phil ! Pour assurer le contact, il est nécessaire d'abord que vous détendiez le plus possible puis que vous pensiez fortement à la personne que vous allez visiter, comme si vous vouliez provoquer un rêve… Avez-vous déjà essayé de provoquer un de vos rêves qui vous aurait vraiment énormément plu ?

— Effectivement ! Étant donné que je suis assez imaginatif, j'ai déjà réussi à rêver plusieurs nuits d'affilée de la même histoire, comme un feuilleton. Je me souviens avoir fait rire mes parents lorsque je leur en avais parlé.

— Ok ! Tout ça devrait nous aider à assurer la connexion. Je vais régler votre profondeur de sommeil à la date approximative, ce qui permettra l'union avec la mémoire de Flamel et ensuite vous devrez assurer de le provoquer tout en douceur afin de récupérer les informations que nous recherchons, précisa Alice.

— C'est-à-dire le mode d'emploi du manuscrit puisque nous savons que Flamel n'en avait apporté que quelques feuillets lors de leur pèlerinage, reprit Francis.

— J'ai bien compris ! Mais si je peux voir certains textes de ces feuillets…

— Ok ! De toute façon, nous serons fixés dès ce voyage sur votre capacité à nous aider dans ce sens ! Prenons-le comme un test, rien de plus pour l'instant.

Phil percevait bien dans les propos de Francis et d'Alice qu'ils ne demandaient qu'à être persuadés et qu'il avait une belle carte à jouer pour la suite des événements. Mais il pensait, résolument positif, qu'il allait y parvenir sans trop de problème. Était-ce un aveu de naïveté de sa part ? Les dés étaient lancés et il ne reviendrait pas sur sa décision, même si l'angoisse commençait ses effets désagréables dans tout son corps.

— Je suis prête ! dit Alice en désignant la chaise à Phil. Il faut y aller !

— N'oubliez pas ! Concentrez-vous aussi fort que vous le pourrez sur le contact : rappelez-vous les écrits que vous avez pu lire de Flamel… plus vous vous l'imaginerez, plus le lien se fera rapidement ! Bon courage… à tout à l'heure !

Phil s'assit sur la chaise et ajusta le casque que Francis venait de lui poser sur la tête. Il se relaxa autant qu'il se sentit capable de le faire. Alice avait l'habitude de situations tendues vécues par Francis et avait mis au point, en conséquence, un système d'injection capillaire pour faciliter et accélérer la détente obligatoire afin de réaliser l'expérience dans les meilleures conditions. Une ambiance propice autour de Phil commença à se faire remarquer. Il s'enroba progressivement par une vapeur bleutée. Alice s'affaira auprès des appareils de contrôles tandis que Francis donnait les ordres et les codes à l'ordinateur central pour confirmer l'application en cours. Tout avait l'air de se dérouler correctement… Phil partit dans les méandres du passé…

2-13

Nicolas n'avait pas passé une excellente nuit. Il s'était même réveillé en sursaut suite à un cauchemar qui l'avait quelque peu perturbé. Pernelle, inquiète, essaya de le rassurer en cherchant à comprendre ce qui avait pu l'amener dans cet état. Mais il resta silencieux et plus soucieux que d'habitude. Mais, avec beaucoup de tact et de persévérance, elle sut finalement trouver les mots pour l'aider à expulser son angoisse.

— J'ai peur que notre compagnon de route nous quitte avant la fin de notre périple.

— Pourquoi nous quitterait-il? Avons nous fait ou dit quelque chose qui l'aurait désobligé? Il me semble bien en votre compagnie, fort excité d'ailleurs de pouvoir enfin compulser le manuscrit dès notre retour à Paris!

— Certes! Mais, en fait le rêve que j'ai pu faire cette nuit semble une mauvaise prémonition! Je le sens de plus en plus atteint par ce mauvais mal qui le ronge depuis quelques jours.

— Racontez donc, mon ami, quel est ce rêve qui vous perturbe tant?

— Un homme tout de noir vêtu s'avança près de moi et me dit ceci: « *approchez-vous le plus vite possible de Canches afin qu'il vous enseigne au plus tôt les clés nécessaires au décryptage du livre. Sa mort, maintenant annoncée, ne vous laisse plus que quelques jours !* »

— Mon Dieu !

— Il rajouta même : « *Votre compagnon de route ne passera pas Orléans !* ».

Pernelle s'assoit, ébahie par ce qu'elle vient d'entendre. Si elle ne connaissait pas mieux son mari, elle n'aurait pas fait acte de ses propos aussi pessimistes. Elle avait effectivement remarqué, comme la plupart des gens du groupe qu'ils formaient, que Maître Canches n'allait pas très bien, mais pas au point de penser qu'il pourrait lui arriver un tel malheur aussi rapidement ! Elle se retourne vers Nicolas, se lève et le prend dans ses bras.

— Je sais que tous vos rêves prémonitoires sont autant de tracas pour vous et ce depuis des années. Je sais également qu'il me sera difficile voire impossible de trouver les meilleurs arguments pour vous rassurer. Mais ce pèlerinage n'est-il pas l'épreuve que nous cherchions pour demander à notre Dieu tout puissant l'aide nécessaire pour atteindre notre but ? Si votre ami devait rejoindre ses ancêtres aussi vite, je suis certaine qu'il trouvera le temps pour vous donner les bases qui vous permettront d'aboutir dans vos recherches. Et cette nouvelle épreuve ne sera qu'un élément de plus pour consolider notre future réussite.

— Merci de votre soutien Pernelle. Je vous aime !

Le sourire de Nicolas, revenu égayer son si sombre visage, redonne autant de vigueur et de courage à sa femme pour l'aider à surmonter son appréhension. Elle était décidément si formidable et si aimante qu'il n'oubliait jamais, chaque jour qui passait, de remercier le ciel de ce cadeau merveilleux que lui avait fait le destin en rencontrant sa belle. Grâce à ses encouragements, il sentit la force revenir en lui pour non seulement se rapprocher de son instructeur mais également pour comprendre toutes ses explications sans trop de mal.

La matinée de ce jour-là était exceptionnelle. Le petit groupe décide de se poser au détour d'un petit chemin, pas très loin de la Vienne, à l'orée d'un bois. L'ombre de quelques feuillus assure la fraîcheur recherchée après une marche bien ensoleillée, ce qui n'avait pas été le cas des derniers jours particulièrement orageux et humides. Flamel et Canches s'installent l'un près de l'autre, un peu en retrait des autres prétextant qu'ils avaient à négocier sur un contrat particulier…

Pernelle, en profite pour se promener aux alentours et s'emplir des bienfaits de la nature, mais surtout de belles mûres bien charnues inondant les massifs et les haies bordant les chemins. Elle avait toujours apprécié la campagne pour ses odeurs bien caractéristiques d'herbes mouillées, de fleurs de saison, de plantes aromatiques voyageant de plaine en plaine avec les courants contrariés du vent. Elle était intriguée par le fil de ce petit cours d'eau qui s'enfuyait derrière un talus. Et elle ne cessait de s'étonner devant tant merveilles dans cette mosaïque de paysages forgée par tous ces paysans qui maintenaient cet environnement de leurs présences et surtout de leurs labeurs sans toujours en avoir en retour toute la reconnaissance qu'ils espéraient. Toutes ces lumières et ces couleurs venaient s'opposer en une harmonie d'équilibres naturels pour offrir à l'œil autant de tableaux peints au pinceau de la vie.

Les deux hommes, confortablement installés dans l'herbe au pied d'un grand chêne, n'avaient pas perdu de temps pour attaquer l'enseignement attendu. Nicolas avait tout de même pris quelques précautions auprès de son professeur non seulement afin que ce dernier ne se sente pas obligé, mais également pour ne pas tomber dans la compassion.

— Maître ! N'êtes-vous pas trop fatigué ?

— Non, non ! Mon ami. Il est grand temps de vous expliquer certaines choses… je suis désolé, mais je n'aurai pas la chance de vous aider jusqu'au bout !

— Ne dites point cela ! Vous avez la vigueur pour tenir encore suffisamment longtemps…

— Je sais que vous avez remarqué cette fièvre qui me mine, et je sais que le ciel m'ouvrira ses portes dans peu de temps. Mais c'est ainsi ! Nous ne pouvons pas aller contre la nature ! C'est ainsi !…

— Maître…

— Attaquons, je vous en prie !

Les deux hommes s'entretinrent plusieurs heures, approfondissant méticuleusement l'explication des quelques formules présentes sur les feuillets que Nicolas avait emmenés avec lui, afin de s'assurer non seulement de leurs compréhensions mais surtout de la philosophie retenue dans la théorie du décryptage global…

2-14

— Je… crois… que j'ai… réussi !

Très excité, Phil reprit conscience sur sa chaise qui avait beaucoup de mal à le contenir encore suffisamment longtemps avant que Francis et Alice ne le libèrent de son harnachement. Il était tellement agité qu'il faillit même s'écrouler en se levant trop rapidement.

— On se calme ! s'interposa Alice. « Vous allez prendre tout le temps et avec le plus de sérénité possible pour nous exposer tout ce dont vous vous rappelez. Mais, vous devez vous poser car, sans cela, tous vos propos seront tellement embrouillés que nous ne pourrons les exploiter correctement. »

Phil comprit qu'il n'avait pas fait une excursion dans le passé juste pour le plaisir. Et oui ! Il devait rendre des comptes… mais il se sentait incapable d'être suffisamment cohérent pour bien se faire comprendre. Il avait besoin d'un peu de recul pour rassembler ses idées avant de pouvoir les exposer avec toute la précision qui était attendue. Il se mit debout et entreprit quelques pas en soufflant profondément de tous ses poumons. Alice et Francis n'étaient pas surpris de sa réaction car ils avaient également vécu au début de leurs expériences des moments plutôt cocasses. Alice vérifia l'état de Flo et lui réinjecta une nouvelle petite dose de soporifique. Francis rangea le matériel en l'inspectant méticuleusement pour assurer un prochain voyage sans encombre.

Difficilement, mais plus apte à s'exprimer correctement, Phil commença son rapport :

— C'était tout bonnement sensationnel ! Au début, je me suis demandé si je ne rêvais pas. Des images assez troubles envahissaient mon esprit sans que je puisse les contrôler. J'avançai dans un nuage épais dans une direction approximative jusqu'à parvenir dans un espace perturbé par des flashs de plus en plus éblouissant provoquant un mal de tête insupportable, comme si quelque chose serrait mon crâne dans un étau. Puis ces éclats de lumière laissèrent apparaître des images de plus en plus claires pour pratiquement se stabiliser dans une sorte de scène malgré tout incomplète. Même si certains détails restaient nettement visibles, le champ de vision qui gardait un angle complètement insuffisant laissait le reste pratiquement inexistant. J'avançai sans marcher, flottant dans l'air comme par à coup, jusqu'à me fondre dans ce décor un peu plus visible.

Phil en profita pour faire une petite pause afin de mieux se rendre compte si son exposé correspondait bien à l'attente de Francis. Il jeta un regard vers ce dernier puis se tourna vers Alice. L'attitude des deux responsables du projet le rassura et il s'enquit de continuer son récit.

— Vous pouvez continuer, Phil. Votre rapport est très précis, et jusqu'à maintenant, il correspond parfaitement à ce que nous attendions de vous.

— Donc, je parvins enfin dans un milieu plus net que le reste, et c'est à ce moment-là que je m'aperçus que j'avais la possibilité de dialoguer… avec qui ? Je ne distinguais pas vraiment mon interlocuteur, mais je savais que lui me voyait et qu'il pouvait m'entendre. Je le mis immédiatement en garde sur l'avenir de leur pèlerinage…

— Holà ! intervint Francis. Vous n'avez pas été de main morte ! Vous auriez dû le ménager le pauvre homme !

— Francis ! Laisses Phil terminer s'il te plaît !

— C'est que, je ne savais pas de combien de temps je disposais et je ne voulais pas revenir sans atteindre l'objectif de ma mission…

— Continuez, Phil ! Nous reviendrons tout à l'heure sur cela et nous vous donnerons nos commentaires.

— J'insistai donc sur la nécessité de provoquer les explications de Maître Canches afin de réunir le plus d'éléments possibles avant qu'il ne soit trop tard. Le but étant bien sûr de comprendre toutes ses instructions pour déchiffrer les formules du manuscrit avec et sans son aide. Pendant combien de temps j'insistai ? Je ne m'en souviens plus ! Mais je sentais au plus profond de moi que c'était de mon devoir de le faire, de ma responsabilité. Jamais je n'aurais pu envisager revenir sans avoir fait le maximum pour parvenir à cet objectif !… Soudain, par je ne sais quel prodige, était-ce à cause de ma ténacité ? Tout l'environnement autour de moi changea. Les couleurs devinrent beaucoup plus vives, voire même agressives. D'un coup, il fit chaud, très chaud, et très humide, de plus en plus humide. L'atmosphère devint lourde, pesante presque irrespirable. Les images changèrent devant mes yeux pour devenir à la limite hostiles et de plus en plus lointaines, comme dans un cauchemar. Je me sentais comme rejeté, attiré vers l'arrière sans pouvoir rien y faire, avec une telle force que j'étais presque désarticulé comme dans les remous d'un torrent. Je fus pratiquement projeté dans un espace sans borne ni référence… jusqu'à mon réveil parmi vous dans le laboratoire.

Alice et Francis se regardèrent, marquèrent un petit temps d'arrêt et, pratiquement en même temps dirent :

— En fait vous pouvez vous vanter d'avoir provoqué un beau cauchemar à notre ami Nicolas Flamel ! Je pense qu'en insistant autant, vous l'avez fortement stressé, ce qui a augmenté son taux d'adrénaline d'une façon très importante déclenchant chez lui une sorte de rejet de votre présence pour préserver son état mental.

— Ho ! Ce n'était pas dans mon intention de lui faire du mal…

— Hé bien ! Vous auriez pu ! Mais vu les propos que vous nous avez rapportés, si effectivement vous ne nous avez rien caché, le fait que vous vous soyez fait éjecter est plutôt rassurant. Cela aurait été plus grave si vous étiez resté trop longtemps. Ce qu'il faut retenir de tout cela est qu'il est nécessaire d'éviter de provoquer le stress de la personne visitée car les conséquences peuvent être très graves ! Il est préférable pour cela de bien préparer les contacts au préalable et d'y aller en douceur…

— Francis ! Sois un peu indulgent avec Phil, car c'est sa première connexion… et la première fois, ce n'est pas toujours le top !

— J'ai parfaitement compris le message, mais j'avais tellement à cœur de réussir cette mission que j'ai été effectivement un peu aveuglé par le but à atteindre.

— Et je n'ai eu guère de temps pour vous préparer à ça, j'en conviens, reprit Francis pour le rassurer.

L'incident était clos. Il fallait maintenant penser à la suite des opérations, car on pouvait supposer que le message de Phil à l'intention de Flamel avait été suffisamment clair, et que ce dernier allait bien récupérer toutes les instructions de son instructeur pour commencer à décrypter les formules avec lui et finir de déchiffrer la totalité du manuscrit, seul par obligation, en rentrant à Paris. La phase qu'il fallait maintenant préparer devait se situer aux alentours de 1381.

* * *

Nicolas Flamel suivit très attentif tout l'enseignement que lui délivra patiemment Maître Canches. Ils passèrent des heures et des heures ensembles pour assurer la bonne compréhension des symboles et des formules qui recouvraient les quelques feuillets que conservaient précieusement Nicolas depuis le début de leur périple. Mais, à peine arrivé à Orléans, le Maître professeur, extrêmement épuisé par la maladie qui le rongeait depuis plusieurs jours rechercha désespérément un lieu pour se requinquer. Il sentait au plus profond de son corps qu'il était arrivé au bout du chemin et il se résignait déjà à accepter et à faire accepter qu'il ne verrait jamais Paris. Il s'éteignit dans les bras de son ami et dans un dernier souffle lui dit :

— Nicolas !... Faites-moi confiance... vous parviendrez à la réussite suprême... mais, je vous en prie... jurez-moi qu'en ma mémoire... vous n'utiliserez ce pouvoir... que pour réaliser le bien autour de vous !

Après l'avoir mis en terre, très affecté par cette disparition, Flamel rentra à Paris soutenu par Pernelle et se mit aussitôt à un travail acharné. Il passa toutes ses soirées et tous ses moments libres pour avancer dans son étude. Il lui fallut près de trois années pour décrypter la totalité du manuscrit. Sachant que l'ouvrage était de nature divine, les Flamel avaient immédiatement décidé d'utiliser ses pouvoirs à bon escient et de faire bon usage de la fortune qu'ils devaient amasser. Avant même de faire fructifier leur découverte, le couple décréta d'ouvrir leur foyer aux pauvres bougres en leur laissant l'hospitalité d'une petite chambrette pour la nuit et d'un bon repas.

Flamel utilisa les méthodes que lui avait enseigné le vieux médecin et, le 17 janvier 1382, il obtint même un premier résultat : transmuter du mercure en argent. Le 25 avril 1382 à 5 heures du soir il parvint enfin à transmuter du mercure en or. Il raconte en effet :

— Je fis la projection avec de la pierre rouge sur semblable quantité de mercure (…) que je transmuay véritablement en quasi autant de pur or, meilleur certainement que l'or commun plus doux et plus ployable.

* * *

La prochaine connexion programmée par l'équipe de Francis était prévue juste après ce moment crucial, afin de récupérer le maximum d'informations sur la transmutation. Méticuleusement préparé, ce nouveau voyage restait très important pour Francis qui n'avait rien laissé au hasard. Il attendait ce moment avec une impatience presque puéril…

2-15

— Il est temps ! Il faut aller le chercher rapidement !

Émilie ne tient plus. Elle retrouve enfin le principal projet de son existence et projette de mettre toute son énergie dans le temps qui lui reste pour remettre en place les pièces éparpillées depuis trop longtemps du puzzle de son destin. Elle sait qu'il sera difficile, voire impossible d'effacer toutes ces années perdues qu'elle fera, de toutes les façons, payer aux responsables qu'elle s'est jurée de retrouver un jour. Mais elle a confiance en sa bonne étoile qu'elle croyait perdue et qui vient de réapparaître dans sa vie. Sa tête bouillonnait d'idées essentiellement sur la manière et les moyens nécessaires à la récupération de son gamin, mais aussi sur les raisons et les instigateurs de cette torture qu'on lui avait infligée depuis si longtemps. Pendant un long moment elle avait presque oublié celui qui venait de lui redonner l'espoir qui s'amenuisait doucement au fil des jours qui passaient inexorablement. Elle se retourne vers Franck qui l'avait laissé volontairement méditer et, se ressaisissant, elle lui dit :

— Je ne sais pas comment vous avez fait, mais, ce que je sais, c'est que vous allez m'aider à le retrouver !... Et sans perdre une seconde !

— Ho ! Doucement ! Et votre chef ? Et Pierre ?

— Le Commandant ? Il ne dira rien puisqu'il n'est pas question une seconde que je remette en cause ma mission qui reste votre protection rapprochée. Pierre, lui, il nous suit ou il rentre chez sa mère !

Pas d'ambiguïté sur ses propos très directs. Franck sait maintenant à quoi s'en tenir avec elle. Elle ne lui donne, hélas, plus le choix… ce qui ne lui déplaisait pas tant que cela. En quelques heures, il était devenu un nouvel homme, très important. Sa vie avait complètement basculé dans une nouvelle dimension qu'il découvrait au fil du temps, sans crainte malgré tout grâce certainement à ses nouveaux amis de fortune. Il se sentait reconnu et puissant, investi d'un pouvoir si extraordinaire et si convoité qui lui redonnait une autre valeur qu'il n'aurait jamais imaginée.

Il fallait néanmoins éviter de délirer sur ces futilités et se recentrer sur l'avenir proche, c'est-à-dire sur la récupération du fils d'Émilie. Franck repense un moment à son dernier « voyage » et à certains détails qu'il a pu remarquer. Il se souvient de l'enfant, onze ans environ, en pleine santé, dans une famille musulmane, mais il ne semble pas à l'étranger. Il se rappelle d'un détail qu'il a remarqué ne serait-ce qu'un très court instant. Un détail… dans toutes ces images qui avaient pu traverser son esprit lors de la connexion. Quel était ce détail ? Bon sang !…

Pendant que Franck se triturait le cerveau, Émilie s'activait aux préparatifs de cette toute nouvelle entreprise qu'elle venait de se fixer. Le premier point important à régler était d'essayer de parler à Pierre et, pourquoi pas, de le convaincre de faire partie de l'opération ! Elle décide de l'appeler :

— Pierre ! Je souhaite te parler, peux-tu venir me rejoindre s'il te plaît ?

Pierre retrouve immédiatement Émilie qui l'attend patiemment dans la cuisine où elle fait les quatre cents pas en parcourant de long et en large la pièce. Connaissant bien Pierre et sachant tout ce qu'il peut lui apporter, elle souhaite fortement qu'il accepte de la suivre. Pour cette raison, elle ne veut prendre aucun risque afin de ne surtout pas le brusquer dans sa décision.

— Je sais maintenant que mon fils est vivant ! Je pars le chercher. Es-tu du voyage ?

— Mais, la mission ?

— Mais Franck vient avec nous ! Donc je ne faillis pas à mon devoir de surveillance puisqu'il sera avec moi !

— Tu m'inquiètes ! Je ne crois pas que ce genre d'escapade soit véritablement du goût du Commandant !

— Écoutes, je te le répète, si notre mission est bien d'assurer une surveillance rapprochée de Franck, alors, il n'est pas question d'y déroger…

— Émilie ! intervient alors Franck. Je crois avoir découvert dans quelle ville se trouve votre enfant !

En effet, pendant que la jeune femme s'évertuait à convaincre Pierre, Franck, à force d'essayer de se rappeler de toutes les images qu'il avait vues défiler dans sa tête lors de la dernière connexion, se souvenait maintenant d'un détail essentiel, passé tel un flash dans sa mémoire active à ce moment-là : la basilique de Notre Dame de la Garde.

— Cette basilique est très caractéristique d'une des plus grandes cités de France, puisqu'elle domine toute la ville de Marseille.

— Pierre ! reprit Émilie. Je t'en supplie, suis-nous !

Après une courte réflexion et une évaluation sommaire de l'impact d'une telle décision, Pierre se frotte le menton, puis passe une main dans ses cheveux en répondant :

— Je crois que de toutes les façons je n'ai pas le choix ! Vu comme tu es remontée, quoi que je dise, tu n'en feras qu'à ta tête. Et, sans nul doute, je préfère rester près de vous deux. Le problème est de savoir comment présenter cela au Commandant !

— J'y ai réfléchi ! On pourrait lui dire qu'il est plus dangereux pour notre protégé de rester au même endroit ! Et qu'en se mêlant à la foule d'une grande ville on arrivera d'autant mieux à le dissimuler ! Qu'en penses-tu ?

— OK ! Mais, attention tous les deux, je vous en prie, laissez-moi m'occuper de le convaincre ! J'y parviendrai plus aisément seul. Je ne voudrais pas qu'il soupçonne quoi que ce soit !

Aussitôt, Émilie arbore un large sourire et, pour lui marquer sa reconnaissance, s'avance et lui dépose un petit baiser en l'enserrant de ses bras. Cet accès de gratitude ne dure pourtant qu'un court instant, car elle est déjà dans l'escalier en lançant derrière elle ses dernières directives.

— Pierre, pendant que tu appelles le Commandant, je vais me rafraîchir un peu. Franck, allez vous préparer ! Nous partons dans une heure maximum.

Les deux hommes se regardent plus amusés que surpris. Ha ! Toutes les mêmes ces femmes ! Mais c'est tellement beau une femme heureuse !

— Franck ! Pouvez-vous m'en dire un peu plus sur ce que vous avez… vu ?

— En fait, j'ai essayé d'établir un contact rapide avec le fils d'Émilie dans une projection très courte de l'ordre de… trois mois maximum. Je me suis dit que la meilleure façon de savoir si son gosse était encore vivant était de tenter un contact aussi rapproché que possible. Et ça a marché ! J'ai réussi à me connecter sur sa mémoire… ça a été très bref, mais j'ai quand même eu le temps de voir quelques éléments qui l'ont marqué récemment, notamment une vue apparemment de sa fenêtre de chambre qui donne sur la basilique en question… voilà le pourquoi de ma déduction.

— C'est tout ? Bien ! On va s'amuser pour trouver cette aiguille dans une énorme botte de foin, parce que Marseille, c'est une très grande ville !

— Oui, mais j'ai en l'esprit l'image de la basilique et le fait qu'il vive dans une famille Musulmane !

— C'est loin d'être gagné, car les Musulmans à Marseille, ce n'est pas ce qui manque. Enfin, quitte à choisir entre aller se balader dans Marseille ou rester enfermé ici, mon choix est vite fait. Reste à convaincre le chef afin qu'il n'intervienne pas contre cette sortie. Je l'appelle tout de suite pendant que vous vous préparez.

Franck lui touche gentiment l'épaule en signe de soutien, et tourne les talons en direction de l'escalier. Il paraît aussi excité de cette nouvelle opportunité qui s'offre à lui. Jamais il ne s'était senti comme cela. Il vivait en temps réel une véritable aventure que jamais il n'aurait pu imaginer quelques jours auparavant. Il grimpe en courant les marches jusqu'au palier, puis s'engouffre dans sa chambre. Son sac sera vite fait puisqu'il n'en avait extrait que quelques affaires de toilette. Il entre dans la salle de bain et s'asperge le visage d'une giclée bien rafraîchissante. Puis il attrape les quelques ustensiles de toilette qu'il avait posés ici et là, les enfouit dans une pochette qu'il range dans son sac. Enfin il redescend vers la cuisine afin de retrouver son équipée.

Quelques minutes plus tard, Émilie arrive à son tour dans la pièce, rayonnante de bonheur, le visage inondé d'un formidable sourire qui la rend d'autant plus merveilleuse aux yeux de Franck.

— Vous êtes prêts ? Alors on y va !

Sans attendre de réponse, elle pousse déjà la porte en invitant les deux hommes à la rejoindre. Et c'est de nouveau parti pour une nouvelle aventure…

2-16

Cela faisait trois jours déjà qu'ils étaient arrivés dans Marseille. Cette ville était immense et chaque nouveau secteur découvrait des sensations inattendues. Une multitude de petites ruelles amenait avec tous ces commerces multicolores le pittoresque d'un gigantesque labyrinthe cosmopolite. Les cris, les appels les bruits quotidiens prouvaient un formidable besoin de vivre à deux cents pour cent pour l'ensemble d'une population d'origines plus que variées. Cette grande métropole dynamique exulte de tous ses charmes et ses appartenances au monde méditerranéen. Du linge sèche aux fenêtres et sur les terrasses copieusement embellies de plantes et de fleurs de toutes les couleurs et fort odorantes. Les murs stimulent l'atmosphère de grand bazar ouvert et à la portée de tous. Tout le monde se connaît, se salue s'appelle. On s'arrête volontiers pour déguster ici une bière, là un pastis ou encore un soda, toujours à l'ombre d'un parasol ou d'un pan de mur à l'abri du soleil qui plombe dès le matin de bonne heure. On discute de tout et de rien, du temps qui passe, de football, du petit vieux qui prend le frais devant la porte de sa maison, du collègue et de sa copine, du plaisir de flâner dans chacune de ces ruelles séparant toutes ces vielles maisons enchevêtrées les unes dans les autres.

Ils avaient tout d'abord visité de long en large le quartier du Panier, situé au cœur du vieux Marseille, accroché à la Butte des Moulins. Ses petites ruelles pentues et tortueuses leur avaient laissé quelques traces le soir malgré tout leur intérêt et tout leur charme. Il est vrai que ce quartier n'admettait aucune ambiguïté quant à l'origine très variée de ses habitants. Et les mots d'arméniens se mêlaient à l'argot provençale, les femmes en tailleurs et celles en boubous se croisaient sur tous les marchés locaux. Mais, même si rien ici ne les laissait indifférents, et même si les vues sur le vieux port et également sur la basilique de Notre Dame de La Garde impressionnaient Franck à chaque coin de rues, il ne retrouvait ni l'angle de vue, ni la distance qu'il cherchait.

Le lendemain c'est dans le premier arrondissement juste au-dessus du Vieux Port qu'ils passèrent la journée à effectuer les recherches d'images et de documents sur Marseille. Et faute de trouver facilement l'objet de leurs investigations, ils en profitaient pour admirer les merveilles de la ville. En remontant la Canebière, une des principales avenues de la ville, à la fois comparable aux Champs-Élysées et peut-être même à Broadway, ils questionnèrent de nombreux commerçants en restant agréablement surpris de la gentillesse et de l'accueil de pratiquement toute la population qu'ils rencontraient. En partant du vieux port, après avoir dépassé le Palais de la Bourse, siège de la plus ancienne chambre de commerce de France, qui abrite aujourd'hui le musée de la Marine et d'Outre Mer, ils continuèrent leur progression et purent remarquer de majestueux immeubles. Ils parvinrent à la hauteur du cours Belsunce qui conduit à la porte d'Aix où est érigé un arc de triomphe construit en commémoration de glorieuses victoires et qui constituait un axe important de la ville. Vers l'hôtel Noailles, sur la gauche, ils aperçurent au loin la gare St Charles juchée au sommet de monumentaux escaliers. Et enfin arrivés en haut de cette superbe artère, ils atteignirent les

Allées de Meilhan, siège de nombreuses foires aux santons, ail, et autres grandes manifestations régionales et internationales.

D'abord logés en périphérie, ils s'étaient vite rapprochés du centre, dans un des quartiers de la ville situé sous la basilique de Notre Dame de la Garde. Ils avaient écumé pratiquement tous les vendeurs de cartes postales et les maisons de la presse susceptibles de leur montrer autant de vues de la basilique pouvant ressembler à l'image de la mémoire de Franck. Ils s'étaient établis dans un petit hôtel rue Montgrand dans le sixième arrondissement, pas très loin de la place Monthyon et à deux pas de Castellane. Et comme il faisait chaud et soif, c'est sur la terrasse d'un café que nos trois compères se retrouvent, lunettes de soleil sur le nez, exposant toutes les photos qu'ils avaient dégotées.

Après quelques minutes, Franck se lève.

— C'est presque ça !

Il brandit une carte postale représentant la place Castellane avec sa fontaine en premier plan et la basilique en toile de fond.

— Vous voyez la basilique est pratiquement orientée comme dans mon contact. Je pense que la chambre ne doit pas être bien loin… certainement dans un immeuble aux alentours de cette place.

Émilie se saisit de la photo et appelle le serveur.

— S'il vous plaît ! Pouvez-vous me dire où se trouve cette place par rapport à ici ?

— Ho ! Ma petite dame. C'est juste à côté ! À vol de gabian, vous en avez à peine pour trente secondes à pieds !

— C'est quoi un gabian ?

— Hé ! Elle est pas d'ici la belle princesse. Hé ! Un gabian c'est un oiseau, une mouette.

L'accent du jeune homme chantait au rythme de la vie de cette ville. Il donnait envie de parler avec tous ces gens qui n'apparaissaient plus comme des inconnus. Un deuxième homme s'invite alors à la conversation qui venait de se mettre en place.

— Comment ? Vous ne connaissez pas Marseille ? Fan de chichourle ! Si vous voulez, je peux vous servir de guide.

— Désolé ! Mais nous n'avons pas le temps...

— Ho ! Pauvre de nous ! Faut pas s'engatser petite demoiselle. Même si je suis un peu fada, avé mes yeux de gobi, je ne veux pas passer pour un chiapacan. Tranquille, ici on est au pays des cigales et pas des fourmis. C'est pas parce qu'on a la tchache qui faut nous faire passer pour des gagas qui auraient trop abusé du pastaga sous le cagnard de Marseille...

— Bon ! Ok ! Ok ! Amenez-nous jusqu'à la place Castellane, après on verra !

— Je vais vous faire paséjer dans le quartier et vous verrez, avant ce soir, il vous emmasquera. Mon Nom ? C'est Anthony Sylvelli ! Mais ici tout le monde m'appelle Tony !

Franck et Pierre souriaient en écoutant cet homme et devinant à peine ce qu'il disait. Émilie, qui s'en rend tout de suite compte de cette situation plutôt cocasse, jette un regard sévère à ses deux compagnons et les invite aussitôt à prendre la route avec le nouveau venu aussi envahissant qu'un moustique assoiffé. Déjà ils remontent ensemble la rue de Rome, bondée d'automobiles et de promeneurs, essayant d'esquiver les passants par centaines qu'ils croisent. Très vite Émilie aperçoit au loin la fontaine qu'elle se rappelle avoir vu sur la carte postale.

— C'est là-bas ! Je la vois ! On y est !

Elle accélère le pas pour arriver plus rapidement sur la place. Difficile pour les autres de la suivre, parmi tout ce monde qu'il faut sans arrêt éviter pour continuer à avancer. Mais il ne faut surtout pas la lâcher, car elle est capable de disparaître dans cette foule et après cela, il leur faudrait bien le reste de la journée pour la retrouver. La place semblait les attendre, large et superbe. En son centre une immense colonne sort de terre comme un gigantesque palmier sans ses palmes. Au sommet une statue domine tout le quartier : c'est Marseille. Tout autour d'elle, des jets d'eau balancent leur fraîcheur au rythme de la vie de la place. Émilie fit un tour d'horizon rapide des immeubles avoisinants aux murs multicolores, tandis que Franck montrait du doigt la basilique au sommet de la colline en face d'eux. Le Marseillais continuait à parler, seul et avec tout le monde d'ailleurs, tandis que Pierre essayait de repérer du regard un hypothétique signe provenant d'une de ces innombrables fenêtres disséminées dans tous ces bâtiments.

— Quand tu penses qu'il est peut-être là, quelque part !

— Pourquoi peut-être ? reprit Émilie, il est là, je le sens ! Et nous allons le retrouver très vite !

Sa volonté, qui l'aide à survivre depuis toutes ces années, lui donne de nouveau ces ailes qu'elle croyait perdues et qu'elle veut absolument partager aujourd'hui avec ses compagnons. Et là, au bon milieu de la place Castellane, elle s'apprête déjà à élaborer le plan qui va leur permettre de continuer leurs recherches, sans vraiment rassurer Pierre qui reste très inquiet de la voir dans cet état. Émilie, l'ayant certainement compris, ne tarde pas à intervenir.

— Bon ! Maintenant que nous avons localisé le quartier dans lequel il loge, nous n'avons plus qu'une solution : visiter un à un les immeubles au nord de la place.

— Fan ! Elle va caner la nine, là, si elle ne nous met pas un capéu illico ! Le quartier, il est cafi d'appart… Et, à par si vous allez chercher Molinari, on va passer la vie des rats avant d'encaper le minot !

— C'est vrai Émilie. Il faut trouver une autre solution !… Un gamin de dix ans, ça va à l'école ! Et si on faisait les écoles primaires du coin ?

— Oh, pauvre ! Il a raison le gadjo ! À part mettre un cierge à la Bonne Mère, les écoles, c'est une méchante idée. J'en connais au moins quatre dans le secteur.

Il était un peu fatigant, le Méditerranéen, mais il avait au moins l'avantage d'être du coin et Émilie savait que, pour ne pas perdre trop de temps, il restait d'un grand secours.

— Ok, pour les écoles ! Mais discrètement, il ne faudrait pas passer pour des sadiques !

Et le petit groupe commence à suivre Tony tout heureux de leur ouvrir la marche. Ils ne mettent guère de temps à parvenir à la première des quatre écoles, Chabanon. Par chance, c'était pratiquement l'heure de la sortie des classes et de nombreux parents s'étaient déjà amassés devant l'entrée. Soudain une sonnerie retentit déclenchant le départ instantané d'une véritable marée humaine s'engouffrant dans l'entonnoir formé par l'accès aux locaux de l'école. Impossible de reconnaître qui que ce soit dans ce mouvement anarchique d'hommes et de femmes impatients de récupérer leur progéniture. Restés bien en retrait de toute cette foule, Pierre et les autres s'étaient résignés à attendre la sortie de chaque famille pour repérer ce qu'ils cherchaient. Patiemment, ils observent aussi discrètement que possible chaque enfant qui s'extrait de l'établissement… Malheureusement, au bout d'une bonne heure, ils doivent se résigner à accepter de ne pas être au bon endroit. La sortie d'une femme d'un certain âge confirme leur déconvenue surtout lorsque celle-ci ferme à double tour l'accès de l'école. Émilie, les yeux dans le vague, semble très déçue mais Franck intervient aussitôt.

— Attendez ! Ce n'est que la première école que nous voyons… nous en avons encore trois sur la liste !

Ses propos, qui se voulaient rassurant, détendent légèrement un tout petit sourire sur le visage d'Émilie qui se ressaisit rapidement. N'étant pas du genre à se laisser envahir par les remords surtout si près du but, elle dit :

— Bon ! Il reste effectivement trois autres écoles à voir. Demain matin, à la rentrée des classes, il faudrait qu'on se divise en deux groupes pour contrôler deux lieux en même temps. Pierre, as-tu ton appareil numérique ? Discrètement, avec Tony, tu photographieras les couples qui te paraîtront le mieux ressembler à ceux que nous cherchons. Et moi, je planquerai avec Franck devant l'autre école… Tony, pouvez-vous nous montrer les deux autres écoles s'il vous plaît ?

Le groupe ayant approuvé, bien entendu, le plan proposé par Émilie, commence à suivre Tony qui les invite en direction des établissements qu'ils recherchent. Ils parviennent d'abord à l'école Saint Sébastien puis devant l'école Lodi. Chacun suggère et discute de l'endroit où se poster pour observer dans les meilleures conditions, sans risque de se faire repérer. Tony se décide alors d'intervenir.

— Émilie ! À force de tchacher, vous allez me prendre pour un bazarette ! Mais maintenant qu'on a boulégué ensemble, je crois que c'est le moment…

— Je ne comprends rien !

— Ben ! En fait, peuchère, vous n'êtes pas vraiment des estrangers pour moi…

— Comment ?

— Té ! Johnny ! Figure de poulpe, arrêtes de rester tanqué à cent mètres de nous ! Couillon va !

Ils se retournent tous d'un mouvement parfaitement synchronisé pour apercevoir un homme d'une quarantaine d'années assez mince, pas très grand et les cheveux grisonnants, qui les regardait à quelques mètres derrière eux. L'homme s'approche alors du groupe et, avec un petit accent anglais, les salue.

— Je me présente : Neil Masfocal.

Émilie change de couleur, son visage prenant des couleurs plus vives et ses yeux s'écarquillant tout à coup. Elle comprend tout de suite à qui elle a à faire.

— Mais, non ! Neil Masfocal est mort !

— C'est ce que j'ai bien voulu faire croire !

Devant l'étonnement de Pierre et de Franck, Émilie ne tarde pas à les rassurer. Neil est l'homme avec qui elle avait longuement communiqué juste après l'enlèvement de son fils, celui-là même qui devait la rejoindre pour lui donner des informations extrêmement importantes sur son enfant. Selon les dires de ses supérieurs, il avait disparu dans l'avion qui l'emmenait vers la France, ce dernier s'étant abîmé en plein Atlantique, sans aucun survivant. Mais qui était ce type qui se faisait soudain passer pour un revenant ? Quel intérêt avait-il de vouloir s'immiscer de la sorte dans cette histoire ?

— Dites-moi qui vous êtes réellement !

— Je suis bien Neil ! Je peux vous le prouver Émilie. Vous dire que j'ai des explications au sujet de votre fils et que j'ai absolument voulu vous rejoindre pour vous en parler de vive voix, ne suffira pas, je le sais ! Néanmoins, je peux vous parler d'un SMS que vous avez reçu de ma part sur votre ligne sécurisée, juste avant mon départ pour la France… Ce message vous indiquant l'adresse rue de Rivoli où on devait se retrouver à mon arrivée à Paris, rendez-vous qui n'a jamais eu lieu, puisque j'ai disparu tout de suite après.

— Mais, je ne comprends pas pourquoi ?…

— Émilie, vous avez été manipulée, tout comme moi… J'ai essayé de vous suivre depuis mon arrivée en France, en me cachant sans cesse et espérant un jour comme celui-ci, lors duquel je peux enfin vous parler en toute quiétude.

Émilie reste médusée par ce qu'elle vient d'entendre. Pourquoi aurait-elle été manipulée ? et par qui ? Pierre et Franck, voyant leur amie tellement déstabilisée qu'elle venait de s'asseoir sur un rebord de trottoir, n'osent pas intervenir. Ce fameux Neil en avait trop ou pas assez dit. Comme s'il avait deviné leurs pensées, il continue ses explications.

— Ils ont organisé toute cette mascarade pour tester les limites de certaines de mes capacités. Connaissant votre point faible, ils ont organisé l'enlèvement et l'exécution de votre fils uniquement dans le but de toucher ma sensibilité afin que je me dévoile pour vous aider à le retrouver. Mais, j'ai rapidement compris la supercherie et j'ai profité de cet accident d'avion que j'avais vu dans un de mes rêves pour disparaître dans la nature. Puis, je vous ai retrouvée et suivie toutes ces années attendant l'opportunité de vous parler pour tout vous expliquer.

— Qui sont-ils ?

— Je suis sûr que vous vous en doutez un peu ! N'est-ce pas ?

— Non ! Pas eux ?... Et mon fils dans tout ça ?

— Je l'ai vite retrouvé, ici à Marseille. Et c'est grâce à Tony et à tous ses copains que, chaque jour qui passe, je connais tous ses faits et gestes depuis pratiquement deux ans. Il habite à deux pas d'ici dans la famille maghrébine qui l'a recueilli depuis le début. Rassurez-vous, Émilie, ils s'en occupent très bien, même s'ils sont un peu dépassés, quelques fois, par son caractère un peu turbulent. Il a de qui tirer... apparemment !

Pierre était resté patiemment en retrait, mais cependant très attentif à tout ce que le nouveau venu racontait. Il observait les réactions d'Émilie et guettait tous les gestes de Neil en espérant trouver le moindre signe pouvant le tranquilliser. Un peu inquiet par ce qu'il venait d'entendre, il décide de se mêler à la conversation.

— Monsieur, nous aimerions participer, nous aussi, à votre histoire rocambolesque. Mais il nous manque quelques épisodes pour parfaitement vous suivre.

— C'est Pierre, un ami ! intervient Émilie. Vous pouvez lui faire confiance !

— Je sais ! répond Neil. J'ai eu l'occasion de lire son CV !... Pierre, vos responsables sont de mèches avec les miens. Ils travaillent ensemble sur un projet de transferts et de manipulations de l'esprit et de la mémoire, classé top secret par les plus hautes instances de nos gouvernements respectifs. Suite à des expériences réalisées à Montauk au États-Unis, j'ai acquis certaines capacités pour réaliser des voyages dans le temps, juste en me stimulant une partie de mon cerveau, et je suis devenu particulièrement intéressant pour tout ce beau monde. Mais devenir un cobaye humain… très peu pour moi !

— Un peu comme Franck !

— Franck ? Franck Cales, c'est vous ? J'aurais dû m'en douter ! Vous êtes en grand danger, tout comme moi car, comme ils croient m'avoir perdu, dès qu'ils ont appris votre existence, ils se sont rabattus sur vous… Je vais m'éclipser, car il faut rester extrêmement vigilant ! Rien ne nous garantit que nous ne sommes pas observés actuellement ! Je vous retrouve, ce soir, à votre hôtel. D'ici là, méfiez-vous de tout le monde, ne faites plus confiance en personne d'autre que vous quatre et moi !…

Instantanément, Neil disparaît en se fondant dans la foule. Les quatre autres restent abasourdis sur place par les nouvelles qu'ils viennent d'apprendre. Intox ou réalité ? Franck ne savait plus que penser. Même s'il avait envie d'en savoir plus, il se demandait s'il pouvait continuer à croire à l'honnêteté de son entourage. Son évasion, la soi-disant protection rapprochée, tout cela ne serait que du bidon ? Et Pierre, était-il aussi intègre qu'il le prétendait ? Comment empêcher la méfiance et le doute de s'instaurer ?

* * *

2-17

À leur retour à Paris, malgré la grande tristesse qui les avait affligés, les Flamel se mirent au travail. Sans relâche, Nicolas analysa le manuscrit, page après page, feuillet après feuillet, suivant méticuleusement les instructions de son maître défunt. Soutenu par Pernelle, il y passa toutes ses soirées, tous ses moments libres et même quelques nuits blanches à décrypter les formules qui tapissaient le fameux livre. Sans la patience et l'aide de sa femme, dans les moments cruels de grande solitude devant la somme de travail à réaliser, il aurait à maintes reprises tout abandonné. Mais elle avait ce don de pouvoir faire ressortir du plus profond de son âme toute la motivation nécessaire pour poursuivre son ouvrage. En effet, de la volonté et du courage, il en fallait plus que de raison pour tenir bon malgré les difficultés et les imprévus rencontrés au fil de la traduction. Plusieurs fois, il lui arriva même de se rendre compte qu'une petite erreur d'interprétation l'avait dirigé dans une mauvaise voie. Alors, sans agacement, il effaçait tout le travail erroné, devenu inutile, il fermait le manuscrit et stoppait ses travaux quelque temps pour retrouver très vite une nouvelle détermination et recommencer ses calculs.

Le décryptage du livre lui prit près de trois longues années. Du fait qu'il sentait, malgré tout, au fur et mesure du décodage des formules, que l'issue était proche, dans un petit local qu'il avait fait aménager, il avait entrepris certaines expériences pour valider l'application de ses études. Les premières furent un peu catastrophiques mais en aucune façon cela ne put remettre en question l'avancement de son projet. Bien au contraire, le fait de mêler la pratique à la théorie lui donnait un autre intérêt dans ses recherches, encourageant sa progression dans sa volonté de réussite. Personne n'avait, à part lui, le droit de pénétrer dans son laboratoire. C'est pour cela que, très rapidement, il fut envahi de fioles, boîtes et bocaux de toutes sortes, de papiers et documents disséminés dans toute la pièce. Il flottait une ambiance mystérieuse mêlée d'odeurs bizarres et de lumières plus ou moins tamisées. La poussière, résultat de l'encombrement des nombreux documents qui s'entassaient ici et là ainsi que des restes des quelques expérimentations qu'il faisait, avait fait son apparition au grand dam de sa compagne qui avait pratiquement trouvé là une raison pour le convaincre de la laisser pénétrer dans l'antre du chercheur. Et il fallut une grande ténacité de la part de Nicolas pour ne pas céder à sa requête pourtant légitime.

Lors d'une journée particulièrement prolifique, le 17 janvier 1382, il travaillait depuis près d'une heure sur une nouvelle expérience. L'application de la méthode inculquée par Canches n'avait jusque-là donné aucun résultat flagrant mais il savait qu'il progressait et qu'il n'était plus très loin de son objectif. Le manuscrit devenait de plus en plus clair et les explications du vieux médecin apparaissaient beaucoup plus évidentes, en phase complète avec l'enchevêtrement des formules noyées dans un langage ésotérique et mystique, saturé de codes, symboles et surtout de pièges destinés à égarer les profanes. En fait tout avait un lien. Chaque équation, explication, thème abordés dans le manuscrit sortaient petit à petit des feuillets de l'ouvrage comme s'extirpant d'une sorte de brouillard organisé afin de le préserver des mauvaises intentions. Et tout à coup, il exulta :

— J'ai réussi !

Il se leva aussitôt pour sortir de son laboratoire pour clamer haut et fort sa victoire. Il chercha Pernelle afin de partager sa joie.

— Amour ! J'ai enfin atteint la première phase !

— Que se passe-t-il mon aimé ? Racontez-moi vos prouesses !

— Cela faisait bien quelques semaines que je m'essayais à tenter cette première phase nécessaire pour atteindre le but suprême. Mais malgré mon acharnement et toutes les expériences répétées que je pus effectuer, je ne parvenais à aucun résultat encourageant. Je persistais cependant dans mon avancée en réfléchissant plus sérieusement aux raisons pour lesquelles mes essais restaient infructueux.

— Je le vois bien, chaque jour qui passe, vous absorbe un peu plus dans votre repaire ! J'ai même quelques fois l'impression de ne pas vous avoir vu pendant plusieurs jours !

— Cela va vite cesser, passion de ma vie ! Car ma dernière application m'a fait faire un bon crucial en avant puisque je suis parvenu à transmuter du mercure en véritable argent ! Tenez, voyez le résultat !

Pernelle resta sceptique en tournant l'objet dans tous les sens. Elle constata en effet que ce qu'elle tenait entre ses doigts était entièrement en argent, mais qu'est-ce qui prouvait la réussite des dires de Nicolas ? Ce dernier comprenant la réaction de son épouse, ne résista guère et la fit entrer dans la pièce interdite sans se douter le moins du monde de la première réaction, somme toute assez normale, d'une femme ordonnée.

— Grand Dieu ! Quel désordre ! Comment pouvez-vous progresser dans cet amalgame ? Et toute cette poussière ! C'est donc dans cette… tanière que vous avez passé tant de temps ?

— Excusez le fouillis qui a envahi malgré moi l'espace qui entourait mes recherches. Mais comprenez que, pour moi, rien ne compte devant mes investigations depuis le début de mon travail ici. Je ne perçois plus que les résultats de mes expériences qui m'ont amené aujourd'hui à l'orée de la réussite que je prétends depuis si longtemps.

— Me permettrez-vous de passer quelque temps en votre compagnie pour effectuer quelques rangements ?

— Bien entendu, ma chère ! Mais laissez-moi vous montrer ce qui nous amène ici ce soir.

Nicolas se saisit d'une pièce de mercure, la montra à Pernelle qui s'en saisit et l'observa dans ses moindres détails. Puis il la déposa au centre d'une coupe de granit posée sur une sorte de lampe de chauffe. Après quelques minutes, le métal commença à fondre pour se liquéfier complètement. Dans le laboratoire, l'air devint de plus en plus âpre et saturé.

— La première phase est nommée l'Œuvre au Noir, dit Nicolas. « C'est en fait l'art de débarrasser la matière de toutes ses impuretés. Vous allez voir de vos yeux passer à la deuxième phase, l'Œuvre au Blanc, appelé aussi petit-œuvre ou petit magistère, qui permet de fabriquer la Pierre Blanche transmutant les métaux vils en pur argent. »

En effet, Pernelle vit les différents stades de la transformation. Elle restait complètement ébahie devant ce prodige et littéralement subjuguée par la réussite de son mari. Elle ne trouvait aucun mot pour répondre à Nicolas et elle ne doutait plus de l'avancement de son projet.

— Il ne me reste plus qu'à découvrir le procédé pour mettre au point l'Œuvre au Rouge et j'aurai enfin atteint le Grand Œuvre que le livre nomme aussi grand-magistère !

Il était fier de cet accomplissement, d'être enfin parvenu à percevoir le sens profond du texte de l'ouvrage d'Abraham le

Juif. En appliquant à la lettre les instructions de Maître Canches, il s'était d'abord attaché à comprendre toutes les lois qui régissent le monde de l'alchimie. Puis il avait appris à jauger certains mots dans leurs contextes particuliers afin d'en extraire leur code nécessaire à la compréhension globale. Il savait que la réussite de ce merveilleux projet passait irrémédiablement par la découverte de la pierre philosophale, représentant non seulement le moyen de réaliser la transmutation mais également une formidable idée de médecine universelle et d'immortalité. La pierre, selon certains, serait le cinquième élément, nommé alkahest, s'ajoutant à l'air, l'eau, la terre et le feu. Sa fabrication dépendait d'un processus complexe et fastidieux s'échelonnant en quatre étapes fondamentales. Tout d'abord, il fallait rendre la matière liquide ce qui permettait alors d'en extraire l'eau qui s'évaporait, le liquide obtenu devenant visqueux. Puis il était nécessaire de séparer et purifier chacun des éléments de la matière restante. Et enfin de réunir les esprits purs obtenus pour parvenir à la réussite suprême. C'est en jetant la matière en fusion dans le creuset contenant la pierre qu'on parvenait à la transmutation recherchée.

Pour passer de l'Œuvre au Blanc à l'Œuvre au Rouge, Nicolas fit deux autres essais. Et le 25 avril 1382 à cinq heures du soir, il parvint enfin à faire une projection avec de la pierre rouge sur une quantité semblable de mercure pour obtenir autant de pur or, meilleur, plus doux et plus ployable que l'or commun. Ce soir-là, ce fut une énorme joie au domicile des Flamel. Il avait enfin réussi grâce à sa grande patience et ténacité, mais aussi grâce à tout le soutien sans borne de sa compagne, en toutes circonstances et sans condition. Dès le lendemain, ils décidèrent d'organiser une importante fête en invitant un grand nombre de convives dont leurs amis, leurs voisins, mais aussi quelques pauvres bougres qui traînaient de temps en temps dans le quartier, pour partager avec eux l'ivresse de leur réussite. Car, comme par miracle, leur fortune devait croître à un rythme exponentiel.

— Mon amour ! Nous devons avant tout honorer la mémoire de notre maître, sans qui rien de tout cela ne fut possible.

— Je vous suis, très Cher. Je pense qu'il sera raisonnable de ne pas modifier nos habitudes de vie de crainte d'attirer l'attention sur notre aubaine.

— Oui ! Et nous avons le devoir d'utiliser ces pouvoirs à bon escient et de faire bon usage de la fortune que nous pourrons amasser. Nous participerons à de nombreuses œuvres de charité, projetterons de construire des hôpitaux et des chapelles et nous aiderons et recueillerons autant de nécessiteux que nous le pourrons.

2-18

Francis se relevait presque aussi excité que Phil. Il déposa son brain-hypocortex sur son support et se passa les mains dans les cheveux pour reprendre ses esprits. Il souffla profondément et se tourna vers Alice avec un large sourire conquérant.

— Je pense que j'ai pratiquement tous les éléments que nous cherchons.

— Raconte-nous ! Sommes-nous en mesure de passer à cette phase fondamentale ?

— Peut-être pas tout à fait ! Mais avec les renseignements que j'ai pu glaner lors de cette connexion, nous allons faire un sacré bon en avant car j'ai le processus et il ne reste qu'à en extraire le sens pour la mise en œuvre.

À l'écoute de cette dernière information, Alice ne fut pas aussi euphorique que Francis qui s'en étonna tout de suite.

— Que se passe-t-il, Alice ? Je te sens perplexe tout à coup et même un peu déçue !

— En fait, je suis persuadée que toutes les informations que tu as réunies sont capitales pour la suite de notre projet. Mais j'ai eu l'occasion de lire de nombreux ouvrages sur l'alchimie et tous, sans exception, donnent l'importance du sens avant celle du procédé. Ce qui, en clair, signifie que nous allons ouvrir une porte sur un nouvel inconnu…

— Peut-être. Mais le plus important est de pouvoir enfin ouvrir cette porte qui, restant fermée, nous fait faire du surplace depuis trop longtemps !… Alors, tu connais l'alchimie ?

— Bien ! Suite à ma formation, je m'y suis intéressée il y a quelques années avec une bande de copains d'études. Nous avons même fait une thèse sur ce sujet qui a fait beaucoup rire nos professeurs qui, bien sûr, restent très sceptiques sur ce point. Mais, qui n'a jamais rêvé un jour à cette fameuse Pierre philosophale ? Ce qu'il faut retenir de l'alchimie est non seulement le fait que son langage restant extrêmement souple permet de décrire avec une grande précision toutes les opérations en les situant par rapport à une conception générale de la réalité, mais aussi que l'accès à la compréhension reste semée de pièges de codes et de symboles destinés essentiellement à dérouter et décourager les profanes. L'alchimiste cherche avant tout à transformer la mentalité du lecteur en le forçant à s'investir sous sa propre réalité ésotérique et mystique en créant même sa propre codification. Il n'existe alors aucune clé universelle et seule une lente et patiente initiation permet d'accéder au savoir.

— Mais ce fut le travail de Flamel, à partir de l'enseignement de Canches, n'est-ce pas ?

— Ce que je veux dire, c'est que pour en trouver le sens, Flamel aura mis environ trois ans, et que nous n'avons pas autant de temps devant nous…

— Nous possédons tout de même un atout sur Flamel ! intervint Phil.

— Ha oui ! Lequel ?

— Nous connaissons le résultat, l'objectif à atteindre, et nous avons le fil conducteur, c'est-à-dire l'ouvrage et le savoir de Flamel.

Phil avait marqué un point. Il savait maintenant tout l'intérêt qu'il pouvait apporter à la recherche et il s'apprêtait déjà à s'investir au maximum pour y parvenir. Francis reprit :

— Nous allons d'abord faire le bilan des informations en notre possession, puis nous pourrons envisager la suite d'une manière plus efficace.

Francis commença son rapport aussi précisément que possible. Il parla des expériences réalisées et réussies par Flamel. Il évoqua les différentes étapes visant à filtrer les composants et la matière ainsi purifiée, nommée œuf philosophique. Il parla longuement des trois Œuvres fondamentales dans le processus de transmutation, l'Œuvre au Noir, du nom de la couleur que prend la préparation, consistant à calciner la matière pour la débarrasser de ses impuretés grâce à l'évaporation de l'eau superflue, puis l'Œuvre au Blanc, ou petit-magistère, qui permet de fabriquer la Pierre Blanche qui donne accès à une structure d'une grande pureté, et l'Œuvre au Rouge, ou grand-magistère, qui produit la Pierre Rouge et donne l'accès suprême. Il lui manquait les détails du déroulement des opérations qui donnaient les Pierres Blanche et Rouge. Par contre il se souvenait parfaitement des symboles associés : l'opération liée à l'élaboration de la Pierre Blanche symbolisée par un arbre portant des lunes et celle liées à la Pierre Rouge, par l'arbre solaire.

Phil et Alice avait pris soins de prendre le plus de notes possibles, très attentifs à la moindre parole de Francis. Ils semblaient perplexes sur les suites à donner à tout cela. Phil se dirigea vers un grand tableau blanc situé sur le côté du laboratoire, et il dessina le schéma résumant les explications de Francis.

« 3 Phases :

l'Œuvre au Noir

(purification de la matière : on la brûle jusqu'à obtenir un produit libéré de ses impuretés et de l'eau superflue)

l'Œuvre au Blanc
(fabrication de la Pierre Blanche)
l'Œuvre au Rouge
(fabrication de la Pierre Rouge)

— Il manque quelque chose pour comprendre cette théorie. Francis, n'avez-vous pas d'autres informations qui nous permettraient de saisir le sens de tout ça ?

— Il a évoqué, auprès de Pernelle, une éventuelle traduction du langage alchimique en insistant sur le fait qu'il ne pouvait être dissocié du langage symbolique : l'Œuvre au Noir faisant référence à la mort, l'Œuvre au Blanc à la restitution de l'âme au cœur purifié et enfin l'Œuvre au Rouge à la vie spirituelle éternelle…

Phil ajouta ces informations sur le tableau. Ils restèrent un bon moment face au dessin sans véritablement déclencher l'étincelle de la compréhension qu'ils espéraient. Cette première phase les perturbait. Elle annonçait brûlure, liquéfaction et mort. Tout ça n'était pas de très bon augure et semblait signifier que pour accéder à la transmutation, il fallait nécessairement passer par la phase de l'Œuvre au Noir restant symboliquement fortement liée à la mort. Hors de question risquer la vie de quiconque, même pour obtenir la purification de l'âme ! Mais le plus inquiétant dans tout cela était le manque de lien avec l'objectif qu'il poursuivait : une transformation moléculaire et non pas uniquement de la matière ! Alice prit la parole :

— En résumé, il est dit :
- d'abord il faut éliminer les impuretés
- puis séparer et purifier les éléments
- et enfin réunir les éléments purifiés

— Oui, et alors ?

— Par ses recherches et sa compréhension du texte du manuscrit, Flamel est parvenu à la transmutation, c'est-à-dire à la transformation de la matière sous une autre forme. La forme qui l'intéressait à l'époque était très liée à un état pouvant intercéder en la faveur d'une vie meilleure, pour lui, sa famille et son entourage. Et je pense que c'est pour cette raison qu'il a choisi l'or, synonyme de richesse et donc de profonde transformation essentielle à sa vie. Notre besoin est différent puisque nous recherchons la possibilité de nous dématérialiser et re-matérialiser à l'époque de notre choix !

— Tu veux dire que Flamel aurait découvert le vecteur de transformation universel !

— Je pense que, même si c'est exact, il ne l'a peut-être jamais su !

— Ce serait extraordinaire ! Reste à savoir comment ça fonctionne !

— Je crois qu'en fait, quand il parle de purification des éléments, il parle de retour à l'état primaire, soit l'état moléculaire. Puis le retour à l'état physique étant ce qu'il décrit comme la réunion des éléments purifiés.

— Reste le point noir de l'élimination des impuretés !

— Et la mise en pratique de tout cela ! Je pense qu'il est nécessaire que Phil aille faire un petit tour vers notre ami Nicolas pour tenter de nous aider à résoudre cette nouvelle énigme. Êtes-vous prêt, Phil ?

Phil avait tout de suite compris l'enjeu et malgré une petite appréhension de ne pas être à la hauteur de la tâche qui s'avérait essentielle, il accepta une nouvelle fois de relever ce défi qui s'offrait à lui. Il prit alors toutes les directives de Francis et de Alice, s'assit dans le fauteuil et se prépara à un nouveau voyage qui s'annonçait passionnant…

2-19

Avant d'arriver le soir dans leurs chambres, chaque membre du groupe avait tenté de calmer Émilie qui demeurait intenable. Elle n'avait pratiquement rien mangé et ne parlait que de son fils qu'elle sentait si proche. C'est devant un dernier verre au bar de l'hôtel que Franck s'approche d'elle et délicatement lui dit :

— Émilie, je suis fier de vous avoir rencontrée. Vous êtes une femme merveilleuse, celle que tout homme rêve croiser dans sa vie. Et je vous souhaite de retrouver au plus vite la raison de votre existence.

— C'est très gentil. Mais, je dois vous avouer que si nous sommes là aujourd'hui c'est un peu grâce à vous et je vous en serais éternellement reconnaissante.

Elle se rapproche de lui, prend sa main et, avant même qu'il ne rajoute quoi que ce soit, joint ses lèvres aux siennes dans un long baiser tendre et langoureux. Franck sent alors un désir monter en lui au milieu d'un grand frisson difficile à camoufler.

— Ho ! Je vous fais tant d'effets que cela ?

— Heu !... C'est-à-dire que...

Sans plus attendre, ne lui lâchant pas la main une seconde, elle se lève de son tabouret et entraîne Franck vers l'escalier en direction de sa chambre. Ce dernier, subjugué par cette hardiesse mais pas le moins du monde enclin à empêcher cette invitation spontanée, reste en extase devant celle dont il ne cache pas ressentir de forts sentiments. Avant d'ouvrir la porte de la chambre, une nouvelle étreinte les réunit. Leurs mains découvrent les contrées les plus personnelles de leurs corps dévorés par un incendie qu'ils ont de plus en plus de mal à contenir. La porte s'ouvre et ils glissent sans plus de cérémonie vers un lit qui semble les attendre tous draps ouverts. Pantalons, chemises et sous-vêtements volent de toutes parts dans la pièce sans provoquer une réelle rupture vis-à-vis de leurs deux corps enlacés. Chaque langue parcoure le corps de l'autre dans les endroits les plus intimes laissés entrouverts à d'étranges besoins d'explorations. Un formidable ballet ne laissant entendre que le frottement des corps glissant tour à tour l'un au dessus de l'autre et le murmure délicat des gestes profonds d'un amour qui s'annonce grandiose. Montant et descendant vers les extrêmes, chacun recherche à encourager l'autre dans la passion du moment présent, à l'aide des petits jeux qu'ils imaginent par la provocation de leurs sens en pleine excitation. Elle se tend puis s'ouvre à lui en montrant qu'elle est prête à se synchroniser totalement avec sa fougue. Comme par télépathie, il comprend que le moment est venu de l'aider à atteindre le Nirvana, et il entre en communion profonde avec son être, trempé de ces vagues de bonheur qui les font onduler d'un plaisir sans borne. Sans cesser de s'embrasser et dans l'impossibilité de retenir leurs mains qui s'accrochent et fouinent sur leurs chairs en feu, ils ne peuvent empêcher le souffle de quelques mots inexplicables, avant de parvenir en total synchronisme à la félicité parfaite…

Ils restèrent plusieurs minutes couchés l'un près de l'autre sans dire un mot, la main dans la main, comme deux collégiens lors de la première fois. Le visage détendu, Franck ne cache pas son bien-être. Au fond, il n'en revient pas de ce qui vient de se passer avec cette femme qu'il admire depuis leur première rencontre.

Leur instant de bonheur ne devait pas durer très longtemps, car on frappe à la porte.

— Qui est-ce ?

— Neil nous attend au bar ! répond la voix derrière l'entrée.

— Un instant ! répond Émilie.

Elle se rapproche alors de lui et lui susurre dans le creux de l'oreille.

— C'était très bien !

Très fier, Franck jubile.

— Effectivement, je ne suis pas mécontent de ma performance… Assez plaisanté ! Tu sais, il faut reconnaître qu'auprès d'une déesse, on n'a aucun mal à atteindre l'extase.

Touchée par ces compliments, elle le serre une nouvelle fois dans ses bras et lui donne un dernier baiser tendre. Puis elle s'empresse d'entrer dans la salle de bain rapidement suivi par son amant…

— Franck, où étiez-vous ? On vous a cherché partout…

— J'étais… occupé.

Le fait que Franck et Émilie arrivent ensembles ne laisse pas vraiment d'ambiguïté sur leur relation, d'autant que Franck, depuis le début de leur association, ne cachait nullement son attirance pour la jeune femme. Quelques petits sourires moqueurs se font jour sur les visages des compagnons de route des deux retardataires. Neil, assis au milieu groupe, décide d'intervenir.

— Bon ! Nous n'avons plus beaucoup de temps. J'ai appris, de source sûre, que quatre hommes vous surveillent dans tous vos déplacements. D'ailleurs, si vous regardez discrètement dans la rue, vous remarquerez, à trois automobiles de l'entrée de l'hôtel, une voiture occupée par deux hommes en planque.

— Vous ont-ils repérés ?

— Je ne le crois pas ! D'abord parce qu'ils me croient mort, ensuite grâce à tous mes amis Marseillais qui m'aident à prendre toutes les protections suffisantes pour cela ! Mais je vous avais promis quelques explications. Nos agences d'espionnage ont décidé de travailler de concert afin de permettre l'avancement d'un projet très secret que je ne suis pas censé maîtriser ni des tenants et ni des aboutissants. Ils croyaient pouvoir m'utiliser pour atteindre leurs objectifs, mais je m'aperçus très vite comment ils traitaient leurs cobayes...

— Je suis tombé sur un dossier bizarre lors de mon passage dans la clinique du Professeur Ballard, ne manque pas d'ajouter Franck.

— Le Professeur Ballard a effectivement travaillé au projet Montauck. Je me souviens très bien de cet homme qui ne valait guère mieux que les autres. Il me semble qu'il a d'ailleurs été écarté à cause d'une trop grande agressivité.

— Et vous croyez qu'ils sont aujourd'hui tous associés pour retrouver Franck ?

— Pire encore ! Ils n'obtinrent pas l'autorisation de poursuivre leurs expériences à Montauck, à partir de leur chaise et de leurs générateurs. Cependant, ils furent très agréablement surpris de découvrir, après toutes leurs manipulations, un cas particulier, le mien. En effet, je ne sais par quel prodige, mon cerveau s'était adapté à leurs expériences et, par hasard, je m'aperçus que j'avais le pouvoir de voyager dans le temps. Ces voyages s'effectuaient à travers la mémoire de certains personnages. J'étais tout à coup, comme vous pouvez l'imaginer, devenu très intéressant pour eux. Mais j'appris très vite que ce qu'ils désiraient réellement était de comprendre le mécanisme qui m'avait conduit dans cet état. Un jour, ils vinrent me solliciter pour réaliser un voyage que je refusais. C'est apparemment pour me forcer la main qu'ils inventèrent cette histoire d'enlèvement de votre fils, tragédie qui devait me contraindre à me dévoiler une nouvelle fois. Mais c'était stupide de leur part, car c'était oublier mes capacités à découvrir la supercherie. En fait ce fut la goutte d'eau qui fit déborder le vase. Je décidai d'entrer dans leur jeu, et de leur faire croire en ma disparition.

— Vous avez fait croire que vous faisiez partie du crash de l'American Airline !

— Exactement ! Et dès mon arrivée en France, mon premier objectif fut de retrouver votre gamin. C'est grâce à un lointain cousin, vivant dans le Sud de votre pays, qui me présenta à tous mes amis d'aujourd'hui, que, non seulement, je retrouvai sa trace, mais également que nous sommes ensembles ce soir.

Les explications de Neil font l'effet d'une douche froide pour Émilie qui, tellement absorbée par la disparition de son fils, ne s'était pas rendu compte qu'elle pouvait être manipulée de la sorte. Franck s'était résigné à autant de rebondissements autour de lui, tant l'aventure qu'il vivait depuis quelques jours seulement le dépassait. Quand à Pierre, même s'il semblait attentif à tout ce qui se disait, restait étrangement en retrait. Neil s'en était rendu compte et surveillait ses réactions, aussi discrètement que possible. Était-il au courant de certaines choses ? Était-il envoyé par les responsables de l'organisation pour les surveiller ou même les confondre ?

Un homme vient rejoindre le groupe assis au bar et glisse un petit mot chuchoté dans l'oreille de Neil.

— Il faut y aller ! Il est temps d'aller chercher l'enfant !

Neil se lève de son siège et les invite tous à le suivre vers une porte située à la droite du comptoir sur laquelle il est noté « Privé ».

— Nous allons passer par l'immeuble voisin afin de brouiller les pistes de nos imbéciles de gardiens.

Ils empruntent une série d'escaliers qui les mènent au sommet de l'immeuble. Neil ouvre un sas donnant sur les toits et chacun se précipite dans son sillage. Au petit trot, ils sautent de toit en toit jusqu'à un nouvel accès quelques mètres plus loin. Le rythme de la descente est aussi soutenu que celui de la montée et ils parviennent rapidement au bas du nouvel immeuble. D'un geste de la main, Neil les arrête soudain avant d'ouvrir une solide porte donnant sur la ruelle. Il jette un œil à droite, puis à gauche, pour jauger leur capacité d'échapper à tout contrôle de leurs poursuivants et, assuré de ne courir aucun risque, fait signe aux autres de sortir chacun à leur tour.

— Longez les façades jusqu'à la rue de Rome, puis avancez discrètement, deux par deux, sans vous faire remarquer, jusqu'à la place Castellane. On se retrouve tous là-bas.

Les petits groupes se forment alors naturellement et avancent tranquillement vers le lieu prévu en suivant scrupuleusement les instructions de Neil. Ils restent, bien entendu, tous un peu inquiets suite au récit de leur meneur, donc attentif au moindre regard et au plus petit bruit. En marchant vite sur le bord du trottoir, ils avancent en trois groupes jusqu'à la grande artère considérablement plus vivante que toutes ces petites rues transverses. Malgré l'heure avancée de la nuit, d'une grande quantité de véhicules vont et viennent sur la chaussée et les passants sont encore fort nombreux à flâner tout au long de la rue particulièrement bien éclairée par les réverbères ainsi que toutes les vitrines de des magasins qui bordent magnifiquement la voie. Dans ces conditions on comprend aisément que nos compères n'ont aucun problème pour se fondre dans le paysage.

Ils arrivent enfin au rendez-vous. Neil, d'un regard circulaire, juge aussitôt la situation en confirmant leur tranquillité pour la suite des opérations.

— Apparemment, nous n'avons pas été suivis ! Mais, restons tout de même prudents… Bon ! Votre fils est dans cet immeuble.

Il montre un bâtiment assez ancien dominant les quelques bâtisses donnant sur la place.

— Nous allons nous rapprocher tout en conservant notre anonymat. Pour cela nous nous diviserons en deux parties. Vous trois, vous prendrez par cette ruelle à gauche, tandis que nous passerons par la droite. L'accès se trouve au milieu de la rue d'Italie parallèle à celle-ci. Si vous repérez quoi que ce soit, appelez-moi à ce numéro, c'est celui de mon portable…

— Vous croyez qu'ils surveillent l'entrée de l'immeuble ?

— Je n'en sais rien, mais c'est très probable… Allez, on y va !

Les deux groupes formés se dirigent vers leurs buts respectifs soucieux des risques à prendre. Arrivés au quart de la rue d'Italie, ils demeurent un bon moment derrière les automobiles en stationnement pour tenter de repérer une activité suspecte devant l'entrée de l'immeuble qu'ils désirent atteindre. Une voiture occupée par deux personnes est stationnée à quelques mètres d'eux. Ils s'approchent lentement du point critique en prenant les précautions suffisantes. C'est alors qu'apparaît Neil accroupi juste à l'arrière du véhicule… Il rampe doucement jusqu'à la porte avant droite. Puis, d'un coup sec, l'ouvre brutalement pour balancer à l'intérieur une sorte de bombe fumante. Ensuite, dans le même élan, il claque la portière et s'enfuit à toutes jambes. Dans le véhicule, c'est la panique. Pendant quelques secondes, les deux personnes essayent d'abord de se débarrasser de l'objet intrus puis très rapidement ne donnent plus aucun signe de vie.

— Ils sont endormis, rassure Neil à son entourage.

Il se pose au milieu de la rue et appelle d'un geste les membres de l'autre groupe à le rejoindre.

— La voie est libre. C'est là !

Ils se rapprochent de l'entrée que Tony crochète aussitôt. Personne aux alentours n'est là pour remarquer leur intrusion dans le bâtiment. Tony montre quatre de ses doigts pour indiquer l'étage visé. Sans un mot et le plus silencieusement possible, ils empruntent l'escalier après s'être enquis de l'absence d'obstacle à leur expédition. Pratiquement arrivés sur le palier, Neil se retourne vers l'équipée et leur chuchote :

— Pas question de tergiverser, on défonce la porte, Tony, Pierre et moi, on maîtrise tous les hommes et femmes présents dans l'appartement. Émilie fonce dans la chambre au fond du couloir pour récupérer l'enfant. C'est un F5, Tony et moi, on s'occupe de la salle à manger et du salon à gauche, Pierre de la première chambre et Franck de la deuxième donnant sur le couloir en face. Doumé, toi tu prends la cuisine et la salle de bain… Attention ! Mettez-vous derrière moi ! Êtes-vous prêt ?… On y va…

Dans un grand fracas, la porte lâche et, instantanément, comme un véritable commando d'intervention, ils pénètrent et se répandent dans les lieux, en suivant à la lettre les instructions émises par Neil. Les deux hommes présents dans la salle à manger qui regardaient la télévision n'émettent aucune résistance et posent instantanément leurs revolvers sur la table. Dans la première chambre Pierre ne trouve personne. Dans la deuxième chambre un gamin est en train de dormir dans un profond sommeil. Par contre dans la cuisine, une femme a commencé à causer quelques problèmes en faisant valoir quelques capacités de Claus-combat difficile à dominer. Les assiettes volent en faisant un peu de vacarme et, sans l'intervention musclée de Pierre et Tony pour la maîtriser, tout l'immeuble aurait vite été alerté.

Émilie parvient jusqu'à la fameuse chambre. Elle marque un petit temps d'arrêt très bref, puis entre dans la pièce en cherchant son fils dans l'obscurité. Assis dans un lit, un jeune garçon semble étonné de ce remue-ménage. Il regarde en direction de l'entrée et, en devinant l'ombre se dessinant en contre-jour, dit à moitié endormi :

— Qu'est-ce qui se passe ? Vous m'avez réveillé ! Je veux dormir maintenant !

Et, sans faire plus de cas que cela, il se recouche en se retournant. Émilie reste figée sur place. Elle ne peut cacher plus longtemps son émotion qui remonte tout le long de sa colonne vertébrale. Des tas d'images passées affluent dans sa tête lui rappelant les moments merveilleux qu'elle a passés avec lui. Elle a peur, au fond d'elle-même, de faire ou dire une bêtise, qu'il ne la reconnaisse pas, qu'il ne veuille pas la suivre…

Franck la voit hésitante dans l'embrasure de la porte. Il s'approche lentement derrière elle et lui susurre gentiment à l'oreille en lui prenant délicatement les épaules.

— Vas-y ! Je suis sûr que tout va bien se passer.

Elle se retourne vers lui, les yeux trempés d'émotion, un sanglot bloquant toute parole, et se pend à son cou comme pour tenter de récupérer suffisamment d'énergie. Elle le regarde à nouveau et, d'un souffle profond, se décide enfin à s'approcher du lit. Elle se baisse au niveau de l'enfant qui dort à poings fermés. Ses larmes coulent maintenant le long de ses joues. Elle avance sa main pour caresser le visage et les cheveux de son fils. Il n'a guère changé. Elle reste alors un certain temps sans rien faire d'autre que l'observer comme pour recharger tous ces souvenirs qu'elle a perdus pendant toutes ces années de séparation…

— Il faut y aller !

Neil vient d'entrer brusquement dans la chambre rappelant vivement à Émilie combien les circonstances particulières restaient critiques et que le moment n'était absolument pas favorable à la perte de temps. Émilie le regarde et lui fait un signe de la tête pour répondre à son empressement, puis elle se lance. Elle découvre son fils et le prend dans ses bras.

— Qui c'est ? Qu'est-ce qui se passe ?

— Chut ! C'est Maman, mon chéri !

— Maman ? Mais…

L'enfant a du mal à reprendre ses esprits. Émilie est déjà dans le couloir en compagnie de Franck et de Neil qui ont récupérés quelques-unes des affaires du gamin dans un sac de sport. Comme si la jeune femme voulait retrouver ses sensations profondes de mère, Émilie serre très fort son fils contre son ventre, l'embrassant sans cesse.

Tout le groupe passe devant la salle à manger dans laquelle les kidnappeurs ont été regroupés et ligotés. Ils redescendent aussitôt les escaliers, le plus silencieusement possible.

— Essayez de ne pas ameuter tout l'immeuble en descendant ! leur dit Neil.

— Ma mère, elle est morte !

Ces mots foudroient Émilie entre deux étages. Elle s'arrête et regarde son enfant dans les yeux.

— Damien, Je ne suis pas morte ! C'est ce qu'on a essayé de te faire croire pour nous éloigner l'un de l'autre… mais c'est bien moi… Maman !

— Maman ? Mais, pourquoi tu m'as laissé ?

Émilie fond une nouvelle fois en larmes en maudissant dans sa tête tous ces imbéciles qui ont profité d'eux tout ce temps.

— Je te jure que jamais plus personne ne nous séparera maintenant.

— Il faut y aller, Émilie ! insiste Franck resté en arrière.

Bientôt ils se regroupent dans le hall de l'immeuble. Neil s'assure que la voie est bien libre et leur dit :

— Pas la peine d'attirer l'attention ! Vous allez suivre Doumé qui va vous emmener dans une planque à lui, tandis que nous allons essayer de faire une diversion.

Émilie, Pierre et Franck foncent alors dans la rue en suivant le Marseillais, les deux autres hommes partant dans l'autre sens. À peine arrivé au coin de la rue, Émilie se retourne surprise.

— Mais, où est Pierre ?

— Il était derrière moi, il y a une seconde ! répond Franck.

— Tant pis pour lui, on a pas le temps ! intervient Doumé, une voiture nous attend sur l'avenue du Prado.

Néanmoins perplexe, Émilie se recentre immédiatement sur son bonheur retrouvé, jusqu'à ce qu'elle entende retentir des coups de feu, dans le lointain, derrière eux. En se retournant pour essayer de voir l'origine de ces pétarades, elle reste figée sur place.

— Franck ! appelle-t-elle.

Franck se retourne à son tour pour apercevoir Pierre, à quelques mètres, en compagnie de trois autres hommes, braquant sur eux des armes à feux.

— Vous ne bougez plus !... Approchez tout doucement et tout ira bien !

— Mais Pierre !... Tu es mon ami ! Tu ne peux pas nous faire cela !

— Raison d'état, ma belle ! Désolé !

C'est alors qu'une automobile arrive à vive allure en dérapage contrôlé à la hauteur d'Émilie. Franck remarque tout de suite le véhicule, prend le bras d'Émilie qui comprend immédiatement ce qui se passe. Elle se retourne et s'empresse de pénétrer dans l'automobile, juste au moment où un coup de feu retentit. Enfin installés à l'intérieur, nos trois fugitifs s'affalent derrière les sièges pour se protéger des rafales de tir qui atteignent la carrosserie du véhicule qui démarre en trombe avec un grand crissement de pneus. Quelques mètres plus loin, hors de portée de tir, Franck se relève.

— Hé bien ! Nous l'avons échappé belle !... Mais Pierre ?... Jamais je n'aurai pu imaginer... Émilie ? Qu'as-tu ?... Doumé ! Il y a un problème...

Franck regarde sa main pleine du sang d'Émilie qui agonise...

Certain d'avoir semé leurs poursuivants, Doumé fait enfin arrêter la voiture. Sur la banquette arrière, Franck essaie de repérer d'où vient tout ce sang qui commence à recouvrir le siège. Même l'enfant semble touché, recroquevillé sur sa mère qui ne le lâche pas une seconde.

— Bon Dieu ! Mais que s'est-il passé ? interroge Franck.

— Ils ont été touchés en même temps quand cet imbécile a tiré !

— C'EST PAS VRAI ! VITE, AMENEZ-NOUS À L'HÔPITAL LE PLUS PROCHE ! ELLE PERD TOUT SON SANG !

— C'est trop tard... Elle ne tiendra pas cinq minutes... Son gamin est même déjà mort !

— C'est pas possible... NON !...

Damien gisait effectivement, sans vie, blotti dans les bras de sa maman qui rendait l'âme tout doucement.

— On ne vivra jamais une grande histoire d'amour ensemble... réussit-elle à murmurer à Franck. Je sais que cette fois, ils ont eu Damien... mais je ne le laisserai pas partir sans moi... c'est dommage, tout ça, mais... je suis heureuse d'avoir... retrouvé... mon fils...

— NON ! Ne me laisse pas, je t'en supplie !

La balle avait traversé l'épaule droite d'Émilie, lui occasionnant une forte hémorragie interne, et atteint son fils en plein cœur. Ils venaient de se retrouver pour l'éternité. Franck resta un long moment sanglotant sur les deux corps inertes. L'aventure extraordinaire venait de changer d'attrait.

— Il faut partir d'ici, Franck. Il n'y a plus rien à faire... Nous devons rejoindre la planque le plus tôt possible.

Franck s'écarte des deux corps inanimés, le regard dans le vide, dans l'impossibilité de lâcher la main d'Émilie. Il aurait tant aimé la connaître plus, lui donner tout son amour un peu plus longtemps que ces quelques jours…

Les yeux trempés, la boule à l'estomac, Franck n'avait absolument rien vu de toutes les routes qu'ils venaient de prendre pour enfin parvenir à la petite calanque de Méjean. Ils descendent de la voiture. Franck reste prostré devant le véhicule, incapable de réfléchir ni de construire un raisonnement suffisant pour se sortir de ce cauchemar.

— Je vais planquer la bagnole ! dit le chauffeur.

— Allez ! Suivez-moi !

Comme un zombi, Franck obéit et suit Doumé sans se poser de question en direction d'une petite bicoque construite sur les rochers face à la mer. En d'autres circonstances, il aurait admiré cette magnifique calanque et toutes ces petites constructions multicolores qui surplombent un coquet petit port abritant seulement quelques dizaines de bateaux de plaisance. Ils arrivent au cabanon et s'apprêtent à entrer lorsque Tony vient leur faire face.

— Putain ! Vous arrivez du baletti ou quoi ? ça fait une plombe qu'on est là !

— Nous avons eu un problème !… Émilie et son fils…

— Quoi ?… Peuchère, c'est la scoumoune ! Neil aussi est en train de caner ! Venez vite, Franck !

Franck reprend ses esprits en comprenant à moitié ce que Tony venait de dire. Il écarte du bras les deux hommes et entre en trombe dans la maisonnette. Dans le fond, Neil est allongé sur le lit, la chemise suintant de son sang. Il respire doucement et transpire abondamment. Voyant le nouvel arrivant, il l'appelle aussitôt.

— Franck ! Avant de mourir, je dois vous dire deux trois choses.

Il se rapproche et s'assoit à son chevet.

— Vous n'allez pas non plus… !

— Je le savais depuis quelque temps déjà ! Il fallait bien que ça arrive ! On ne peut pas intervenir contre le temps ! C'est pour moi, le moment de disparaître.

— Mais, que vais-je devenir tout seul !

— D'abord vous ne serez plus jamais seul. Ici sera dorénavant votre famille. Mais vous devez absolument m'écouter. Approchez-vous plus près encore.

Il s'approche encore de Neil qui parle de plus en plus faiblement. Comme s'ils avaient deviné sa volonté, les deux autres compères sortent alors du cabanon. Puis il commence à parler à Franck et lui explique pratiquement tout ce qu'il a appris lors des expériences subies et lors des expérimentations qu'il a lui-même provoquées. Il lui donne autant d'informations que de conseils en insistant sur la nécessité d'appliquer sans déroger les quelques règles de base qu'il lui énumère.

Ils parlèrent ainsi un peu plus d'une heure. Neil expliqua les raisons profondes de la traque qui les avait amené à tout ce gâchis. Il dénonça la guerre économique débouchant sur un véritable complot déclenché volontairement mais trop instable pour être maîtrisable, et, par suite, tous les besoins de nos gouvernants pour contrôler et enrayer leurs erreurs. Épuisé, Neil ayant beaucoup de mal à respirer, ajoute.

— Dans ce dossier, j'ai rassemblé toutes mes notes… Vous devrez l'enrichir de vos expériences afin de pouvoir transmettre toutes nos connaissances… à l'équipe qui… sauvera enfin l'humanité…

— Neil !… Neil ! NEIL !…

Dans un dernier souffle, Neil vient de s'éteindre à son tour. Franck avait envie de crier, mais une boule l'empêche de sortir toute sonorité de sa gorge serrée au point de lui faire mal… mal au cœur… et son regard part se perdre dans l'immensité de la Méditerranée.

2-19

« Nous homes et femes laboureurs demourans ou porche de ceste maison qui fut faite en l'an de grâce mil quatre cens et sept somes tenus chascun en droit soy dire tous les jours une paternostre et un ave maria en priant Dieu que sa grâce face pardon aus povres pescheurs trespasses Amen ». C'est par ces quelques mots - toujours lisibles sur la façade de la maison que les plus démunis étaient accueillis dans l'établissement charitable instauré par l'écrivain juré de l'Université de Paris, Nicolas Flamel, en 1407.

— Il faut cacher la Pierre philosophale…

… Pernelle, nous sommes riches !

— Oui ! C'est extraordinaire, ma vie. Mais n'oublions pas ton serment à notre bienfaiteur !…

— Cette initiation nous a permis d'atteindre ensemble le savoir universel…

… le manuscrit doit être protégé…

… son contenu ? Tapi de caractères grecs et de lettres latines ou gauloises gravés sur des feuilles d'écorce au milieu de formules complexes à l'aide d'une pointe de fer…

… de très belles lettres latines nettes et colorées inscrites sur trois fois sept feuillets…

… les septièmes feuillets restant sans écriture, mais garnis d'une croix ou d'un serpent crucifié et d'un désert au milieu duquel coulent de belles fontaines…

… Pernelle, pourquoi m'as-tu laissé ?… je ne peux concevoir ma vie sans toi !…

* * *

Phil reprit ses esprits à la suite d'innombrables visions désordonnées. Après les quelques minutes de reprise de conscience, il ne tarda pas à prendre le plus de notes qu'il fut capable d'inscrire en sollicitant sa mémoire, énormément en éveil lors de son dernier voyage. Sans en être complètement certain, il restait persuadé de ramener une information cruciale et, pour cette raison, il ne voulait absolument rien omettre de ce qu'il avait pu voir et ressentir.

— Phil ! Tout va bien ?

— Pourquoi m'avez vous envoyé si tard, dans la vie de Flamel ?

— Nous pensons que sa découverte a été bien au-delà de ses espérances. Mais il n'a pu la maîtriser totalement… La mort de Pernelle fut le début de sa fin…

Les visions-flashs de Phil ainsi que les informations apportées par Alice coïncidaient parfaitement. L'histoire raconte qu'à partir de la fameuse découverte de Flamel, l'alchimie lui permit d'acquérir une immense fortune. Il fit alors construire ou rénover de nombreux bâtiments, créa des fondations de charité, reconstruisit l'église Saint-Jacques-la-Boucherie et édifia deux « arcades » au charnier des Innocents. Ses recherches lui auraient également permis, en trouvant la pierre philosophale d'accéder à l'immortalité, même si sa mort le 22 mars 1418 fut certifiée par des sources sûres. La légende le concernant va aller en grandissant au cours des siècles et plusieurs personnes soutiendront l'avoir rencontré à diverses époques bien après sa mort. Il repose aujourd'hui aux côtés de dame Pernelle dans le musée de Cluny. De nombreux lieux de Paris conservent la trace de l'hermétiste et de son épouse: la rue de son domicile principal qui porte son nom, la taverne Nicolas Flamel, rue de Montmorency aménagée dans une de ses maisons, et une rue voisine porte le nom de Pernelle.

— N'oublions pas que pour Nicolas Flamel et son épouse, l'ouvrage est de nature divine. C'est pour cette raison qu'ils ont décidé d'utiliser ces pouvoirs à bon escient et de faire bon usage de la fortune ainsi amassée. Ils construirent quatorze hôpitaux, trois chapelles et sept églises. Le plus stupéfiant est que Nicolas meurt à l'âge de quatre-vingts ans, pas mal pour l'époque, sans nul doute sous l'effet de la pierre philosophale qui l'aurait rendu immortel. Mais, en cédant soi-disant volontairement son livre, il aurait perdu cette immortalité car il ne supportait plus l'absence de Pernelle… d'autres versions disent que des espions du clergé le lui aurait subtilisé !

Les réflexions vont bon train suite aux faits remontés des divers contacts effectués par Francis et par Phil, mais aussi à toutes les publications recueillies de-ci et de-là sur la famille Flamel et ses exploits. Le tableau, prérempli par Phil juste avant son dernier voyage, se voit garni de tout un tas d'autres informations susceptibles de les faire avancer dans leurs recherches. La majorité des indications semblaient converger vers un symbolisme mystérieux rempli de signes tout à la fois incompréhensibles et presque évidents. Phil était plongé dans ses réflexions, ses souvenirs et ses tentatives de déduction quand Alice reprit :

— Après la mort de Nicolas en 1418, d'étranges rumeurs commencèrent à circuler : la pierre philosophale serait cachée dans l'une de ses anciennes demeures. La ruée vers l'or fut ouverte. Ses maisons furent fouillées méticuleusement, certaines mêmes détruites. Mais rien de rien. On raconte aussi que le libraire et son épouse seraient toujours vivants. Ainsi, en 1712, Paul Lucas aurait rencontré en Asie Mineure un derviche qui lui parla d'alchimie et lui confia que Nicolas Flamel était toujours bien vivant. Il serait d'ailleurs quelque part en Inde avec son épouse.

— Et le livre original ?

— Il aurait disparu, malheureusement. Il ne reste que de vulgaires copies. Certains pensent que Richelieu aurait été le dernier propriétaire. Il aurait, d'ailleurs, bâtit un laboratoire au Château de Rueil en vue d'accueillir des savants aptes à déchiffrer l'ouvrage. En vain…

— Je crois avoir trouvé ! lança Phil figé devant le tableau et montrant un petit dessin qu'il venait juste d'ajouter…

Alice et Francis se rapprochèrent de Phil après s'être regardés quelques instants. Qu'avait-il découvert ?

— Regardez… ! Nous réalisons des projections dans la mémoire, en fait des projections dans le passé, par analogie à la projection que réalisait Flamel sur les matériaux qu'il transformait.

Francis se rapprocha du tableau. Son air perplexe venait de disparaître pour laisser la place à une satisfaction pour le moment contenue. Il se rappela quelques mots de l'alchimiste :

— *La première fois que je fis la projection, ce fust sur du mercure, dont j'en convertis demy-livre ou environ en pur argent, meilleur que celuy de la minière, comme j'ay essayé et faict plusieurs fois.*

Phil poursuivit ces explications.

— Flamel parle de passage à un état pur, l'Œuvre au Blanc, puis de la réunion des éléments purifiés, l'Œuvre au Rouge. D'abord éliminer les impuretés, puis séparer et purifier les éléments et enfin réunir les éléments purifiés…

— Bon sang ! Mais oui… reprit Francis, La pureté ce ne peut être que l'état primaire, l'état moléculaire absent de toute impureté.

— Et la réunion des éléments purifiés, c'est le rétablissement vers l'état physique !… Oui, mais il reste l'interprétation de l'Œuvre au Noir !

— Rappelez-vous toutes les explications de Flamel ! Il parle de formules et de quantités bien précises pour former cette Pierre Philosophale qui va devenir la base de ses expériences…

— Tu veux dire que la pierre ne transforme pas mais permet la transformation ! Mais alors…

— Je crois que pour réussir notre transformation, il faut d'abord créer une Pierre Philosophale aussi massive que le corps à projeter, et c'est la fabrication de cette Pierre qui est primordiale. La transformation reste une manifestation chimique résultante de l'association des deux corps… Je pense que cette réaction finale demeure basique et à la portée d'une chimiste de ta valeur, Alice.

Le regard ému de sa compagne montrait à quel point ils avaient progressé dans leur exploration. Ils se congratulaient gardant en eux la réalité d'un avancement conséquent mais pas d'une réelle victoire, le travail à réaliser, primordial pour atteindre leur objectif, restait encore bien devant eux…

Partie 3

Le virus

3-1

Les informations ramenées par Phil furent particulièrement intéressantes et profitables pour l'avancement de leurs travaux, notamment dans l'élaboration de la Pierre Philosophale. Mais cela ne faisait pas moins de trois jours qu'Alice étudiait, sans succès, la manière de faire réagir cette masse qu'ils venaient de mettre au point. Comment libérer les pouvoirs de la fameuse pierre vis-à-vis d'un autre élément, voire d'un organisme complet ?

Les recherches de l'équipe furent soudain interrompues par l'entrée fracassante de Théodore Grandt, le Directeur du Centre de Recherche.

— Alice et Francis ! Il faut que je vous parle en privé, c'est extrêmement urgent !

Ces yeux particulièrement rouges et son regard vitreux dénonçaient plusieurs nuits d'insomnie. Il leur fit un signe pour les inviter à le suivre à l'écart de Phil et de Flo très surpris de ces manières pour le moins inquiétantes. N'étant pas invités à cette petite réunion fortuite, ils se regardèrent et par dépit se replongèrent dans leurs occupations du moment.

— Que se passe-t-il, Professeur ? demanda Francis lorsqu'ils furent à l'écart.

— Écoutez, surtout ne m'approchez pas ! Je suis infecté !...

— Mon Dieu !

— Et je ne suis malheureusement pas le seul dans l'institut... le temps nous est maintenant compté... le virus ayant de nouveau muté, nos médicaments qui ralentissaient son évolution semblent ne plus faire l'effet escompté...

— En fait c'est la base antivirus qui nous manque ! répliqua Alice, nous n'avons plus le choix, nous devons la récupérer au plus tôt !

— Si cet imbécile de Grans ne s'était pas suicidé... et pour préparer un sérum il aurait fallu suffisamment de son sang... ils ont dû brûler son corps avec les autres ! Ou peut-être pourrit-il quelque part !... nous n'avons plus les moyens de régénérer la base d'un quelconque vaccin, la seule solution serait de trouver un corps porteur sain... une aiguille dans une botte de foin... dans un délai si peu compatible...

— Mais, nous avons le porteur sain !

— Comment ça ? De qui parlez-vous ?

— Mais de Grans !

— Il est mort...

— Nous devons aller à sa rencontre... nous en avons les capacités... Donnez-nous carte blanche pour y parvenir... de toutes les façons, avez-vous le choix ?

Grandt, malgré une grande fatigue, trouvait encore la force de réfléchir à cette nouvelle situation compliquée qui s'offrait à lui. Même si la déontologie l'empêchait de répondre trop rapidement à ses deux confrères, il savait que l'avenir de ce qui subsistait de l'humanité était entre leurs mains et qu'il devait entendre leurs propositions.

— Nous resterons dans le cours du temps sans déroger une seconde aux règles établies, puisqu'il est tout à fait hors de propos de changer quoi que ce soit dans le passé… nous ne ferons qu'un prélèvement…

Francis tentait par tous les moyens de convaincre son responsable qui restait sans voix le regard essayant de trouver tout le réconfort susceptible de le rassurer. Les arguments avancés semblèrent le tranquilliser sans complètement effacer sa profonde inquiétude.

— Professeur, nous avons pratiquement trouvé le moyen de voyager physiquement dans le temps… ce qui signifie que nous pourrons récupérer l'échantillon qui nous fait défaut… plus besoin de rechercher un porteur sain…

— En êtes-vous certain ? Comment est-ce possible ?…

— Nous sommes environ à quatre-vingts pour cent de l'objectif. Nous avons trouvé les moyens et nous buttons sur la manière, le procédé en fait.

Les yeux inondés d'émotion, de tristesse et certainement de grande fatigue, Théodore Grandt recula de quelques pas, comme pour mieux appréhender les informations qu'il venait d'entendre.

— Francis et Alice, je ne sais pas si j'aurai l'occasion de fêter avec vous votre réussite…

— Monsieur le Directeur…

— Laisse-moi finir s'il te plaît, Alice ! Les heures me sont d'hors et déjà comptées et d'après mes estimations, il ne m'en reste tout au plus qu'une vingtaine. Je vous demande de tout mettre en œuvre pour sauver tout ce qui pourra l'être de notre monde… car je reste fortement persuadé que l'homme, n'étant pas foncièrement mauvais, mérite encore de vivre quelques années sur notre bonne vieille terre !… au moins, laissez-moi cet espoir avant de la quitter.

La gorge nouée, Alice et Francis se regardèrent. Comment le réconforter dans ces conditions aussi dramatiques ? Ils savaient pertinemment que sans le processus de réaction, ils demeuraient bloqués en tant que spectateurs avec comme unique issue possible le fait de trouver un corps sain porteur de l'antidote. Ensemble ils répondirent :

— Nous vous garantissons que nous ferons tout ce qui est en notre pouvoir pour sauver le maximum de monde.

3-2

Seul devant l'immensité bleue, le regard calé sur l'horizon, comment ne pas céder au besoin de s'évader, de partir loin et de tout reprendre à zéro ? Les reflets du soleil ardent sèment une multitude de diamants vivants sur cette surface déroulant son infinie force tranquille au plus lointain perceptible. Le souffle du flux et du reflux des vagues caressant délicatement le sable qui se refroidit et se réchauffe sans cesse au bercement de ses allers et retours accompagne les cris de quelques mouettes planant sur les courants d'un vent léger et rafraîchissant qui distribue une enivrante odeur d'iode. Dans les paillettes changeantes et scintillantes de l'étendue marine, plusieurs voiliers viennent attirer l'œil plantant un semblant de relief afin de réveiller toutes sortes d'envies et de rêves.

Franck ronge sa morosité, seul, étendu sur cette plage, après avoir trottiné sur toute sa longueur dans la tiédeur d'une matinée qui annonce déjà une journée chaude et ensoleillée. Il ne peut se séparer des dernières images de sa vie ponctuées des terribles pertes qui ont bouleversé sa vie. Il revoit le sourire d'Émilie, dans l'hôtel au moment de leurs étreintes passionnées, mais aussi sa joie de retrouver son fils pour si peu de temps… Comme la vie est dure ! Il avait le plaisir de vivre une nouvelle vie plus intense et plus exaltante, avec de nouvelles connaissances, de nouveaux amis, un nouvel amour… de nouvelles souffrances. Était-ce le prix à payer ? Le bonheur existe-t-il dans ce monde de fous ?

Sans délais, les amis de Neil l'avaient immédiatement fait quitter la région marseillaise, pour l'isoler quelque temps dans ce petit coin tranquille de la presqu'île de Giens, près de Hyères, jusqu'à ce que les « affaires » se tassent suffisamment, comme ils disaient et que les esprits se calment pour retrouver un semblant de normalité. Il logeait dans un cabanon à deux pas de Giens et de la Capte, dans un environnement merveilleux couvert de pins parasols, incrusté de petites criques isolées et bordées de longues plages de sable blanc. Depuis son arrivée dans ce havre de paix, il passait son temps à méditer, à essayer d'oublier tout ce qui venait de se passer lors de ces derniers jours qui lui avaient totalement modifié son existence. Les visites régulières de Doumé lui évitaient de sombrer dans la déprime grâce à ses blagues souvent très lourdes mais suffisamment drôles pour le faire rire.

— Tu la connais celle-là ?

Zé et son collègue Milou sont à la terrasse des Flots Bleus. Le garçon arrive et leur demande :

— Messieurs ?

— Un pastis, dit Zé.

— Alors ça fera deux pastis, dit Milou.

Zé se retourne vers Milou et se ravise aussitôt

— Euh… T'y as raison, je prendrai deux pastis aussi !

Il en avait des milliers à raconter, il en était intarissable. Et même si une grande majorité d'entre elles restait limite acceptable, personne ne pouvait demeurer sérieux plus d'une minute en sa présence. Et c'est bien cette bonne humeur et sa présence régulière devenue presque indispensable qui permirent à Franck de reprendre rapidement le dessus pour enfin envisager un avenir en phase avec les dernières volontés de Neil.

Il avait pris le temps de lire consciencieusement les notes de Neil et même commencé à en analyser le contenu pour mieux le comprendre. Il buttait néanmoins sur certains passages qu'il avait du mal à interpréter, surtout dans le contexte qu'il venait de vivre. Et là, assis sur le sable, le regard fondu vers l'horizon, il essayait d'assembler toutes ces pièces compliquées du puzzle qui, entremêlées des souvenirs d'Émilie et de Neil, se bousculaient dans sa tête.

Quelques autochtones arrivant derrière lui, déposant tout un tas d'affaires de plage pour délimiter leur territoire pour la journée, provoquent, en brisant la quiétude de ce moment privilégié, un retour brutal à la réalité. Franck se lève et secoue les grains de sables collés sur son postérieur et sur ses jambes. Puis, après avoir soufflé bien à fond, repart le long de la plage en direction de son refuge.

Le soleil qui commence à frapper fort crée une ombre qui, devant lui, semble l'encourager dans sa course le long du rivage qui s'étend sur plusieurs kilomètres. Il dépasse enfin la plage de la Bergerie qui se remplit aussi tout doucement. Dans quelques heures, le paysage sauvage va totalement laisser sa place à une civilisation envahissant chaque centimètre carré.

Il arrive pratiquement au bout de la grève et prend le boulevard d'Alsace-Lorraine pour rattraper la route de la madrague et atteindre enfin le petit port du même nom. Plus que quelques kilomètres dans la colline et il parvient enfin à la plage de l'Arboussière où l'attend un merveilleux petit cabanon multicolore enfoui dans un hameau assemblé sous les pins dont l'odeur caractéristique vient enivrer les narines et donner cet air de vacances inoubliables.

— Ho ! Franck ! Où étais-tu ?... Ça fait deux heures qu'on t'attend, putain !

Doumé et Tony patientaient assis sur un rebord de terrasse devant la petite maisonnette.

— On vient aux nouvelles. Cette estrasse de Pierre est en train de remuer ciel et terre pour te retrouver. Il va falloir déménager !

— Vous êtes sympas les gars, mais j'ai plus trop envie de me battre…

— Ho ! Marque mal ! Ce ne sont pas ces encatanés d'estrangers qui vont nous engatser encore longtemps ! Nous on craint degun !

— Francky, intervient Doumé, pense à Neil et fais ce que tu as à faire pour lui et pour personne d'autre !

Franck reste immobile quelques secondes, regarde les deux compères et soupire un grand coup. Ils avaient forcément raison, il ne fallait pas baisser les bras, surtout en mémoire d'Émilie… Il fallait reprendre les travaux de Neil et tout mettre en œuvre pour atteindre l'objectif que ce dernier s'était fixé.

— Nous t'avons mené le journal… regarde en première page.

En gros titre il était noté ceci :

CE QUE TOUS REDOUTAIT : PANDEMIE DU VIRUS H5N1

ACTE DE TERRORISME OU FATALISME ?

3-3

— Mais Docteur Jacques, ils meurent tous ! Nous devons accélérer nos validations et lancer au plus tôt le vaccin. Nous avons pratiquement l'antivirus, pourquoi attendre ?

— Vous ne voyez donc rien, Grans ? C'est le chaos dehors ! Et nous devons attendre les ordres…

— La fin de l'humanité est annoncé, et vous attendez des ordres de qui ? de ces politiciens qui ne pensent qu'à leur survie ? ou de ces banquiers qui vous ont promis d'augmenter vos allocations pour étendre vos recherches ? Mais auriez-vous oublié vos serments en tant que médecin ? au moins le principal qui est de sauver les vies humaines ?… Nous ne sommes pas des militaires, bon sang !…

— STOP ! SORTEZ DE MON LABO ! Je ne veux plus vous voir ici !

Furieux, le docteur Albert Grans jeta un regard assassin à son confrère avant de sortir de la pièce en claquant violemment la porte. Comment pouvait-on faire passer des intérêts financiers avant ceux de l'être humain ? La grippe aviaire venait de décimer plus de la moitié de la population mondiale en quelques mois seulement, favorisée par les grandes migrations des volatiles et par plusieurs mutations successives du virus devenu complètement incontrôlable. Il n'était plus temps de se poser toutes ces interrogations stupides, il fallait passer à l'action. Un échantillon de vaccin semblait prêt, Grans le savait, il subsistait quelques mises au point concernant sa constitution. Mais si on persistait dans cette attente insupportable, au rythme duquel se répandait la contagion, il ne resterait plus grand monde pour produire quoi que ce soit ou même survivre à cette tragédie.

À regret, il quitta le service pour se rendre dans la chambre qu'on lui avait personnellement affectée dès le début des quarantaines. Des militaires en armes étaient présents à toutes les issues et pratiquement dans tous les couloirs du bâtiment ainsi étroitement surveillé. Impossible d'entrer ou de sortir de cette forteresse gardée vingt-quatre heures sur vingt-quatre depuis le début des recherches destinées à enrayer le virus. Il n'y avait pas plus d'une dizaine de laboratoires de ce genre réquisitionnés dans le monde entier et les plus grands professeurs, chercheurs et docteurs s'y étaient répartis. Le laboratoire du docteur Jacques était le plus avancé dans ces travaux.

Par la fenêtre de sa chambre, le docteur Grans voyait, impuissant, des centaines de pauvres bougres, hommes, femmes et enfants, tombant comme des mouches aux abords de la clinique, repoussés par des hommes en combinaisons lunaires chargés d'entasser leurs cadavres dans des remorques pour les regrouper dans des fosses communes dressées pour la circonstance, aux abords de la ville. Il entendait leurs cris, leurs souffrances, devinait leurs angoisses sans pouvoir faire quoi que ce soit pour les soulager. Toutes les fenêtres des bâtiments avaient été bloquées afin d'éviter tout contact avec l'extérieur… c'était de plus en plus insupportable ! Il ne pouvait plus rester spectateur de cet enfer… il était temps d'agir…

Patiemment, il attendit que la nuit prenne possession de son domaine et de ses âmes. Malgré les gardes sillonnant sans cesse tous les recoins de la clinique, Albert entreprit de se faufiler sans attirer l'attention de la surveillance.

Pour atteindre le laboratoire, il lui fallait changer de bâtiment par la voie la plus sûre, c'est-à-dire par les sous-sols. Sans bruit, en longeant silencieusement les murs, il progressa pas à pas vers l'escalier de service. Puis, s'assurant de l'absence de toute garde, il dévala les marches jusqu'au plus bas niveau. Pas un bruit autre que la ventilation ! Il ouvra doucement la porte d'accès au couloir du sous-sol et s'assura d'abord qu'aucun obstacle n'allait gêner sa progression puis il s'engagea dans le corridor.

Après quelques minutes d'un périple si stressant, Albert arriva enfin aux abords du laboratoire. Son cœur battait la chamade et il dut attendre quelques secondes, planqué derrière un recoin du dernier couloir, avant de jeter un coup d'œil à la porte d'entrée. Un gardien était en faction, mitraillette en main. Impossible de passer par là ! Albert se souvint d'un autre accès directement en liaison avec le bureau du Directeur de la clinique, juste en face. En contournant le bloc radiologie, il parvint aussitôt devant l'entrée recherchée, alors qu'aucune surveillance ne lui barrait le passage.

— Mince ! Elle est fermée à clé ! ragea silencieusement Grans. « Peut-être que le passe… »

Le service de sécurité de la clinique avait pris soin de remettre un passe-partout à chaque professeur et à chaque docteur réquisitionnés dans l'enceinte médicale afin de leur laisser toute latitude pour évoluer sans contrainte dans toutes les salles intérieures à défaut de pouvoir en sortir. Cette demande sans condition du plus ancien des chercheurs avait fait grand bruit puisqu'ils s'étaient tous regroupés en menaçant de ne rien entreprendre sans cela. Sommé d'accepter, le responsable de la sécurité avait alors fait modifier toutes les serrures des accès vers l'extérieur et remis à chacun une clé autorisant l'ouverture de pratiquement toutes les portes des bureaux et laboratoires internes.

— Parfait ! Ça fonctionne.

Le docteur Albert Grans ouvra lentement la porte et, après s'être inquiété de la tranquillité des lieux, il s'inséra rapidement dans le bureau et en ferma aussitôt l'entrée. Ouf ! A priori, aucun problème jusque-là, Albert pouvait être serein car il était pratiquement dans les locaux. Devant lui deux sièges étaient bien rangés devant une grande table en verre sous laquelle apparaissait un ordinateur dernier cri et son écran. Sur le plateau transparent des bibelots étranges, sortes de gadgets qu'on donne aux enfants pour qu'ils se tiennent tranquilles étaient consciencieusement ordonnés. Au milieu du plan de travail, un dossier attira l'attention du docteur. Il s'approcha de la table et la contourna. Puis il s'assit dans l'immense fauteuil de cuir noir pour se saisir du document.

En titre il était écrit :

« Projet Montauck – Phœnix II »

Et il apparaissait clairement le tampon de la clinique :

« Clinique Ste Cécile, Professeur Ballard ».

3-4

Très perturbés par les propos du professeur Grandt, Alice et Francis eurent beaucoup de mal avant de se remettre au travail. Ils se retrouvaient avec une contrainte supplémentaire qui ne leur laissait définitivement plus le choix dans leurs recherches. Comble d'ironie, le facteur temps qu'ils essayaient de maîtriser devenait leur principal ennemi. Et même si le directeur leur avait donné carte blanche, ils redoutaient néanmoins d'autres événements perturbateurs comme les interventions intempestives d'un de leur redoutable opposant, Randock. Fort heureusement, du fait de leur niveau d'implication dans leur projet, ils avaient très vite appris à vivre avec toutes sortes de tensions.

Phil, qui avait remarqué une certaine pression sur le couple, se rapprocha d'Alice.

— Je viens de relire les notes et les articles sur Flamel. J'ai ma petite idée sur la façon de faire réagir le métal vis-à-vis de la pierre.

— Moi aussi ! Mais j'ai besoin de confirmations. Quelle est votre idée ?

— Rappelez-vous, Flamel cite la réaction du métal devant la pierre, grâce à une mixture qui assure sa projection.

— Hum ! Oui et après ?

— J'ai l'impression que l'ensemble créé forme une espèce de pile et que c'est le champ électrique qui permet de réaliser la transmutation.

Francis qui avait suivi de loin la conversation, intervint.

— C'est tout à fait ce que nous pensions avec Alice…

— Nous nous apprêtions à mettre en place une expérience pour valider cette idée sur cette boîte, reprit Alice en montrant l'objet disposé juste face à eux.

Ils avaient pris soin de préparer une petite boîte dans laquelle ils avaient placé une montre et une simple note sur laquelle était écrit : « un essai pour l'éternité – signé Francis ». Alice avait calculé et préparé une masse équivalente de pierre. Mais il subsistait néanmoins un point fondamental : l'évaluation du champ électrique nécessaire à la réaction.

— En fait, Nicolas Flamel réalisa, sans le savoir, une pile à combustible, expliqua Francis. À l'aide de composants judicieusement choisis, la cathode étant la pierre, l'anode le matériau qui va réagir.

— Mais comment réussit-il à déclencher la réaction ?

— Dans ses notes, il dit utiliser du méthanol, ou plutôt de l'alcool de bois, du côté de l'anode pour l'électrolyte, et de l'air du côté de la cathode. Et tout ça suffit pour précipiter la réaction chimique et créer le champ magnétique qui entraîna la transmutation.

— Le plus délicat, ajouta Alice, c'est de tout doser pour ne rien détruire au moment du transport : les matières à mettre en jeu pour provoquer un champ magnétique suffisant, mais aussi tous les éléments annexes pour en contrôler l'évolution. En terme technique, la variation d'entropie étant négative, à cause de la diminution du nombre de moles, la tension aux bornes de la pile diminue lorsque la température augmente. En clair, il faut totalement maîtriser l'échauffement de l'ensemble constitué par la pile pendant toute l'expérience, et ce sera d'autant plus vrai pour une masse plus importante.

Phil n'avait pas tout compris, excepté peut être le risque très sérieux dans l'application notamment au niveau de la température générée par le système, ainsi que l'importance du calcul et du suivi des paramètres mis en œuvre qui restaient cruciaux pour le bon déroulement des opérations.

Alice déposa la boîte dans un récipient rempli de méthanol et de sel, proche de la pierre de même masse. Un circuit électronique fut assemblé pour produire le champ magnétique destiné à précipiter la réaction chimique tout autour de l'équipement expérimenté. Francis, Alice et Phil étaient tout trois très fébriles, les yeux fixés sur l'ensemble baignant dans le liquide. Flo s'approcha du groupe, excédée par une situation qui semblait lui échapper.

— Que comptez-vous faire ? demanda-t-elle.

Francis, un peu agacé, la regarda du coin de l'œil, sans lui répondre. Seule Alice essaya de la convaincre du bien fondé de l'expérience qu'ils allaient entamer.

— Nous avons l'autorisation du Directeur, que vous avez vu tout à l'heure, pour tenter cette expérimentation…

— J'ai l'impression de me faire avoir une nouvelle fois ! Vous avez tort de me prendre pour une imbécile.

Se serait-elle rendue compte qu'elle avait été manipulée lors de la nuit passée en se laissant endormir pendant tous les derniers voyages ? Le moment était trop important pour la laisser perturber l'avancement des travaux par une quelconque intervention. Phil s'interposa afin d'essayer de la calmer.

— Tu te fais des idées !… Laisse-les aller au bout de cette expérience qui est vitale pour nous tous… y compris pour toi !… Est-ce que tu peux le comprendre ?

On voyait bien qu'elle avait du mal à se contenir. Ses joues avaient littéralement changé de couleur pour des teintes de plus en plus vives. Son regard se creusait laissant pressentir la modélisation profonde d'une future explosion. Un peu inquiet mais beaucoup plus perturbés par l'objectif qu'ils s'étaient fixés, Alice et Francis continuaient leur préparation.

— Nous allons commencer. Tenez-vous tous prêts.

Francis lança le processus de transfert sans s'asseoir pour cette fois sur la fameuse chaise. Le vrombissement des générateurs couvrit très rapidement les échanges avec les ordinateurs organisant les différentes phases de progression des essais et toute l'attention de chacun restait focalisée sur le coffret au milieu de la table centrale.

Tout à coup, un grand éclair bleu fit reculer tous les membres de groupe. C'était comme si une implosion avait absorbé la boîte en quelques secondes. Tous demeuraient ébahis devant le phénomène et chacun cherchait déjà une explication cartésienne à ce qu'il venait de se passer.

— J'ai réglé le transfert sur deux minutes ! Dans moins d'une minute nous devrions la voir réapparaître à la même place.

Flo, interloquée par ce spectacle insolite, semblait avoir oublié ses différents… Mais pas du tout ! La voilà qui recommença à s'exciter devant cette situation qu'elle ne dominait plus. Devait-elle laisser faire tout en gardant un œil attentif à la progression des faits, ou bien devait-elle intervenir pour tout arrêter avant qu'il ne soit trop tard et que les événements deviennent irrémédiables ? Difficile de faire le bon choix, d'autant que son énervement atténuait considérablement son jugement. Elle essaya, malgré tout, de suivre à la lettre les conseils de Randock : se calmer, reprendre le contrôle de la situation par une maîtrise plus sérieuse de tous ses facteurs physiques et intellectuels…

— Deux minutes, ça fait deux minutes, la boîte devrait réapparaître ! intervint Francis.

Un nouvel éclair, plus puissant que le premier, inonda la pièce avec un claquement sec et tellement bruyant qu'il fit reculer tout le monde… La boîte, toute fumante, était revenue au milieu de la table. Alice s'en approcha, s'en saisit et immédiatement la lâcha.

— Ho ! Elle est bouillante !

Afin d'éviter de se faire surprendre une deuxième fois, elle l'attrapa alors avec une paire de gants ignifugés, puis l'ouvrit pour en extraire la montre et le petit bout de papier un peu jauni qu'elle brandit devant les trois autres. Il y était écrit : « un essai pour l'éternité – signé Francis ». La montre affichait un retard de deux minutes.

— Nous avons réussi ! jubila Francis au milieu de quelques manifestations de joie.

— Oui, mais ce problème d'échauffement m'inquiète. tempéra Alice. On ne peut pas réaliser un voyage d'un être physique dans de telles conditions… il serait vite cuit !

La réflexion de la jeune femme avait fait un peu retomber l'emballement de ses collègues, même s'ils continuaient à rester très confiant sur l'avenir, sentant un aboutissement de plus en plus proche.

— Nous allons pouvoir passer aux essais avec Minie, proposa Francis.

— Minie la petite sourie attendra un petit peu que je mette au point un système de refroidissement pour éviter de faire un barbecue ! répondit Alice.

Excédée, Flo ne se retenait plus. Elle explosa :

— Mais c'est pas croyable ! Vous allez trop loin ! Je dois faire intervenir Randock !

3-5

Isolé dans sa nouvelle retraite, Franck s'était remis, beaucoup plus sérieusement cette fois, à l'étude approfondie du dossier que lui avait laissé Neil juste avant de mourir. Les circonstances terriblement inquiétantes qui confirmaient un grand nombre de faits prévus par son homologue disparu, ne lui laissaient, hélas, peu de choix.

Il était question de grippe aviaire et de sa pandémie programmée allant répandre son horrible sanction mortelle sur toute la planète. L'article qu'il parcourait disait ceci :

« … même si elle reste à ce jour sans doute exceptionnelle, la transmission interhumaine du H5N1 est possible.

Autre élément à signaler : le jeudi 17 février, dans un article également publié par le New England Journal of Medicine, des chercheurs britanniques et vietnamiens décrivent le cas de deux jeunes enfants vietnamiens de 4 et 9 ans ayant présenté des diarrhées sévères qui ont évolué vers une encéphalite aiguë, mais sans atteinte du système respiratoire. Or, les analyses ont montré qu'ils avaient été infectés par le virus H5N1. La grippe aviaire ne s'attaque donc pas seulement chez l'homme au système respiratoire et il est possible – si ces observations sont confirmées - que le nombre de cas humains en Asie ait été sous-estimé.

Les révélations faites par la Chine (20 août et 26 août 2004) sur la présence de souche H5N1 chez des porcs dès 2003 et même 2001 majoraient déjà considérablement le risque d'épidémie humaine selon l'ensemble des experts internationaux.

Face à la multiplication des décès chez l'homme en Asie (le bilan est passé à plus de 70 le 13-12-05), la grande question qui se pose – et ce depuis maintenant plus d'un an - est l'éventualité d'une transmission inter-humaine du virus aviaire H5N1. En effet, la contamination de l'homme n'était pour l'instant connue que par contact avec un animal (poulets, oiseaux, porcs) ; mais si une transmission d'homme à homme se produisait, autrement qu'à titre exceptionnel, nous serions alors confrontés à un risque de pandémie dramatique ; on pense évidemment à la grippe « espagnole » de 1918-1919 (qui avait fait de 20 à 40, voire 50 millions de victimes selon les estimations ; elle a d'ailleurs été provoquée par un virus d'origine aviaire selon des études récentes), à celle de 1957 (« grippe asiatique ») ou encore à celle de 1968 (« grippe de Hong-Kong »). C'est d'ailleurs ce qui avait conduit l'OMS à tenir des propos très alarmistes dès janvier 2004, en évoquant le scénario potentiel d'une épidémie faisant des millions de morts.

Mais, malheureusement, ce n'était pas le plus préoccupant. Le rapport qu'il parcourait dans le dossier de Neil exposait des informations surprenantes qui, si elles se révélaient exactes, dépassaient l'entendement et pouvaient remettre en question tout l'avenir de la planète.

— Tu as l'air soucieux, Franck !

Doumé venait de faire irruption dans le petit appartement. Toujours très excentrique, il portait une superbe chemisette hawaïenne multicolore et un short qui laissait apparaître deux belles jambes bien musclées et abondamment poilues. Derrière ses lunettes noires, il ressemblait à un touriste, mais l'espoir de passer inaperçu restait à reconsidérer.

— Je serais soucieux de savoir si tu n'as pas été repéré… dans cette tenue ! lui fait remarquer Franck.

— Quelques fois, il suffit de s'embrailler comme un blaireau pour se fondre dans le paysage… Regarde, c'est cafi d'estranger !

— Tu n'as pas tout à fait tort, mais attention à l'exagération !

Un grand fracas interrompt soudain leur petite conversation. Sans qu'ils puissent réagir une seconde, deux hommes pénètrent dans l'appartement, pistolets aux poings, en criant :

— Police ! Vous êtes en état d'arrestation !

Malgré sa tenue légère, Doumé brandit immédiatement une arme en poussant brutalement Franck dans la chambre.

— Casse-toi ! crie-t-il.

Aussitôt, des coups de feu retentissent pendant que Franck fonce vers le fond de la pièce. En quelques secondes, il enjambe la fenêtre et se retrouve sur le toit du garage mitoyen. Tous les jours, ils avaient envisagé des scènes semblables en imaginant autant de possibilités d'évasion qu'ils pourraient mettre à profit lors d'un jour comme aujourd'hui. Ces répétitions, si ennuyeuses, montraient finalement en quelques secondes toutes leurs importances. Mais qu'était il arrivé à Doumé ? S'en était-il sorti indemne ? Les ordres étaient précis, ne pas se retourner et foncer le plus rapidement possible vers le point de contact numéro un.

Il glisse de toit en toit, grimpe et saute par-dessus plusieurs murs, en s'aidant d'une échelle qu'il abandonne afin de bloquer ses poursuivants, pour enfin arriver dans une petite ruelle. Un simple coup d'œil rapide lui assure la quiétude des lieux. Une moto, garée dans un renfoncement, est attachée à un pilier à l'aide d'une énorme chaîne. Franck sort un trousseau de clés de sa poche et, continuant à suivre les instructions, décroche la chaîne et ouvre les deux coffres placés à l'arrière du véhicule. Il sort rapidement un casque intégral et une sur-combinaison de motard qu'il enfile aussitôt. Puis il enfourche le véhicule, le démarre et s'éloigne aussi vite qu'il le peut de cet endroit devenu plutôt hostile pour lui. Il savait pertinemment que, du fait de la configuration des lieux, il aurait fallu de la part de ses détracteurs une très grande quantité de personnel pour en bloquer toutes les issues.

Il doit maintenant rejoindre le point de ralliement numéro deux. Un peu stressé, il a l'impression d'être suivi ou que tout le monde le regarde. Son visage est trempé de sueur, sous son casque, peut être du fait de la chaleur mais plus vraisemblablement à cause de la peur qui l'a envahi dès les premiers instants de sa cavale.

Après quelques kilomètres de parcours, il parvient enfin au deuxième rendez-vous. Et là, bizarrement, c'est comme si on l'attendait. Une porte de garage, ouverte devant lui, attend à peine qu'il soit passé à l'intérieur pour se refermer. Il arrête le moteur de sa moto et la pose sur la béquille. Rapidement, il ôte son casque et les vêtements dans lesquels il est en train d'étouffer. Il est trempé et profite de la fraîcheur des lieux pour tenter de maîtriser son rythme cardiaque qui s'était jusque-là fort emballé. Autour de lui, rien ne semble étranger à un garage tout ce qu'il y a de plus commun. Dans le fond, un établi et quelques outils à main dénoncent un intérêt au bricolage pour le maître des lieux qui avait certainement dû négocier ce petit coin tranquille sous la condition de l'installation d'une machine à laver et d'un sèche-linge, bien rangés l'un près de l'autre. Quelques étagères supportent d'un côté des boîtes, des cartons et des conserves, certainement le fief de madame et de l'autre des babioles, des vieux bouquins, des cartons et de tout un tas de quincailleries diverses et variées qui, vu le « désordre », ne laissaient aucune ambiguïté quant à son appartenance. Tout à coup, un homme d'une cinquantaine d'années entre dans la pièce.

— Vous êtes Franck ! Nous vous attendions, venez !

Invité à entrer dans le salon, Franck s'affale dans l'énorme fauteuil qui lui tendait les bras. L'homme, assez trapu, arborant une épaisse barbe virant au gris foncé, s'approche de lui.

— Comment saviez-vous que j'allais venir ? demande Franck.

— Nous avons un code. Dans certains moments difficiles, on nous prévient que si nous ne recevons pas le bip toutes les heures, nous devons nous préparer !... et nous n'avons pas eu le bip ! Vous avez l'air d'avoir chaud ! Je vous sers quelque chose à boire ? Une bière ?

— Volontiers ! Je suis cuit !

— Maman ! Amènes-nous deux bibines s'il te plaît !

L'homme s'assoit en face de Franck et commence à le dévisager. Son pantalon un peu trop court laisse apparaître des socquettes bariolées sortant de charentaises ayant bien vécues. Autour d'eux, le salon, bien agencé, donne envie de s'y reposer. Une petite cheminée, sur laquelle sont alignés autant de bibelots que de cadres photos, agrémente un angle perdu de la pièce. En face deux fauteuils et un énorme écran de télévision occupent fièrement leurs places ne laissant aucun doute sur la grande majorité du type de soirées qui devaient se passer en ces lieux. Quelques reproductions de peintures célèbres rehaussent des murs recouverts d'une tapisserie un peu vieillotte.

Une femme entre alors dans la pièce. Elle est assez jolie et seules ses mains trahissent son âge avancé. Un léger sourire envahit son visage encadré d'une coiffure bien coordonnée et parfaitement coiffée au carré. Elle s'avance près des deux hommes et pose le plateau sur lequel sont disposés deux bouteilles de bières et deux verres.

— Avec un verre ? demande l'homme. Ho ! Veuillez m'excuser, mais nous ne nous sommes pas présentés ! Je m'appelle Robert Cansali et voici ma femme Marie, nous sommes les parents de Dominique, heu ! Doumé, si vous préférez.

Franck remercie ses hôtes de leur hospitalité avec un large sourire tout en restant très ennuyé pour leur donner des nouvelles rassurantes de leur fils.

— Avec un verre, merci. Doumé est votre fils ? Je lui dois la vie, et pas qu'une fois !

Tout en disant cela, Franck sent un gros remord lui remonter du plus profond de ses entrailles. Comment avait-il pu le laisser là-bas ? Et tous ces coups de feu ! Peut-être même avait-il été tué… à cause de lui ! Comment leur en parler ? Doit-il leur en parler ?

— Heu ! Votre fils…

— Chéri, tu ne vas pas l'embêter avec nos histoires ! Laisse-le se reposer et boire sa bière tranquille !

— Excusez-moi ! C'est vrai que vous n'êtes pas vraiment en vacances en ce moment… Mais je suis certain que tout va s'arranger… Ce soir, une voiture passera vous chercher… si vous voulez prendre une douche ou aller vous détendre un peu ! Il y a la chambre de Dominique, vous pouvez vous y allonger, ça vous fera du bien.

Franck, très gêné, essaie d'intervenir afin d'expliquer ce qu'il venait de vivre avec leur fils.

— Allez, venez avec moi, dit Marie en lui prenant la main, vous serez mieux au calme dans la chambre… Vous savez, n'en voulez pas à mon mari, il croit bien faire… et son fils, c'est sa vie.

Tous ces propos l'entraînent encore plus vers un état désespéré. Arrivé devant la porte de la chambre, Marie l'encourage à y entrer et à s'allonger sur le grand lit remplissant pratiquement la pièce. Puis, sans dire un mot, elle s'éclipse doucement en fermant la porte. Franck se retrouve tout seul assis sur le lit à contempler la décoration, un peu chargée il est vrai, du repère secret de son ami. À la vue de quelques photos sur lesquels il reconnaît Neil et

Tony, un sanglot lui sert la gorge. Il s'effondre sur le lit, la tête sur le traversin et ne peut s'empêcher de se lâcher.

— Putain ! Jamais je n'aurais dû le laisser…

3-6

Le docteur Grans avait pénétré dans le laboratoire par une porte qui communiquait directement vers le bureau. Il savait exactement où chercher et ne mit guère de temps pour se procurer l'échantillon de l'antivirus, qu'il prit la précaution d'emballer dans un petit container isotherme. Puis il repassa dans le bureau et se saisit du dossier qui l'intriguait. Quelque chose, au fond de lui, l'encourageait à en lire le contenu… Après juste quelques secondes de réflexion, certainement sur un coup de tête, il l'embarqua. Il sortit doucement dans le couloir après avoir vérifié que la voie restait bien aussi libre qu'à son arrivée, puis il se dirigea vers la salle de reprographie, située à quelques mètres de là, dans laquelle étaient regroupées deux copieurs, un fax et quelques imprimantes.

Après avoir copié l'essentiel du dossier, il le ramena dans le bureau et le posa rigoureusement à la même place où il l'avait emprunté quelques minutes auparavant. Puis il fit le chemin inverse, jusqu'à sa chambre, en essayant par tous les moyens de ne pas se faire remarquer… Le retour lui parut interminable et il se languissait d'arriver au bout de son périple, car, à chaque intersection, il risquait de tomber sur un garde…

— Hep ! vous là ! Que faites-vous si tard hors de votre chambre ?

C'était trop beau ! Un vigile, l'air extrêmement menaçant, venait à sa rencontre, un fusil-mitrailleur en bandoulière.

— Je suis le docteur Grans, et j'avais des photocopies à faire…

— Montrez-moi votre badge… et vos papiers !

Pourquoi ces hommes se sentaient-ils toujours obligés d'être aussi agressifs ? Cela cachait certainement une sorte de complexe qu'ils dissimulaient sous un simulacre d'uniforme censé les rendre supérieurs !

Le garde regarda les papiers du docteur, puis son visage, puis de nouveau les papiers, et finit par dire :

— Docteur, il est très tard pour traîner dans les couloirs, même pour faire des photocopies… je vais vous raccompagner jusqu'à votre chambre, et je vous prie d'y demeurer pour le reste de la nuit !

— Ok ! Mais je pensais que les consignes nous permettaient une certaine liberté, même pendant les nuits !

— Se balader la nuit n'est jamais très normal ! Notre rôle est bien de tout contrôler !… Je vous souhaite une bonne fin de nuit, Docteur Grans.

Le gardien ne lâcha pas la poignée de la porte jusqu'à ce que le docteur soit à l'intérieur de la pièce. Puis il resta à proximité de longues minutes, même après avoir entendu le cliquetis du verrou… Grans sentait bien sa présence au travers de la cloison.

L'oreille collée sur le mur, il l'entendit, enfin, s'éloigner. Et dans un souffle de soulagement, il s'approcha du petit bureau qui lui servait de table de travail. Il s'assit et commença à parcourir une à une toutes les photocopies. Des textes longs et compliqués, souvent même inondés de termes techniques, s'enchevêtraient comme pour dissuader le commun des mortels de pénétrer trop loin dans l'analyse du document. C'est au détour de la troisième page que le texte commença sérieusement à devenir très intéressant. Il était question d'expériences peu ordinaires et quelques photographies agrémentaient d'autant la rédaction entretenant l'envie d'aller plus loin dans cette lecture qui s'avérait de plus en plus troublante.

Au fur et à mesure qu'il avançait dans l'exploration du dossier, il n'en revenait pas de ce qu'il découvrait, page après page. Il ne pouvait s'empêcher de répéter sans cesse « c'est pas possible ! C'est pas croyable ! ».

Il se resservit à plusieurs reprises de ce café qu'il avait dégoté juste avant d'arriver dans la clinique et mit le reste de la nuit pour comprendre phrase après phrase, mots après mot, la totalité des données qui émergeaient de toutes les feuilles qu'il parcourait complètement médusé. Tout n'apparaissait pas parfaitement clair, mais certains faits particuliers s'étant passés récemment s'expliquaient maintenant.

Le petit jour amena ses premiers rayons de soleil rappelant au docteur la dure réalité du moment présent. La cafetière était bien vide comme le regard de Grans, perdu dans un cauchemar envahissant petit à petit son esprit…

Il resta là, avachi sur son siège, pendant un long moment, peut être même plusieurs heures… jusqu'à ce que, tout à coup, retentissent violemment plusieurs coups sur sa porte d'entrée.

— Docteur Grans, ouvrez immédiatement cette porte !

Il lui fallut quelques secondes au moins pour commencer à réagir. Et ce n'est qu'au deuxième appel qu'il reprit conscience.

— Bon sang ! Nous savons que vous êtes là ! Si vous n'ouvrez pas, nous entrerons par la force… Ne nous obligez pas…

Pris de panique soudaine, il attrapa tous les feuillets, les rassembla et les glissa sous son matelas. Puis, il fonça vers son réfrigérateur et en sortit le petit container qu'il glissa dans sa poche. À peine avait-il fini son geste que la porte s'ouvra brutalement et le garde pénétra dans la pièce immédiatement suivi par le docteur Jacques.

— Fouillez cette chambre ! dit-il fort en colère. Docteur Grans, nous vous faisions confiance et nous avions tort ! Vous ne faites désormais plus partie de l'équipe… vous allez suivre ces gardes !

— Mais… je ne comprends pas !

— Suffit ! Ne faites pas l'innocent ! Vous avez été filmé cette nuit !

Grans resta sans voix. Il se sentit pris au piège. Comment avait-il pu oublier les caméras ? Il s'en voulait d'avoir été aussi stupide et, résigné, il s'apprêtait à suivre le garde quand le docteur Jacques lui brandit devant son visage, triomphant, les photocopies qu'il venait de découvrir sous son lit.

— Vous êtes mal, Grans !… Allez, emmenez-le ! Je veux que cette chambre soit fouillée de fond en comble ! Cet homme est un terroriste et Dieu seul sait ce qu'il préparait !

C'était le monde à l'envers ! Mais que pouvait-il répondre à cela devant des militaires qui, de toutes les façons, devaient exécuter leurs ordres sans réfléchir. Il préféra se taire et se laisser embarquer.

Il fut conduit sous bonne escorte jusqu'à une salle d'isolement dépourvue de fenêtre dans laquelle seul un lit aménageait les lieux. La porte claqua derrière lui et il dut se faire à l'évidence, il venait d'être incarcéré. Il se dirigea vers le lit et s'assit en se prenant la tête dans les mains, comme pour essayer de rassembler autant d'idées qui se battaient sous son crâne au rythme de ses pulsations cardiaques. Mais la fatigue, bloquant toute lucidité, ne lui facilitait en aucune façon ses efforts de concentration. Autour de lui, tout était blanc, le lit, les murs, le plafond, la porte… Une caméra trônait juste au-dessus de l'entrée, braquée inexorablement sur lui comme l'œil de Caïn dans sa tombe. Ce qui lui faisait le plus de mal n'était pas de se retrouver enfermé comme un dangereux malfaiteur, mais c'était plutôt toutes ces images et toutes ces informations qui trituraient sans cesse son esprit depuis la lecture de ce terrible dossier. Des questions revenaient sans cesse : « Comment en était-on arrivé là ? Le monde était-il devenu fou ? L'humanité méritait-elle d'être sauvée ? ».

C'est à ce moment précis qu'il pensa à l'antivirus. Apparemment, ses détracteurs n'étaient pas au courant qu'il pouvait être en sa possession. Se doutaient-ils même qu'il l'avait dérobé ? Peut-être n'y avait-il pas de caméra dans le laboratoire, ou peut-être était il passé au travers d'une surveillance au moment même où il avait pénétré dans la pièce ! Il se retourna face au mur et sortit la fiole de sa poche. La meilleure solution serait de s'injecter le sérum et de jeter le container. Jamais ils ne se douteraient de quoi que ce soit et leurs travaux seraient réduits à zéro.

— S'il vous plaît ? Je souhaiterais aller aux toilettes !

Au bout de quelques secondes, la porte s'ouvrit et un garde l'invita à le suivre jusqu'aux WC les plus proches.

— N'espérez pas vous enfuir ! Il n'y a aucune issue, ni fenêtre, lui dit méchamment le militaire avant de lui ouvrir la porte. Ne traînez pas !

Grans entra dans l'endroit exigu, enclencha le verrou et s'assit sur la lunette en se saisissant du petit container. Il en sortit rapidement une petite seringue, en fit le vide et s'injecta le liquide, puis jeta le tout dans la cuvette en tirant la chasse d'eau et en s'assurant de la disparition de l'ensemble. Enfin il se leva, ouvrit la porte et se fit raccompagner dans sa cellule. Il s'allongea alors sur le lit et, le regard fixé sur le plafond, laissa l'antivirus envahir tout son corps. Très rapidement il s'endormit.

3-7

L'ambiance déjà très tendue à l'intérieur du laboratoire n'aspirait pas vraiment à faciliter un quelconque apaisement. Bien au contraire, le fougueux caractère de Flo provoquait une surexcitation bien visible sur les visages crispés de chacun. Phil essaya de la calmer à nouveau mais, par dépit, il semblait maintenant renoncer devant cette inflexibilité inébranlable que la jeune femme conservait.

Elle prit le téléphone, appela Randock et, avec le regard pointu du vainqueur dominateur, elle nargua méchamment les trois autres.

— Mais, décidément vous êtes complètement folle ! s'empressa de lui dire Alice en lui faisant face.

Le ton monta entre les deux femmes, jusqu'à ce qu'elles se retrouvent seins contre seins, toutes griffes dehors, prêtes à bondir l'une sur l'autre. Au moment précis où la main droite de Flo s'envola en direction de la figure de son adversaire, Phil, qui surveillait discrètement la scène en redoutant une explosion soudaine, se jeta aussitôt dans la mêlée pour bloquer le bras de sa collègue. Pressentant l'agression, Alice avait armé une parade afin d'éviter de recevoir un coup. Elle recula instantanément et alla s'affaler lourdement derrière le bureau de Francis qui se mit aussitôt à crier.

— Mais, ARRÊTEZ-VOUS !

Il se précipita vers son amie pour se rendre compte de la gravité de son cas, pensant vraiment qu'elle venait d'être durement frappée.

— Tout va bien ! dit-elle un peu groggy, « Elle ne m'a pas touché ! Il faut vite la calmer. »

À l'autre bout de la pièce, les deux autres se battaient comme des chiffonniers. Les coups pleuvaient autant de la part de l'un que de l'autre. Phil, énervé par cette attitude excessive, ne retenait plus ses gestes, il était devenu comme fou sans se rendre compte de la violence de chaque impact. Flo essaya de faire valoir toutes ses techniques de percussions en utilisant l'ensemble des armes naturelles de son corps, tout comme elle l'avait appris lors des cours d'arts martiaux qu'elle avait suivis très assidûment. Mais elle se retrouvait en face d'un homme véritablement en colère qui décuplait ses forces dans un état second. Il ne voyait plus une jeune femme en face de lui, mais bien un ennemi qu'il fallait à tout prix réduire à l'incapacité de continuer à nuire au groupe. Le dernier coup fut d'une grande force, si prompt qu'elle n'eut pas le temps de l'esquiver. Sa tête partit en arrière et, d'un bon, elle s'écrasa littéralement au sol, contre la cloison du fond du laboratoire.

Étalée, sur le dos, les bras étendus de part et d'autre de son corps, elle ne bougeait plus. Phil était en transe, trempé de sueur du fait de l'excitation maximale qu'il venait de subir. Il reprit tout doucement le contrôle de lui-même et, les yeux braqués sur le corps allongé, il recommença à entendre normalement Francis qui criait.

— STOP ! VOUS ALLEZ LA TUER !

D'abord un petit filet rouge apparut, puis une tâche de plus en plus importante sortit de l'arrière de la tête de Flo. Comme pétrifié, incapable de bouger, Phil fixait sans un mot la jeune femme sans vie. Francis se précipita vers elle et lui rechercha instantanément son pouls… Pas un mouvement, pas un souffle, le choc fut si violent que sa tête avait littéralement éclaté en ne lui laissant apparemment aucune chance. Il se retourna vers Phil puis vers Alice et, malgré sa gorge nouée, quelques mots se firent entendre :

— Il n'y a plus rien à faire !… C'est fini !

— Qu'est-ce qui est fini ?

Randock qui venait de faire irruption dans le laboratoire, immédiatement se dirigea vers le corps inerte de Flo.

« Qu'avez-vous fait ?… Vous allez me le payer… Et très cher ! »

Aussitôt, Randock se retourna vers Francis. La colère l'envahissait petit à petit, gonflant progressivement toutes les veines de son cou en modifiant d'une manière particulièrement inquiétante la couleur de son visage. Les deux poings serrés, il se redressa et d'un bon se jeta sur son opposant. Interpellée par cette menace subite, Alice qui reprenait tout doucement ses esprits, retrouva instantanément toutes ses forces pour se mettre en opposition au milieu de la mêlée.

Phil restait seul, planté là, sans un geste, devant Flo, le regard dans le vide. En l'observant de plus près, en y portant un peu plus l'attention, on pouvait deviner une sorte de petite étincelle au fond de ses yeux trahissant un fort bouillonnement interne de ses pensées qui l'assaillaient depuis quelques minutes maintenant. Le vacarme de l'altercation qui venait de débuter auprès de lui fut certainement un fait déclencheur. Il se ressaisit d'un seul coup, s'approcha du siège, s'y installa et profita des cris des trois autres pour lancer les opérations de transfert. Alice et Francis étaient malheureusement bien trop occupés à tenter de maîtriser Randock complètement hors de lui.

— Phil ! NON ! cria tout à coup Alice détournée par les vibrations des générateurs prenant leur régime nominal. Les réglages… je n'ai pas terminé les réglages !… Francis ! Il faut l'arrêter !

L'événement avait eu l'effet d'une douche glacée sur les deux hommes qui s'étaient aussitôt séparés. Francis se rapprocha de l'ordinateur central et essaya d'intervenir. Au bout de quelques secondes, il dut se résigner à son incapacité d'inverser le processus.

— Impossible ! Il est trop avancé dans les phases du transfert.

— Mais ! Il faut faire quelque chose, sinon il va griller…

Randock ne savait plus quelle attitude avoir devant ce qui se passait. Pourtant si éloquent à son habitude et surtout difficile à perturber, il resta bouche bée, impossible de sortir le moindre mot… Soudain, un éclair bleuâtre les fit tous reculer. Le corps de Phil disparut en deux secondes laissant sans voix Randock et Francis. Seule Alice semblait comprendre le phénomène.

— Son corps vient d'être projeté dans le passé… il a programmé la date du rendez-vous avec le docteur Grans !

— Expliquez-vous, nom de Dieu ! intervint Randock, que se passe-t-il ici ? Que lui est-il arrivé ?

— Il faut le faire revenir, nous vous expliquerons ensuite ! Mais, laissez-nous travailler s'il vous plaît !

Alice savait que le problème d'échauffement était loin d'être réglé et tout lui rappelait qu'elle n'en maîtrisait absolument pas l'impact. Malgré tout, apparemment, le départ ne s'était pas trop mal passé, sans trop de casse, ce qui apparaissait plutôt encourageant, bien que la pierre philosophale n'était pas totalement identique en masse au corps de Phil, alors que c'était au démarrage un des postulats de base de la transmutation. Francis se mit tout à coup à crier.

— Regardez ! La pierre… elle devient noire !

— C'est normal ! C'est la première phase de la transmutation, répondit Alice.

Les yeux de chacun restèrent braqués sur cette forme bizarre devenue noire comme l'ébène. Progressivement, la pierre devint de plus en plus brillante, puis plutôt anthracite en s'éclaircissant petit à petit.

— Tout ce passe parfaitement bien jusque-là, rassura Alice.

Une minute à peine plus tard, la pierre était pratiquement toute blanche.

— Nous avons atteint la deuxième phase !

Impossible de quitter la pierre des yeux. Chacun se doutait que tout dépendait de cette dernière : la vie de Phil, la réussite de la mission, la survie de l'humanité… Au bout de plusieurs minutes, immobiles et continuant à fixer l'objet extraordinaire, comme attendant les réponses à des questions jamais posées, Francis et Randock s'assirent l'un à côté de l'autre, oubliant à ce moment là leurs différents. Alice en profita pour expliquer :

— Vous voyez ! Phil, se sentant tellement coupable de ce qu'il a fait à Flo, vient de se jeter sans réfléchir dans la fosse aux lions.

Même s'il ne comprenait pas tout, Randock savait qu'il assistait à un événement extraordinaire. Quelle attitude devait-il avoir devant cela ? Il fallait qu'il se ressaisisse ! Il ne devait en aucun prix s'éloigner de sa mission…

— Alice ! Maintenant, vous allez m'expliquer ! Je veux tout connaître de vos expériences ! Sinon, je débranche le tout et fais mettre les scellées sur la porte du laboratoire !

— Mais, vous ne pouvez pas faire cela !… sans risquer de tuer votre ami !

— D'abord ce n'est pas mon ami ! Et puis, c'est lui qui a choisi de faire cette folie ! Il n'avait aucun droit de décider quoi que ce soit sans m'en parler avant !

Un peu décontenancée, mais persuadée qu'il ne plaisantait absolument pas, Alice commença à expliquer leurs démarches, leurs expériences, leurs voyages et leurs découvertes. Au fur et à mesure de l'avancement du récit, le regard de Randock devint de plus en plus noir. Un petit sourire en coin trahissait néanmoins une sorte de victoire interne, celle, enfin, d'avoir la preuve de ce qu'il avait découvert depuis si longtemps. Il jubilait.

— J'attendais ce moment depuis des mois ! Vous allez tout stopper ! Pour vous c'est terminé !

— Jamais de la vie !

Le professeur Grandt était entré, sans un bruit, depuis plusieurs minutes déjà, dans le fond du laboratoire. Il observait Randock dans son attitude méprisable de conquérant sans cœur, puis Alice et Francis qui se donnaient sans compter depuis le début de leurs travaux. Péniblement, de grosses gouttes perlant sur son front, il avança vers l'homme en noir.

— Mais Directeur ! Que faites-vous ?

— Vous allez me suivre et les laisser travailler !

— Il n'en est pas question ! Et ce n'est certainement pas un vieil homme malade qui va me faire changer d'avis !

Randock s'avança vers le Directeur. En lui faisant face, il sortit un revolver de sa poche et… un coup de feu retentit…

— PROFESSEUR ! cria Francis qui courut aussitôt vers les deux hommes.

Randock et Grandt restaient immobiles, l'un en face de l'autre, chacun une arme à la main. Qui avait été touché par le seul coup de feu tiré ?… Les deux hommes s'effondrèrent en même temps au même moment. Alice retint Francis qui se précipitait vers le professeur.

— Attention ! Il doit être excessivement contagieux ! On ne peut pas le toucher sans précaution !

Une flaque de sang commençait à perler sous Randock donnant, sans équivoque, la réponse à la question que les deux autres se posaient. Mais l'état de Grandt ne semblait pas plus rassurant pour cela. Alice décrocha son téléphone et appela les secours :

— Vite ! Venez en tenue protégée, le Directeur est au plus mal !

— Regarde, Alice ! La pierre est devenue rouge !…

3-8

— Franck ! Réveille-toi !… Franck !

Franck tente une première fois l'ouverture de ses si lourdes paupières. Il s'était assoupi pour sombrer totalement dans un sommeil profond, bien au calme dans une tranquillité particulièrement favorable au relâchement. Difficile de quitter ses rêves où se sont régénérées toutes les dernières images de sa vie devenue si trépidante. Le visage de Doumé le hante toujours. Il le voit s'approchant de lui comme pour lui reprocher de l'avoir abandonné…

— Doumé ?… Mais… c'est toi ?

Franck se redresse d'un bond sur le bord du lit. Comme pour accélérer son réveil, il se frotte plusieurs fois les yeux, puis se frappe le visage. Devant lui, la silhouette de son ami sort tout doucement des limbes de son rêve pour devenir complètement réel.

— Je…

— Calme, pitchoun ! C'est bien moi ! Tu sais, dans le sud, on reste un peu comédien. Et ce ne sont pas ces fadats qui pourront me bananer !

— Mais… tu es blessé !

— Ho ! Rien, juste une éraflure. J'en ai profité pour en ajouter un peu avec une petite poche d'hémoglobine que je trimbale toujours sur moi, pour la circonstance !... Ils m'ont vu à terre, couvert de sang et m'ont laissé là car je n'étais pas leur priorité.

— Putain ! Comme je suis soulagé.

Franck, le regard un peu humide, s'était jeté dans les bras de Dominique.

— Ho ! Gary ! On se calme... Il faut que tu saches, je ne crois pas que c'était des poulagas...

— Des « poulagas » ?

— Ouais, des flics quoi ! La police ne m'aurait jamais laissé seul sur place !... Franchement, je ne sais pas ce qui se trame, mais tu sembles devenu quelqu'un de très important !

Qu'est-ce que tout cela voulait dire ? Il est vrai que Franck possédait un pouvoir hors du commun, mais comment ceci pouvait-il justifier une telle dépense de moyens et d'énergie ? Il y avait certainement autre chose derrière tout cela, peut être même que la solution était quelque part dans le dossier que Neil lui avait remis avant de mourir ! Il était temps de la découvrir au plus tôt, parmi ce long manuscrit qu'il lisait et relisait depuis qu'il était en sa possession.

— Quelles que soient les planques choisies, ils nous retrouvent chaque fois. J'ai pensé à une autre solution : la meilleure façon de passer inaperçu, c'est peut-être de se noyer dans la foule ! Et où peut-on trouver une grande concentration de monde à cette époque ?... Hum ?... dans un camping, bien sûr !

— Et en plus ça me fera des vacances ! rétorque Franck avec le peu d'humour qui lui restait en pareille circonstance...

Quelques heures plus tard, les voilà s'installant dans le petit bungalow des parents de Doumé situé dans un grand camping bondé de monde en plein cœur de la Camargue. Une plage à portée de pieds, une grande piscine meublée de toboggans enchevêtrés les uns dans les autres, et beaucoup de vies dans les allées, dans les caravanes, les autres bungalows, les camping-cars et les tentes disséminés dans tous les recoins du terrain spécialement aménagé. Là, parfaitement organisé et ordonné, et ici, plutôt éparpillé à la farniente, chacun y trouve son compte et profite pleinement des plaisirs les plus simples de la relâche. Franck reconnu immédiatement le fauteuil qui allait lui tendre ses bras moelleux pendant tout son séjour.

— Moi j'ai trouvé ma place et je n'en bouge plus, même sous la contrainte ! dit-il.

— Je vais faire le plein du frigo et tu seras ici comme un coq en pâte ! Je connais tout le monde dans le camping, et tu ne pourras jamais être plus tranquille !

Les lunettes de soleil sur le bout du nez, Franck, confortablement enfoncé dans son assise, se saisit de son dossier pour en reprendre l'analyse. Certaines parties étaient devenues suffisamment claires pour lui, malgré des explications et développements particulièrement techniques et fouillis. Nombre d'informations et documents compilés relataient non seulement l'apparition du virus H5N1, mais évaluaient également certaines menaces liées au risque de pandémie qui pouvait en découler. Dans une deuxième partie du dossier, étaient assemblées des notes plus ou moins complètes sur quelques expériences réalisées dans des circonstances parfois troublantes, ainsi qu'un grand nombre de commentaires réalisés par des personnages tous aussi bizarres les uns que les autres. Y étaient évoqués, en autre, les projets Philadelphie, Montauk et Phoenix. La troisième et dernière partie du dossier rassemblait toutes les notes personnelles de Neil, essentiellement des commentaires sur les deux sections précédentes. Mais, même après plusieurs relectures, il continuait à butter sur certains passages qu'il n'arrivait pas à transposer dans le contexte.

— Bonjour ! Je m'appelle Mireille, je suis une amie de la sœur de Tony.

Une grande jeune fille apparaît sur la terrasse du bungalow juste devant Franck. Pris de court, il se lève d'un bon en faisant brutalement valser la tablette sur laquelle il venait d'étaler les quelques feuillets qu'il étudiait. À cause du mouvement brusque, ses lunettes valsent devant lui et ne pendent plus miraculeusement que par une de ses branches à son oreille droite. Maladroitement, il les rattrape tant bien que mal.

— Heu ! Bonjour !… Je ne savais pas que Tony avait une sœur !

Un petit sourire moqueur apparaît rapidement sur le visage de la jeune femme ne laissant aucune ambiguïté quant à sa réaction devant la maladresse de Franck. Comprenant cela, en essayant de se rattraper, il précipite plus sa balourdise vers le point de non-retour. Et c'est grâce à la réapparition de Doumé qu'il peut éviter un irrémédiable naufrage.

— Hé, bien ! Je vois que vous avez fait connaissance !

— Franck ! Vous devriez rester un peu plus méfiant !… vous ne devez pas vous laisser aussi facilement influencer quand vous ne savez pas à qui vous avez à faire ! lui dit-elle.

Se sentant vraiment stupide, il reste muet. Bon sang, comment avait-il pu se laisser avoir aussi aisément avec ce qu'il venait de vivre ! Il savait que sa liberté ne tenait qu'à sa vigilance, mais il venait, pourtant et simplement, d'être déstabilisé par la première venue. Il est vrai qu'elle avait quelque chose dans le regard… Ses yeux bleus, si profonds, le fixait avec une tendresse qui ne pouvait laisser personne insensible à un charme qui pénétrait instantanément au fond de l'âme de celui qui croisait ses merveilleux iris. Et, dès lors qu'on arrivait à s'échapper de son regard, on découvrait une beauté naturelle ce qui ajoutait un plus à toute la séduction qu'elle dégageait.

— Heu ! Ok, mais je…

— Ho ho ! On se calme ! Je ne suis pas venue pour vous embarrasser mais pour vous aider ! s'empresse-t-elle de lui confier, en arborant de nouveau un petit sourire taquin et en esquissant un pas en arrière comme pour s'extraire de l'embarras qu'elle venait de causer sans le vouloir.

— Je confirme, s'empresse d'ajouter Doumé, Mireille a des informations à te communiquer…

— Des informations ? Quels genres d'informations ?

— Neil passait du temps avec chacun d'entre nous pour nous parler de certaines choses que nous devions soit faire, soit retenir, soit cacher quelque part. En fait, je pense qu'il nous a fait participer à la mise en place d'une sorte de maxi-jeu de piste autour d'une énigme qui nous dépassait tous.

— Mais pourquoi ?

— Je crois que c'était juste pour nous protéger, afin qu'aucun d'entre nous ne puisse être inquiété puisqu'on ne connaissait qu'une partie de l'énigme qui, sorti de son contexte, ne signifie absolument rien, ni pour nous, ni pour des éventuels détracteurs qui auraient pu avoir la mauvaise intention de nous faire parler.

— Maintenant, je commence à comprendre pourquoi la dernière partie de son dossier est si incompréhensible !… Ce sont les informations que vous allez me donner qui doivent compléter ses notes !

Franck invite alors Mireille à entrer dans le bungalow. Elle était assez grande et ses cheveux noirs détachés tombaient le long de ses épaules pratiquement jusqu'au milieu de ses reins. Elle portait un petit débardeur qui laissait apparaître une partie du bronzage mat de son dos, un short bien ajusté sur un fessier et une paire de jambes parfaitement musclés.

— Alors, vous venez ? dit-elle en se retournant.

Sans se faire prier longtemps, Franck lui emboîte le pas.

— J'ai en ma possession un objet que Neil m'a confiée. Au début, je n'ai pas bien compris pourquoi il tenait à me remettre cette… chose… mais je pense que vous comprendrez…

— Et c'est quoi cette… chose ?

— Bien, je l'ai emportée avec moi… c'est cette boîte !

Mireille tend alors à Franck une simple boîte à chaussures tout à fait classique réalisée dans un carton un peu épais de couleur brun foncé. Il reste tout d'abord surpris de la légèreté de l'ensemble qu'il s'empresse d'ouvrir.

— Mais !… elle est vide !

— Oui ! En fait, Neil m'a autorisée à utiliser les chaussures qu'elle contenait en répétant à plusieurs reprises toute l'importance de conserver l'emballage ainsi que les papiers constituant le bourrage.

Franck la regarde un moment tout en réfléchissant profondément aux raisons qui avaient pu motiver Neil à opérer de la sorte.

— Il m'avait précisée que le moment venu, je saurai comment et à qui remettre cette boîte… et ce matin, j'ai su qu'il était temps de me rapprocher de vous, dès aujourd'hui, dans ce camping, afin de vous remettre cet objet… Je n'ai, malheureusement, aucune autre information !

Franck demeurait perplexe. Son regard passait de la jeune femme à la boîte cherchant désespérément une réponse ou au moins un indice pour l'aider à comprendre.

— Vous êtes certaine qu'il ne vous rien mentionné d'autre ?… Que la boîte ne contenait que des chaussures ?… aucun mot ou indication particulière ?… Et ces fameuses chaussures !… elles étaient…

— Je vous garantis que les chaussures étaient des plus classiques et rien de plus n'a été extrait de ce que vous avez entre les mains.

Comment Neil, si vraisemblablement c'était lui qui avait organisé cette rencontre, avait-il pu savoir qu'il se retrouverait à ce moment et à cet endroit précis ?... Avait-il réussi à maîtriser les voyages dans le futur ?

3-9

Phil avança seul dans ce long couloir sombre. Il avait chaud, très chaud. Que s'était-il vraiment passé ? Il n'en avait pas la totale maîtrise. Tout ce qu'il se rappelait était ce long moment agité comme dans de terribles remous… puis un calme presque irréel, rompu d'un seul coup par le retour violent de tous les bruits de la vraie vie. Autour de lui, le laboratoire ainsi que tous ces occupants avaient laissé leurs places à une sorte de studio contenant un grand lit dans un coin et une petite kitchenette près de la porte d'entrée. Une photo sur le comptoir représentait le docteur et sa famille.

— On a réussi ! ne cessait-il de répéter. Il faut que je retrouve ce docteur Grans !

Indépendamment de sa volonté, une grande force intérieure le poussait vers un endroit précis de l'immeuble dans lequel il venait d'apparaître. Au détour d'une intersection de trois corridors, prudemment, il s'approcha d'une pièce puissamment éclairée. Des voix s'en échappaient ne laissant aucun doute sur un danger imminent. Il fallait retrouver le docteur sans se faire remarquer pour ne pas risquer d'influencer le cours du temps.

Longeant doucement les murs jusqu'à la porte à demi ouverte, Phil suait à grosses gouttes.

— Bon sang ! Qu'est-ce qu'il fait chaud ici ! pensa-t-il en s'essuyant le front d'un revers de la main droite.

Deux gardes assis devant une petite télévision regardaient un film plutôt violent en le ponctuant régulièrement de propos plus vulgaires que drôles.

— Regarde cette connasse !… elle va lui mettre dans l'os !

— Il aime ça en plus ce porc !…

Ils semblaient tellement absorbés par ce navet, comme s'ils y participaient en direct, qu'ils n'avaient pas vu l'intrus se pointer derrière eux. Et, pour Phil, ce fut un jeu d'enfant de les assommer sans qu'aucun d'entre eux ne pût même réagir à ce qui leur arrivait tout à coup.

Phil chercha un indice pour apprendre où pouvait se retrouver le Grans. Il ouvra tous les tiroirs des deux bureaux disposés devant lui. Puis il fouilla dans ceux des classeurs alignés le long du mur au fond de la pièce. Rien ! Phil sentit sa motivation s'échapper petit à petit, alors que l'excitation montait en lui en même temps que toute la température de son corps.

— C'est pas possible ! cria-t-il tout à coup. Mais où peut-il bien être ?

Alors, quelque chose attira son regard en direction de la porte d'entrée. Sur un tableau de liège était placardé un grand nombre de notes diverses. Mais l'une d'entre elles venait soudain de capter son attention. Il s'approcha…

Une des feuilles affichées rassemblait de nombreuses informations autour d'une photo d'un homme loin d'être inconnu de Phil. Il s'en approcha encore beaucoup plus près…

— Enfin !… j'ai trouvé !… blabla… blabla… « *Dr Grans… reconnu traître vis-à-vis de son pays… vol de documents ultra-secrets… rébellion…* », c'est pas croyable !

Au fur et à mesure qu'il avançait dans sa lecture, Phil n'en revenait pas de ce qu'il lisait au sujet de cet homme pourtant si sympathique et totalement inoffensif. Un déballage d'ignominies, de fadaises et de mensonges détruisait complètement ce pauvre bougre qui avait mis sa vie au service des autres.

— Il a dû trouver quelque chose de terriblement préjudiciable pour être ainsi dénigré ! pensa Phil. Il doit être enfermé quelque part !

Il continua à lire le contenu de la note à la recherche d'une éventuelle information pouvant le conduire à sa prison.

— Oui !… je l'ai enfin !… il est enfermé salle 206… « *Deux cents* » c'est certainement au deuxième étage, et « six » une des premières salles… Je suis au deuxième ! Il ne doit pas être loin ! Il faut que je trouve la clé !

Phil jeta un coup d'œil rapide autour de lui pour trouver un support, un tableau ou tout autre équipement pouvant rassembler des clés numérotées. Rien de ce style n'était en évidence dans cette pièce. Sauf… sur le bureau un trousseau était étalé de toute son envergure. Phil se précipita pour s'en saisir et, une à une, il examina toutes les clés.

— La loi de Murphy ! Tu vas voir que ça va être la dernière de la bande !

Effectivement, la dernière était marquée « 206 ». Sans attendre, Phil prit le trousseau tout entier et déboula à grande vitesse dans le couloir. Sur la pancarte de la première pièce qu'il rencontra à sa gauche était noté « 203 ». Puis, une deuxième porte à sa droite arborait le numéro « 204 ».

— Je suis dans le bon sens !… mais qu'est-ce que j'ai chaud !

En effet, il transpirait de plus en plus. La température interne de son corps avait dû dépasser les trente-neuf degrés. L'excitation de se retrouver si près du but devait expliquer ce phénomène qui, maintenant, voilait très régulièrement sa vision malgré les nombreux passages de son avant-bras sur son front détrempé.

— Salle « 206 » ! J'y suis enfin !

Sans attendre, il introduisit la clé dans la serrure et provoqua l'ouverture d'une grande porte blindée qui le séparait encore de celui qu'il cherchait. Dans le fond de la pièce plongée dans une pénombre atténuant un blanc omniprésent, un homme était allongé recroquevillé sur une sorte de lit aussi simple que tout le décor.

— Docteur Grans ! DOCTEUR… appela Phil, le docteur restant désespérément immobile comme s'il était…

— Qui êtes-vous ? dit Grans en se redressant péniblement. Que me voulez-vous encore ? Je n'en sais pas plus que tout ce que je vous ai déjà avoué…

— Non ! Je ne suis pas là pour vous interroger… En fait, j'ai, ou plutôt, nous avons besoin de vous !

— Je ne comprends pas ! Qui êtes-vous ?

— Je me prénomme Philippe et je n'ai guère de temps pour tout vous raconter. Par contre, le fait de vous trouver dans cette situation confirme que vous avez dû découvrir certaines informations difficiles à accepter ! Est-ce que je me trompe ?

— Heu ! Non pas vraiment !… Mais… travaillez-vous pour ces… imbéciles. Je retiens ma haine ! Vous ne pouvez pas comprendre… ce que j'ai lu !…

— Je crois que si ! La Terre, l'humanité tout entière est en péril et dans quelques années il ne restera plus beaucoup de monde vivant encore sur notre si merveilleuse planète.

— Comment pouvez-vous savoir une telle chose…

— Laissez-moi parler, s'il vous plaît ! Je vous demande de me croire sur parole, nous n'avons pas beaucoup de temps ! Ne me demandez pas comment je tiens certaines informations, mais je vous prie de croire qu'elles sont exactes ! Même si vous ne le savez pas encore, l'avenir de tous les hommes, de toutes les femmes et de tous les enfants qui peuplent tous les pays du monde est entre vos mains…

Phil exposa pendant plusieurs minutes tout ce qu'il savait : le virus, les attentas, les milliers de mort, la stupidité de certains et le courage des autres, la joie de se retrouver non atteint laissant tellement vite la place à la tristesse de perdre un à un les siens, et l'inexorable montée en puissance du virus qui détruit tout sur son passage sans se préoccuper ni du bon, ni du mauvais, impitoyable même avec ceux qui ont tout déclenché.

— Il ne restera bientôt plus que quelques petits groupes de survivants de-ci de-là qui tenteront tout pour enrayer cette vague terrible de morts et de destructions non seulement des êtres humains, mais aussi des animaux. Seuls les insectes sont insensibles à tout cela, et je vous laisse penser à la prolifération de ces petits bestiaux…

— Tout cela à cause d'irresponsables qui pensaient pouvoir utiliser… une arme… pour nettoyer la planète !… Mais… quel est mon rôle dans tout ça ? Je suis bloqué ici…

— Vous avez l'antivirus !

— Je ne l'ai plus !

— Si ! Je sais qu'il est en vous puisque vous vous l'êtes injecté afin que personne d'autre ne puisse en disposer sur ce site !… intervint Phil dont la température du corps venait de passer un seuil très critique.

— Que vous arrive-t-il ? Mais… vous êtes bouillant ! Mais, RÉPONDEZ-MOI !…

Phil tomba en arrière pris par des spasmes violents. Grans eut d'abord un recul devant l'homme qui était de plus en plus rouge et dégageait une chaleur intense de tous les points de son corps. Puis, sa vraie personnalité reprit le dessus. N'avait-il pas choisi sa profession pour sauver le maximum de gens ? Il sentait bien que quelque chose de pas ordinaire était en train de se passer là devant ses yeux. Il s'approcha de Phil et voulu le redresser…

— Mon Dieux ! Il est brûlant ! AU SECOURS !

La porte d'entrée s'ouvra violemment et deux gardes entrèrent en courant. Ils restèrent pétrifiés devant ce qu'ils purent observer : là juste devant le docteur Grans, un homme était en train de se consumer. Une odeur nauséabonde commença à remplir la pièce, obligeant les nouveaux venus à poser leurs mouchoirs sur le nez. Le docteur Grans ne pouvait rien faire devant cette manifestation extraordinaire. Phil, étendu sur le lit, n'avait plus de jambes et ses bras disparurent petit à petit comme de vulgaires morceaux de bois, d'abord rouge vif, pour devenir rapidement noirs et disparaître en une poussière grise se répandant sur le matelas et sur le sol. Puis son tronc tout entier fut atteint par cet étrange phénomène. Enfin son visage disparut et il ne resta bientôt plus qu'une fine trace de son passage.

— Que s'est-il donc passé ? Qui était cet homme ? cria le docteur Jacques qui venait d'arriver.

Les questions fusèrent de la part des trois hommes à la fois sans distinction. C'étaient la première fois qu'ils voyaient une telle chose se produire devant eux. Ils en étaient tout retournés.

— J'avais lu des articles sur les combustions spontanées mais jusqu'à aujourd'hui, j'ai toujours pensé qu'il s'agissait de science-fiction et non de faits pouvant être réels, dit-il aux deux vigiles qui restaient devant lui sans voix.

— Qui était-ce ? Pourquoi était-il ici ? Docteur Grans ! RÉPONDEZ ! Bon sang !

— Je ne sais pas ! Je ne comprends pas !...

— Et vous deux, qu'avez-vous à dire de cela ? Un homme entre ici comme dans un moulin, et disparaît en fumée ! C'est extraordinaire...

Le docteur Jacques, dépité par ce qu'il venait de voir et restant sans aucune explication cohérente, poussa un profond soupir et lança un regard courroucé vers les deux gardiens qu'il fit sortir de la pièce en maronnant après avoir pris soin de ramasser le trousseau de clé abandonné sur le sol près de la porte.

— Nous en reparlerons demain matin !

Grans, très choqué, resta prostré dans un coin de la pièce. Il n'avait pas parlé des derniers mots que Phil lui avait murmuré avant de disparaître :

— *Vous avez en vous ce qui sauvera l'humanité… quelqu'un d'autre que moi viendra vous prélever un peu de votre sang pour que le futur ne soit pas la fin du monde… je vous en prie… attendez-le…*

3-10

— Il est de retour !… Mais vu la couleur de la pierre… j'ai la plus grande crainte !

— Elle est noire depuis combien de temps ?

— Près de dix minutes maintenant !

Phil resta avachi sur la chaise sans bouger le moindre membre. Il était livide, la bouche grande ouverte comme s'il recherchait une quantité d'air suffisante pour rafraîchir intérieurement son corps en surchauffe. Ses deux bras et ses deux jambes étaient disjointes, les paumes de ses mains ouvertes vers le haut. Il écarta soudain les yeux et reprit conscience en avalant une énorme bouffée d'air. Francis et Alice se précipitèrent autour de lui en essayant de lui donner tous les soins nécessaires à son état. C'est alors qu'il murmura d'une voix presque inaudible :

— Je… l'ai… vu…

— Mais, QUI ?

— … le doc… teur… nous avons… réussi…

Alice se retourna vers Francis… puis, pratiquement d'une seule voix, ils crièrent en direction du Directeur qui restait allongé entouré maintenant de trois personnages entièrement camouflés derrière des combinaisons bleues de protection.

— DIRECTEUR ! IL A RÉUSSI !

Le Professeur était dans un tel état que, même s'il l'avait voulu, il n'aurait pas pu sauter de joie en apprenant cette formidable nouvelle. Son regard était perdu dans un océan de fièvre et il avait de plus en plus de mal à faire le point sur les ombres qu'il devinait seulement. De grosses gouttes ruisselaient de son front au sol se mêlant à la tâche de sang provoquée par la blessure mortelle infligée à Randock. Quelques soubresauts ne laissaient rien présager de bon dans l'avenir de cet homme qui aura tellement donné tout au long de sa vie pour combattre l'irresponsabilité.

— Francis ! Phil ne va pas bien du tout !

— Le Professeur non plus !

— Oui, mais Phil peut encore nous donner les informations qui nous manquent pour aller plus loin…

Phil lui prit la main et tira Alice violemment vers lui. Il sentait bien que quelque chose de terrible venait de lui arriver et il luttait de toutes ses forces pour tenir aussi longtemps que possible. Un petit filet de sang apparut au niveau de sa narine droite.

— PHIL ! RESTEZ AVEC NOUS ! VITE… IL FAUT L'AMENER AU BLOC !

— Non ! c'est trop tard maintenant…

Phil reprit un peu ses esprits et dans un dernier effort tenta de donner ses dernières remarques.

— Tout c'est bien passé jusqu'à l'arrivée dans le logement du docteur Grans, ensuite…

Phil leur raconta tout doucement, en gémissant de plus en plus régulièrement, avec le plus de détails qu'il lui fut possible de leur décrire, toute son équipée, de son « voyage » dans cet espèce de tourbillon infernal aussi éprouvant qu'un énorme remous soumis à des courants tumultueux, puis son apparition dans la chambre, ressemblant à une renaissance accélérée, sa sensation d'avoir extrêmement chaud, sa rencontre avec le docteur.

— Ils l'ont enfermé dans une sorte de cellule... numéro « 206 »... les clés sont dans la salle des gardes... au début, il m'a pris pour un fou... mais, je crois que je l'ai convaincu, finalement...

Puis il parla de cette chaleur qui envahit progressivement toutes les parties de son corps, comme si tous ses organes se consumaient dans le plus profond de son être. Impossible de conjurer le phénomène ! La température était devenue tellement intense qu'il faillit perdre conscience avant de lui avoir dit ces derniers mots :

— ... *quelqu'un d'autre que moi viendra vous prélever un peu de votre sang pour que le futur ne soit pas la fin du monde... je vous en prie... attendez-le...* ... puis plus rien pendant quelques secondes et retour dans les tourbillons et... Hahahaaaa... !

— PHIL ! Il faut tenir ! Qu'est-ce qu'il s'est passé quand vous étiez dans ces fameux tourbillons... PHIL ! IL FAUT QUE L'ON SACHES...

Le pauvre garçon venait d'avoir une énorme douleur qui lui déchira littéralement ses entrailles. Un autre filet de sang un peu plus épais cette fois coulait de sa bouche entrouverte. Il ne parlait plus et se tordait de douleur. Il était de plus en plus bouillant.

— VITE ! IL FAUT...

— Alice !... Ce n'est plus la peine... Je crois qu'il est...

Après quelques spasmes violents le secouant dans tous les sens, le corps de Phil s'immobilisa et ses bras et ses jambes se déraidirent pour fondre le long de son corps ne laissant aucun doute sur son état. Alice fondit en larme.

— C'est pas vrai ! dit-elle dans un sanglot. On y arrivera jamais ! Au moins si on avait pu savoir ce qui s'est exactement passé lors du transfert...

— Chérie ! Il ne faut pas craquer maintenant ! Il a parlé de grande chaleur ce qui corrobore ton idée de refroidisseur. Maintenant comment mettre tout cela au point ?…

3-11

Franck et Mireille avaient discuté un long moment ensemble sans se rendre compte que la journée allait bientôt se terminer sous un magnifique couché de soleil qui envoyait ses rayons rasant à travers les persiennes des fenêtres du bungalow. Finalement, elle était plutôt sympathique et Franck se sentait si proche d'elle. Il ne se lassait pas de discuter avec elle de tas de choses aussi importantes que futiles. Elle connaissait de nombreuses informations sur la vie sociale et politique de nombreux pays, et avait un avis aussi passionnant que sensé sur les raisons de certains conflits qui polluaient ici et là notre si merveilleuse planète. Quelque chose en elle l'attirait, pas physiquement mais moralement…

Franck n'avait pas eu besoin de lui expliquer quoi que ce soit sur ses actions, elle semblait avoir tout compris et pouvoir lui apporter une bonne part de l'aide qu'il espérait pour déchiffrer les éléments qui lui manquaient dans le dossier de Neil.

Mais il restait très perturbé par cette fameuse boîte qu'elle lui avait confié quelques heures auparavant. En même temps qu'il conversait, son esprit le ramenait fréquemment vers l'emballage, le faisant perdre à plusieurs reprises le fil de la conversation. Ne voulant pas la froisser, il se ressaisissait aussi vite qu'il pouvait avec autant de tact qu'il fût possible. Mais c'était la sous-estimer que de penser, ne serait-ce qu'une seconde, qu'elle ne se rendrait compte de rien.

— Franck ! Je vois bien que vous faites bien des efforts pour rester attentif à nos échanges de points de vues. Mais je vous sens tellement soucieux…

— C'est-à-dire que… c'est cette boîte… je me demande… j'ai besoin de réfléchir à la raison pour laquelle Neil vous aurait demandé de me la remettre ?

— Il se fait tard. Il faut que je vous laisse. Si vous saviez, j'aurai tant de choses à vous dire… Faites bien attention à vous !

— Je ne voudrais pas vous mettre à la porte… mais j'ai besoin de me retrouver un peu seul pour analyser ce présent si curieux.

Après avoir salué Franck, Mireille, à contre cœur, prend congé de son hôte. Il la regarde un petit moment s'éloigner puis disparaître rapidement dans la pénombre de la soirée qui s'amorce. Il aurait peut-être dû la retenir… lui proposer de l'aider dans sa quête ! Il reste un petit moment perplexe sur la décision qu'il vient de prendre, prêt à lui courir après pour lui demander de rester. Mais, après mûre réflexion, il revient sur sa position pour conserver tout le calme nécessaire à une meilleure réflexion sur l'énigme qui s'offre à lui.

— À nous deux, cher carton à chaussures. Nous allons voir ce que tu as dans le ventre !…

Franck pose la boîte sur la table face à lui. La main sur le menton, il l'observe d'abord pour mieux la maîtriser dans sa totalité. Le narguant avec son couvercle un peu trop grand, elle semble l'attendre patiemment tapie sur son support. Il ne la quitte pas un instant des yeux comme si, par on ne sait quel phénomène prodigieux, elle allait se transformer en un être extraordinaire pour transmettre enfin le message dissimulé au plus profond de son état. Il la tourne encore et encore tout en analysant toutes les possibilités qui auraient germé dans l'esprit de Neil. Dans un élan soudain, il ôte le couvercle et sort feuilles cellophanes et papiers de bourrage qu'il éparpille sur la table.

Après avoir jeté un œil sur l'endroit et l'envers du couvercle, puis sur la boîte elle-même, Franck, n'ayant rien trouvé de flagrant malgré son minutieux examen, se saisit des papiers de remplissage et de protection et les étale méticuleusement sur la table en essayant, autant que possible, de les défroisser sans les déchirer.

Rien ! Aucun indice n'apparaît ni sur l'endroit, ni sur l'envers. Démotivé, il s'avachit sur sa chaise et se prend la tête des deux mains. Puis dans un sursaut de désespoir, en se levant d'un bond et les bras pointés vers le ciel comme pour appeler Neil, il se met à crier :

— DONNE-MOI UN SIGNE, JE T'EN SUPPLIE !

Les feuilles, déposées pêle-mêle, se déplacent de quelques centimètres. Serait-ce le signe attendu ?… Sur celle-ci ?… ou celle-là ?… ou peut-être cette dernière ?… Rien, absolument rien… Franck désespérait de ne trouver aucun indice.

— Ho ! Francky ! Comment vas ? Ho, Gary, tu m'as l'air complètement emboucané ! Qu'est-ce qui te prend la tête comme ça ?

— Salut Doumé ! J'ai beau chercher, je ne trouve aucune information sur les raisons qui ont motivé Neil pour me faire remettre ce… carton à chaussures !

— Ne me demande rien, je n'y comprends queuts ! Tout ce que je me rappelle, dans le cafoutche de Neil, c'était cafi de papiers comme ceux-là… Je lui avais même demandé s'il n'avait pas chopé la cagagne… il m'avait sorti : « *c'est pour les chiffres !* »… J'ai rien compris…

— Des chiffres tu as dit ?… Comme ceux-là ?

Franck désigne un nombre au coin d'une des feuilles. Et, curieusement, il remarque aussitôt que le même nombre apparaît sur toutes les feuilles. Très excité, il fait tout de suite le rapprochement :

— C'est un numéro de téléphone ! Doumé, tu peux me passer ton téléphone s'il te plaît ?

Il compose alorsle numéro inscrit dans le coin droit de chaque papier. Le combiné à l'oreille, il attend impatient que quelqu'un décroche… Tout à coup, une voix grave sort du combiné :

— Hé bien, Franck, vous en avez mis du temps !…

3-12

Alice travaillait depuis quelques jours sur un système de refroidissement permettant en fait de créer un équilibre entre le corps humain et l'environnement. Extrêmement motivée, elle mettait toute son énergie dans ce travail, malgré Francis qui tenta à plusieurs reprises de la ménager.

— Écoute, laisse-moi tranquille ! J'ai du travail et tu ne m'aides pas !

— Mais enfin, ma chérie, tu ne dors pratiquement plus depuis le début de la semaine…

— Que veux-tu ? Que j'abandonne maintenant ?

— Tu ne dois pas te sentir responsable de la mort de Phil…

— Décidément, tu ne comprends vraiment rien ! Je te demande de sortir de mon labo afin que je finisse mes essais ! Je te rappellerai dès que j'aurai fini, j'ai besoin de rester seule.

Alice s'était assise submergée d'un gros coup de fatigue. Francis la connaissait bien et savait que, dans ces moments, il était préférable de se retirer sans insister. Néanmoins, il s'approcha d'elle et, dans un élan se voulant une réponse favorable à la demande de soutien attendue par sa compagne, il se baissa et l'embrassa sur son front en lui passant la main droite dans ses cheveux. Puis il tourna les talons pour sortir de la pièce, sans voir les quelques larmes qui lui coulaient sur les joues.

Après une profonde inspiration, elle se releva et se dirigea vers la paillasse sur laquelle elle avait disposé tous les éléments nécessaires à l'expérience qu'elle avait mis au point le matin même. Restant quelques secondes penchée, immobile devant l'amalgame de tuyaux, de fils, de récipients, fioles, tubes à essais et d'appareils de contrôles, elle était prête à craquer. Mais cette énorme volonté en elle prit immédiatement le dessus lui faisant presque oublier toute la fatigue accumulée durant toutes ces dernières heures. Elle sentait qu'il ne manquait plus grand-chose pour atteindre leur objectif, mais ce petit grain de sable, tout minime qu'il puisse être, lui rongeait ses tripes au plus profond de son ventre. Elle s'assit devant le calorimètre et, submergée par des pensées de plus en plus oppressantes, sans vraiment s'en rendre compte, le surmenage commençant à faire son effet pervers sur son corps tout entier, elle s'assoupit…

— Alice ! Tu m'entends ?

Alice était comme dans un brouillard intense au milieu de nulle part. En face d'elle une silhouette apparut devenant chaque seconde de plus en plus nette. C'était un homme sans âge semblant familier, aux cheveux courts, assez svelte, sortant d'un épais nuage excepté son visage qui restait flou. Sentant la jeune femme commençant à paniquer un peu, l'homme s'empressa de la rassurer.

— N'aies pas peur ! Je suis là, dans ton esprit, pour t'aider.

Elle eut d'abord un recul. Puis, pour une raison qui lui échappa, elle s'immobilisa incroyablement sereine. Dans sa tête, c'était comme si ce rendez-vous était prévu depuis toujours. Rêvait-elle ? Était-ce la réalité ? Qu'allait lui apporter cet homme qui s'avançait devant elle ? Peu lui importait, toutes ces questions fuirent pour ne laisser, en elle et autour d'elle, qu'un sentiment de grande tranquillité.

— J'ai comme l'impression de vous connaître ! Qui êtes-vous, et que me voulez-vous ?

— Je viens de ton passé.

— Comment est-ce possible, jusqu'à maintenant les voyages n'ont pu être réalisables que vers le passé à travers les traces stockées dans nos neurones !

— Rappelle-toi des expériences de Philadelphie et celles réalisées à Montauk. Les bouleversements provoqués par les importants champs magnétiques développés à l'époque ont déclenché sur toutes les équipes en place des réactions stupéfiantes. Quelques rescapés ont subi d'étranges phénomènes qui ont paru surnaturels au démarrage mais qui, au fil du temps, ont mieux fait mesurer les incroyables capacités qui dorment en chacun d'entres-nous. En fait, le temps n'est qu'une vue de l'esprit de chacun en partie pour éviter une désorganisation de nos mécanismes physiques. Lors de toutes les expériences qu'on a fait vivre à certains cobayes, ceux qui n'étaient pas prêts se sont pratiquement auto-détruits. C'était terrible !... Grâce à cela ; des appareillages ont pu être mis au point... Mais je ne suis pas là pour m'étendre sur cela !

— Attendez ! J'ai besoin de savoir ! Qui êtes-vous... ?

— Tu comprendras plus tard ! Nous avons une urgence à traiter au plus vite.

Alice s'enfonçait de plus en plus dans son rêve. Sa vision lui semblait si réelle et cohérente qu'elle ne cherchait plus à lutter contre cette apparition si étrange. Elle observait cet homme planté devant elle en recherchant sur chaque centimètre de son corps le signe qui pourrait expliquer ce qui lui donnait cette certitude d'avoir déjà eu à faire à lui. Il portait un jean bien ajusté sur de longues jambes laissant deviner des muscles plutôt bien dessinés. Ces chaussures de sport un peu usées et sans aucune marque apparente confirmaient un tempérament de vrai sportif.

Au fur et à mesure qu'il discutait, son regard profond et clair cherchait par tous les moyens à accrocher celui d'Alice comme s'il avait peur que la communication ne s'interrompt inopinément avant qu'il pût terminer ce qu'il cherchait à transmettre.

— Écoutes bien chacune de mes paroles c'est ce qui va vous faire progresser dans vos recherches et vous permettre d'atteindre votre but. Il est excessivement important que tu comprennes que je ne peux prendre le moindre risque de te dire exactement ce que tu dois faire devant les lois de la nature qui pourraient entraîner des conséquences irrémédiables sur l'équilibre de l'humanité et le tien en particulier. Tout d'abord, je sais que vous avez récupéré toutes les informations concernant la transmutation auprès de Nicolas Flamel. Je sais également que vos premiers essais furent compromis par des échauffements importants occasionnés par les interactions moléculaires lors des changements d'état. Enfin, je sais que tu travailles actuellement sur un système de refroidissement que tu as quelques difficultés à mettre au point à cause des risques encourus par le corps à rafraîchir.

— J'ai trouvé le moyen d'appliquer le principe utilisé par tout climatiseur. Mais, entre le fluide de refroidissement qui reste terriblement dangereux d'autant qu'on a aucune information sur ces fameux tourbillons déclenchés lors des passages d'un état à un autre, et les dimensions du compresseur et du système d'alimentation qui restent beaucoup trop encombrantes…

— Justement, tu dois réfléchir un peu plus aux éléments naturels qui régissent notre vie. Le corps humain détient autant de pouvoir qui ne sont pratiquement jamais exploités qu'à un si faible degré de leur vraie capacité…

L'image présente devant Alice s'estompa tout à coup. Elle se frotta les yeux comme pour faire disparaître un voile qui rendait de plus en plus imprécise sa vision. Rien à faire, les gros nuages présents tout autour d'eux commençaient à remplir l'espace de tous les côtés. Un peu affolée, la jeune femme agita ses bras pour dissiper cette brume envahissante. Le regard de l'homme restait rivé sur elle pour capter chacune des dernières secondes de ce contact extraordinaire. Cependant, ressentant la panique s'emparer de l'esprit d'Alice, il sentit que ce moment singulier n'allait plus tarder à prendre fin.

— Nous n'avons plus beaucoup de temps, et j'ai eu tant de mal à te contacter que je ne sais pas si nous nous reverrons un jour !

Elle avait de plus en plus de mal à comprendre ce qu'il disait comme si sa voix s'éloignait petit à petit. Son corps s'effaçait inexorablement. Alice tenta de se rapprocher, mais elle resta comme collée sur place sans aucune possibilité d'avancer l'un ou l'autre de ces pieds dans la direction de l'homme qui s'éloignait. Tendant l'oreille dans sa direction, elle lui lança une dernière interrogation :

— Mais… ! Papa ?… C'est toi ?…. Non, ce n'est pas possible puisqu'il est mort !

— Fais confiance en ton intuition… et n'oublies pas que… la nature reste… la plus importante des découvertes…

La vision avait complètement disparu malgré les appels sans succès d'Alice qui demeura seule avec toutes ces questions qui s'amassaient dans sa tête… jusqu'à…

— Alice ! Tu t'es assoupie ? Je t'ai apporté de quoi te restaurer. Tu vois que j'avais raison ! Deux petites heures de sommeil ça suffit quelques fois pour recharger ses batteries !

— Combien as-tu dit ? Je n'ai pas dormi deux heures, n'est-ce pas ?

— Heu ! Si, à peu près ! Tu dormais si profondément tout à l'heure que j'ai préféré laisser te reposer… il y a environ deux heures de cela.

Le rêve fantastique qu'elle venait de vivre lui avait semblé si court et si réel ! Et cet homme… Qui était-ce ? Après tout ce n'était qu'un rêve ! Ces parents, lui manquant tellement, revenaient si régulièrement ! Dans un premier temps, elle n'osa pas en parler à Francis, ni à quiconque. Pour elle, tous ces événements lui embrouillaient l'esprit à un niveau tel qu'elle avait du mal à faire la part des choses. Néanmoins, elle avait retenu dans les propos de sa vision une idée qu'elle était impatiente de mettre œuvre : « … la nature reste la plus importante des découvertes… ces éléments naturels qui régissent notre vie… »

3-13

Franck reste muet, le petit combiné fixé entre sa main et son oreille. Il essaie un moment de raccrocher cette voix à un visage connu, jusqu'au plus profond de sa mémoire, mais décidément sans succès.

— Franck ? Vous êtes toujours là ?

— Oui ! Mais… je… que… qui…

— Hahaha (gros rire) ! Calmez-vous ! Vous ne me connaissez pas, ou tout du moins, pas encore. J'ai pourtant tellement de choses à vous dire, et nous avons si peu de temps devant nous !

— Excusez-moi ! Mais je ne comprends rien à ce que vous me dites. Qui êtes-vous ?

— Je m'appelle Lionel Masclaf et je suis un ami de Neil qui m'a beaucoup parlé de vous. J'ai été passionné par vos exploits et c'est avec grand intérêt que j'ai préparé tout ce que je vais vous dire. Je vous demanderais juste une faveur.

— Laquelle ?

— Celle de m'écouter tranquillement et patiemment, on est bien d'accord ?

Franck est immobile, le regard vide, perdu dans le fond de la pièce. Sa tête est remplie de nombreux souvenirs qui s'entrechoquent tellement rapidement dans tous les recoins de sa mémoire, même au plus profond de celle-ci. Que veut dire tout cela ? Pourquoi n'est-il pas plus inquiet que cela ?

— Ok ! Je vous écoute…

— Je ne vous apprendrais rien en vous disant que le monde est régi par l'argent ! Un certain Coluche a dit « il vaut mieux être riche et bien portant que pauvre et malade ». Mais la réalité est pire que cela ! Et vous devez être prêt à l'entendre.

L'homme au téléphone commence alors à parler et parler encore d'informations aussi stupéfiantes que délirantes et, même si quelque part Franck s'attendait presque à entendre un jour des révélations de cet ordre, le déferlement de ces déclarations le force pratiquement à s'asseoir lourdement comme abasourdi par tout ce qu'il est en train d'entendre. Le portable rivé à l'oreille, il commence à faire le rapprochement à certains passages qu'il avait relevés dans le dossier de Neil, ce qui expliquait enfin un grand nombre de ses interrogations.

— Très tôt dans l'histoire de notre monde, certains personnages des plus fortunés se sont associés pour tenter d'augmenter leur puissance. Mais cette association dont je vous parle tient maintenant depuis plusieurs siècles sans fléchir, rassemblant les richesses de chaque membre afin de conforter un peu plus leur pouvoir sur chaque partie de notre planète. Leur nom ? Ils se font appeler le « Cercle Suprême » !…

Et Lionel poursuit son discours sur une théorie qui divise notre bonne vieille Terre.

— … Les riches mènent la danse en maintenant les pauvres dans un état juste satisfaisant. Ils leur font croire à des hypothétiques aides ou les cloisonnent dans des conditions à peine suffisantes pour s'en servir quand bon leur semble. Les autres travaillent pour les riches afin que ces derniers le restent. Ils sont tellement absorbés par ce qu'ils font, que peu d'entre eux prennent le temps nécessaire pour réagir. Et si par hasard certains éléments perturbateurs émergent du lot, il leur est vite proposé une évolution, suffisamment attrayante pour étouffer ou contenir leur révolte… Franck ? Vous m'écoutez toujours ?

— Je vous écoute très assidûment.

— Très bien ! Mais vous vous doutez bien qu'il ne s'agit là que de l'introduction de ce que je vais vous apprendre !

Lionel, convaincu de l'intérêt porté par son récit, reprend donc son exposé.

— … À sa fondation, cette association particulière devait déboucher sur la gestion parfaite de notre planète, afin de mieux répartir les richesses et donner à chacun le droit à la meilleure des vies sur Terre. Mais, très rapidement, tout s'est dégradé et le profit a pris la place de la solidarité, accroissant démesurément le fossé entre les extrêmes. Plusieurs révoltes ont bien eu lieu dans notre histoire pour lutter contre ces différences, mais la puissance de l'argent resta la plus forte et, très vite, il fut décidé de mettre autant de soutiens que nécessaire afin de renforcer le pouvoir du groupe. Les politiques, les gouvernements, les lois, les banques sont autant de « relais » positionnés dans le monde pour conditionner le meilleur équilibre nécessaire à la survie du « Cercle »…

— Mais qui sont ces membres ?

— Personne ne les connaît vraiment. Vous ne pouvez même pas imaginer la contribution qu'ils doivent régler, non seulement au moment de leur intronisation, mais également et régulièrement pour se maintenir en place chaque année qui passe… Ils se recrutent entre eux sous des critères extrêmement stricts, et leurs « dons », puisqu'ils les nomment ainsi, servent à honorer les droits, devoirs et protections de chacun d'entre eux. Mais la somme colossale, accumulée au fil des années et des entrées dans ce Cercle pourtant si fermé, n'a malheureusement pas servi que la bonne cause. En effet pour parvenir à leurs fins, les plus hauts dignitaires de l'association l'utilisèrent dans des affaires particulièrement noires afin d'assouvir leurs besoins de pouvoir de plus en plus importants. Dessous de table, dons occultes, corruptions sont devenus omniprésents dans leur gestion les éloignant définitivement du bon côté. Vous doutez bien que l'évolution démographique n'a rien arrangé...

— Tout ce que vous me dites là est passionnant, mais quel rapport avec moi ?

— J'y arrive ! Afin que vous compreniez bien certaines choses, j'étais obligé de vous expliquer ce contexte. Je suis sûr à présent qu'enfin vous commencez à mieux déchiffrer quelques liens manquants dans le dossier de Neil, n'est-ce pas ?... Mais le plus intéressant reste à venir...

À ce moment précis le téléphone s'arrêta ! « Plus de batterie ?! » L'écran du téléphone portable de Franck ne mentionne aucune défaillance. Le niveau de la batterie est pratiquement optimum et la réception est parfaite.

— Bon sang ! Que s'est-il passé ? On a été coupé !

Impatient de connaître cette fameuse suite qui s'annonçait particulièrement captivante, il refait immédiatement le numéro qui lui avait permis de contacter ce mystérieux Lionel...

— Désolé, mais impossible de nous joindre pour le moment ! Ré-essayez un peu plus tard !

C'était le répondeur avec sa voix complètement impersonnelle... mais sans le bip pour laisser un message ! Franck commence à s'énerver tout seul sous les yeux hagards de Doumé qui intervient.

— Qu'est-ce qui se passe gary ?

— On a été coupé juste au moment où cet homme allait me donner des informations importantes. Et je n'arrive plus à le joindre !

— Il a dû tomber en panne de batterie ! Tu le rappelleras plus tard !

Dépité, Franck pose le combiné sur la table en le fixant de longues minutes comme pour lui ordonner des yeux de se mettre au plus vite à sonner afin de reprendre cette conversation qui venait de le laisser sur sa faim. Rien, aucun signe n'émerge ni du téléphone ni de son entourage pour l'encourager à continuer à croire à un nouveau contact avec Lionel.

— Il se fait tard fadat ! Je vais aller direct au lit. Je suis complètement cané !

Après avoir regardé sa montre et constaté l'heure avancée, Franck approuve cette sage décision et, l'estomac plutôt noué par le dépit de ne pas avoir eu la satisfaction d'entendre la suite de l'histoire que Lionel avait tant mis d'énergie à lui conter, il se saisit du téléphone afin de l'éteindre… La sonnerie qui retentit alors le fait brusquement sursauter et lâcher l'appareil qui tombe avec fracas sur le sol…

— Merde ! Je suis sûr que c'est lui !… putain, il est cassé !

Doumé le ramasse aussitôt et replace la batterie qui s'est éjectée sous le choc.

— Tiens, tape le code… il fonctionne !…

Excité, Franck se saisit du portable, entre le code pin et relance ses fonctions. Une sonnerie résonne de nouveau.

— C'est un message !… Je vous contacterai dès demain - signé Lionel…

3-14

Le docteur Grans demeura de longues minutes les yeux perdus quelque part dans l'espace qui l'entourait. Il ne pouvait pas s'empêcher de ressasser les dramatiques événements qu'il venait de vivre avec cet étrange personnage qui était apparu mystérieusement à ses yeux et disparu si tragiquement. Curieusement, c'était le pourquoi plus que le comment qui l'intriguait. Dans quel but cet homme venait de perdre sa vie d'une manière aussi surprenante et en laissant derrière lui des propos aussi énigmatiques ? Quel était ce rôle aussi important qu'il devait assumer, et pourquoi ?

— DOCTEUR !

Perdu profondément dans ses pensées, il n'avait pas entendu ni remarqué l'arrivée du docteur Jacques accompagné de deux hommes qu'il n'avait encore jamais vu dans l'enceinte de la clinique. Ils portaient tous trois des blouses blanches et des badges les désignant sans aucune ambiguïté comme des médecins de niveau quatre, soit suffisamment haut placés pour prendre et assumer pleinement tout type de décisions sans en référer à quiconque.

— Il m'a l'air bien perturbé ! dit celui à la barbe blanchâtre, la main frottant son menton en observant le prisonnier comme s'il évoquait un animal ayant subi une série d'expériences génétiques. Avez-vous commencé le traitement sur lui ?

De quel traitement parlait-il cet ostrogot ? Grans essaya de se redresser avec beaucoup de peine. Les dernières heures qui avaient été extrêmement traumatisantes pour lui, semble-t-il, l'avaient plus affecté qu'il ne le pensait… ou, peut être… s'agissait-il de ce goût un peu amer qu'avait la nourriture depuis quelques jours… bon sang ! n'essayait-on pas de le droguer ?

— Que m'avez-vous fait prendre ?

— Il réagit encore beaucoup trop facilement ! intervint le deuxième personnage en se penchant en avant. C'est flagrant, il n'est pas prêt !

— Prêt ? Mais… prêt pour quoi ?… Répondez-moi !

Comme s'il venait de réaliser un effort extraordinaire, Grans s'effondra sur sa couche, plongé dans une sorte de léthargie qui le clouait irrémédiablement dans une position semi-assise. Le docteur Jacques s'approcha de lui, l'attrapa sèchement par les épaules pour l'allonger complètement sur son lit. Le pauvre homme était maintenant incapable de résister. Sa vue était de plus en plus brouillée derrière un voile dont l'épaisseur ne lui permettait plus de ne distinguer que quelques ombres dansant devant lui. Il ne percevait uniquement que certains sons caverneux sans pouvoir les associer à des propos cohérents.

— Vous savez, Professeur Ballard, son état est fort heureusement assez satisfaisant pour notre future expérience…

L'incident qui venait de se passer dans la chambre de Grans, avait tout de suite frappé le docteur Jacques qui s'était souvenu de la conférence du Professeur Ballard responsable de la clinique dans laquelle il opérait. Il n'avait pas perdu de temps en lui téléphonant aussi vite qu'il le pût pour lui faire récit de ce fait si incroyable. Et, aussi étrange que cela puisse paraître, Ballard n'attendit pas la fin du rapport de son collaborateur en raccrochant pratiquement au nez de ce dernier et en déboulant quelques minutes après dans son bureau. Il fut même surpris de part sa réaction somme toute très particulière, presque excessive.

— Vous lui administrerez quelques doses de ce produit dans la nourriture qu'il avalera lors de son prochain repas. Puis nous le surveillerons jour et nuit afin d'être présents lors de la prochaine visite.

Le docteur Jacques ne comprit pas tout ce qu'il insinuait. Mais il n'insista guère devant le regard très fermé de son supérieur. Après tout, il savait bien qu'il devait son poste actuel certes d'abord grâce à son dévouement dans son travail, mais aussi et surtout par le fait qu'il ne posait aucune question sur un ordre venant de sa hiérarchie, même si, quelques fois, cela lui paraissait totalement… aberrant. Il en avait pris son parti afin d'assurer de ne jamais remettre en cause sa propre notoriété. Le docteur Grans, tellement choqué par ce qui venait de se produire devant ses yeux, avait bien été surpris par cette petite amertume qui avait relevé son dernier repas, mais il avait tout de même avalé chaque bouchée, plutôt machinalement, sans véritablement penser que quelqu'un ait pu souhaiter le droguer de cette façon. Il n'en aurait même pas imaginé le but.

— J'ai placé un des meilleurs gardes devant les écrans du poste de surveillance. Il a en permanence sur lui un portable directement relié à nos deux numéros de téléphone. Et je lui ai donné, comme consigne, de nous déranger à chaque fois qu'il constatera le moindre fait qui sortira de l'ordinaire. Dans la minute qui suit nous seront dans la chambre…

— Parfait ! Néanmoins, il faudra être plus rapide, beaucoup plus rapide. Je ne veux pas manquer ce rendez-vous que j'attends depuis tant d'années.

— Je ne sais pas si vous m'en direz un peu plus…

— Restez tel que vous êtes ! Moins vous en saurez, et mieux ce sera pour vous. C'est ce qui fait la force de toute l'équipe qui nous entoure.

Jacques, comme à son habitude, n'insista pas et prit congé du professeur qui était déjà replongé dans des dossiers éparpillés sur son bureau. Il se dirigea à toutes enjambées vers le poste de surveillance en regardant machinalement sa montre pour valider le temps qu'il mettrait en cas d'alerte.

— Deux minutes et quarante secondes !

Fier de ce résultat, il arborait un large sourire quand il pénétra dans la salle de contrôle. Tout était très calme. Le garde leva sur lui un regard assassin, la main posée sur un revolver disposé juste devant lui sur le bureau.

— C'est vous, Docteur ! Rien à signaler. L'homme est endormi.

3-15

« … la nature reste la plus importante des découvertes… ces éléments naturels qui régissent notre vie… »

Alice ne pouvait oublier ces mots qui résonnaient sans cesse dans sa tête depuis cet étrange et si réel songe. À chaque fois qu'elle repensait à cet homme qui lui rappelait tellement son père, un bien être l'envahissait, lui faisant presque oublier ses plus profondes angoisses. Et comme par miracle, ses idées devenaient beaucoup plus claires, la faisant progresser au-delà de toutes ses attentes. Au début, Francis essaya de mieux comprendre ce qui pouvait se passer dans la tête de son aimée. Mais il abandonna rapidement en se faisant envoyer gentiment paître sur les lauriers du voisin. Il savait que ces moments particuliers ne duraient pas bien longtemps, mais il n'insistait pas pour pénétrer en force une citadelle complètement fermée à toute tentative de communication venant de l'extérieur.

Elle dessina, écrivit des pages de formules après avoir compulsé des dizaines de bouquins particulièrement hermétiques pour les non-instruits. Elle débordait d'énergie malgré une fatigue bien présente dans tout son corps. Les deux heures à peine, pendant lesquelles elle avait fait ce… rêve, l'avait… transformée, revitalisée. Plus encore qu'auparavant, elle se sentait, jusqu'à la plus petite cellule de son être, investie d'une mission presque divine. Et elle savait qu'elle n'était plus très éloignée de son objectif, son intuition la titillant de plus en plus ne la laissait jamais tomber dans de telles circonstances.

— Je crois que j'ai la solution ! se dit-elle tout à coup. Allô ! Francis ?... Viens vite, j'ai quelque chose à te montrer.

Francis ne se fit pas prier. Rapidement il entra dans le laboratoire d'Alice, la cherchant aussitôt dans son champ de vision.

— Je suis ici ! Viens voir.

Alice se releva, cachée derrière une paillasse à droite de l'entrée de la pièce. Elle tenait dans ses mains un long tuyau transparent apparemment rempli d'un liquide bleuté.

— Tu te rappelles le retour de Phil, ainsi que celui de la boîte.

— Oui, mais où veux-tu en venir ?

— Le passage dans les tourbillons du temps provoque des échauffements si intenses qu'ils modifient irrémédiablement certaines structures atomiques expliquant ces lésions irréversibles dans le corps de Phil.

— Je m'en doutais un peu !

— Hé Bien ! J'ai trouvé le moyen de réduire suffisamment ces échauffements.

Francis était suspendu aux paroles de sa compagne, confiant en elle, car il la connaissait particulièrement bien, tout en restant sceptique de l'entendre amener une solution aussi rapidement à un problème si complexe. Il y croyait sans vraiment y croire, s'attendant peu à la solution miraculeuse sortie aussi rapidement du chapeau de la scientifique même si cette dernière était loin d'être une incapable en la matière. Impatient maintenant, il s'assit et attendit l'exposé de la jeune femme, en ayant déjà préparé dans sa tête toute une série de questions pour conforter ses propos.

— Ne nous emballons pas ! Je t'écoute.

— Lors du passage d'un état vers l'autre, le corps est soumis à des tensions si importantes qu'elles provoquent des excitations moléculaires et par suite une hausse considérable de la température de chaque organe. La solution pour calmer tout cela est, bien entendu, de compenser cette chaleur par un apport de ventilation externe ou interne. Mais, malheureusement, cela nécessiterait un appareillage beaucoup trop lourd pour être emporté par quiconque dans un voyage de ce type.

— Et tu n'aurais pas trouvé une climatisation de poche, par hasard !

— Hé bien, ne le dis pas en rigolant, mais presque !... Qu'est-ce qui t'a mis sur la voie ?

Francis restait de plus en plus dubitatif. Mais, mais... il commençait à y croire... un peu, malgré tout. Très excité et surtout pressé d'en savoir plus, il lui fit le geste de continuer son explication.

— Le principe de la climatisation est très simple. D'abord, je te rappelle que le froid n'existe pas. La chaleur n'est qu'une série de calories dans la matière, et ainsi, quand nous ressentons le froid, nous ressentons en fait les effets d'un déficit en calorie. Climatiser c'est transférer des calories d'un endroit vers un autre à l'aide d'une pompe à chaleur. Il s'agit tout simplement de faire passer un fluide de l'état liquide à l'état gazeux avec un évaporateur tout en augmentant sa pression grâce à un compresseur, puis de le retransformer en liquide à travers un condenseur, pour enfin abaisser brutalement sa pression suite à son passage dans un détendeur, et ainsi de suite... c'est génial non ?

— Génial ! Et comment comptes-tu miniaturiser tout cela ?

— Tu vois, au début, j'ai eu la même idée que toi : comment appliquer et intégrer ce principe au corps à transporter ? J'ai planché de longues heures et trouvé des systèmes compliqués et plutôt risqués surtout au niveau des fluides nécessaires aux échanges thermiques aussi dangereux les uns que les autres. Et puis, j'ai eu une vision qui m'a permise de rediriger mes recherches en me rappelant toutes les capacités que nous apporte tous les jours la nature, notre merveilleuse nature.

— Tu veux dire que nous avions la solution autour de nous… sans le savoir… !

— Mais c'est pire que ça, la solution n'est pas autour de nous ! la solution est en nous…

Francis demeurait perplexe face aux propos d'Alice. Certes il était parfaitement conscient que le corps humain, si complexe qu'il puisse être, apporterait pour bien des années encore de surprenantes découvertes. Mais il avait du mal à imaginer ce qui, en lui, au plus profond de ses molécules, permettrait de leur donner la clé de leur problème. Alice ayant rapidement remarqué l'étonnement de son compagnon, ne tarda pas à le rassurer.

— En me basant sur le principe de la climatisation, j'ai fait le rapprochement avec la transpiration, essentielle à la survie et servant de système de refroidissement au corps. Les glandes sudoripares aident le corps à évacuer l'excès de chaleur en sécrétant du liquide et en favorisant la perte de chaleur par l'évaporation.

Alice expliqua patiemment à Francis un des mécanismes aussi extraordinaire que complètement naturel régissant au quotidien notre fantastique corps. Elle lui parla des échanges de chaleur modulées par les conditions ambiantes ainsi que les automatismes spontanés forçant les transferts de calories afin de maintenir une température du corps constante.

— Pour contrôler sa température, le corps humain a un outil très efficace : la sudation. La sueur s'évapore en utilisant la chaleur du corps ce qui contribue à en diminuer la température. Par l'évaporation de la transpiration, l'organisme humain peut ainsi contrôler sa température.

— Oui ! Mais Phil… il est mort ! Et pourtant, il ne présentait aucun problème physique, il me semble !

— Très bonne remarque ! En fait la question qu'il faut se poser est la suivante : Qu'arrive-t-il lorsque le corps ne peut plus évacuer le trop plein de chaleur qu'il produit et qu'il reçoit de l'environnement ? Les problèmes physiques peuvent être de différents types. Le plus grave est le coup de chaleur qui se produit lorsque l'évaporation de la sueur ne suffit pas à contrebalancer le gain de chaleur ainsi que la température du corps qui s'élève au-delà de 40,5 °C. Comme conséquence, le mécanisme de sudation s'épuise et s'arrête. Alors, l'élévation de la température du corps s'accélère jusqu'à des niveaux dangereux, souvent mortels. Il y a aussi la crampe de chaleur et la déshydratation que l'on observe lorsqu'une personne ne remplace pas l'eau et le sel perdus par sudation. La syncope, quant à elle, survient suite à une vasodilatation des vaisseaux sanguins qui prive le cerveau de l'oxygène nécessaire à son fonctionnement provoquant ainsi l'évanouissement. Et c'est le cumul de tout cela qui a été fatal à Phil.

— Et tu as trouvé quelque chose pour… contrebalancer cette hausse de chaleur !

— Exactement ! J'ai réussi à mettre au point cette potion énergétique qui favorise et maintient assez longtemps la transpiration.

— Mais si on entretient la sudation, on va précipiter d'autant plus rapidement le corps du voyageur vers cette carence en sueur…

— Justement, c'est une des ombres de ce tableau ! Il faudra prévoir et surtout contenir au maximum la quantité d'eau consommée. Mais malheureusement ce n'est pas tout, car comme on ne peut pas compter sur un apport extérieur pendant le voyage, il faut trouver un artifice supplémentaire pour faciliter la ventilation interne. Et j'ai pensé…

Alice se retournait brutalement pour se saisir d'un magazine qui traînait sur une tablette non loin derrière elle. Il était ouvert sur un article présentant l'un des derniers marathons de New York. On y voyait une superbe et large photo de la masse humaine traversant le Queensboro Bridge rehaussée de plusieurs images représentant quelques spécimens, athlètes de renom mais aussi amateurs inconditionnés de ce sport si particulier et si intense. Le reportage traitait en particulier des problèmes de la santé dans le sport et un chapitre entier décrivait les phénomènes biochimiques qui maintiennent dans les meilleures conditions l'équilibre thermique et dynamique de nos enveloppes corporelles lorsqu'elles sont soumises à des contraintes extrêmes.

— Tu vois ! Dans ce bouquin il est clairement expliqué comment ces sportifs tirent très fortement sur leurs réserves en réussissant à conserver toute leur intégrité. Il est vrai qu'il existe certains incidents, mais si rares et bien souvent causés par des négligences de la part d'individus qui confondent sport de maintien et grande compétition.

— Il y est dit que l'équilibre d'oxygène est un des facteurs les plus importants pour tenir en endurance…

— C'est tout une technique qui est présentée ! Elle sera le vecteur essentiel à la réussite de nos expéditions. J'ai hâte de l'expérimenter !

— Comment ? Tu n'espères pas que je vais te laisser risquer ta vie…

— Tu n'as pas le choix, d'abord et avant tout parce que j'ai le même groupe sanguin que Grans ! Et fais-moi confiance, suite aux derniers tests que j'ai réalisé, il n'y a que peu de dangers.

— Peu ne signifie pas aucun !…

Francis n'insista pas. Connaissant bien Alice, il savait que, plus il essaierait de la convaincre de ne pas tenter cette dangereuse expérience, plus elle persisterait dans son choix. Il se résigna à l'écouter énumérer les précautions indispensables à mettre en œuvre et le comportement fondamental à observer lors du passage délicat dans les méandres du temps ainsi que dans les deux trois minutes qui suivent l'arrivée à destination. Elle était formidable aussi bien dans sa façon d'expliquer, simple et claire, que dans l'enthousiasme dont elle débordait et qui, jour après jour, ne cessait de l'étonner.

— Tu vois, il n'y a vraiment rien de compliqué !... j'ai longuement réfléchi à tout ce qui pourrait survenir et... je crois... j'ai mis en place une solution pour chaque problème qui pourrait apparaître...

Une larme accompagna un sanglot qui étreint ses dernières paroles. Francis s'approcha d'elle et la serra aussi fort qu'il le put dans ses bras.

— Je dois y arriver ! Nous n'avons pas le choix... aide-moi !

— Je t'aime !

3-16

La nuit fut courte et très agitée pour Franck. Ce qui venait de se passer la veille avait énormément perturbé sa conscience et depuis, mille questions revenaient assaillir son équilibre psychique. Un grand remue-ménage dans le camping dès le levé du soleil le dérangea un peu plus en l'extrayant en sursaut d'un dernier rêve du petit matin. Torse nu, en short, les yeux encore remplis de sommeil, il se leva et se dirigea vers la porte du bungalow. Doumé, assis sous la tonnelle, buvait tranquillement un grand bol de café noir dans lequel il trempait tour à tour de grosses tranches de pain bien frais.

— Qu'est-ce qu'il se passe ?... Salut Doumé !

— Ho ! Gary ! Tu as bien dormi ? T'as les yeux bordés d'anchois c'matin. Écoutes, ils sont tous fadats ces estrangers... Té, vé les news, tu comprendras mieux...

Doumé approche et redresse le quotidien face à Franck qui s'assoit face à lui après s'être frotté le visage des deux mains.

— C'est le début de la fin !

Cette voix, qu'il aurait reconnue entre mille, s'échappe d'une ombre baignée dans le contre jour du soleil levant comme pour se protéger d'une réaction trop vive qui, pourtant ne se fit guère attendre. Franck se lève aussitôt et d'un bond fonce tête baissée vers la silhouette qui vient d'apparaître.

— Salaud de Pierre ! Comment oses-tu te présenter devant moi…

Doumé qui avait bien pressenti cette réplique s'interpose instantanément entre les deux hommes en écartant tant bien que mal les gestes désordonnés de son ami. Une colère profondément encrée dans le fond de son cœur fait exploser une grande partie de la raison de ce dernier qui ne peut s'empêcher de revoir en un instant les moments douloureux lui ayant fait perdre des êtres si chers.

— On se calme ! C'est pas le moment de s'engatser ! D'autant qu'on a de la visite.

Juste dans le sillage de Pierre se manifeste alors une nouvelle forme qui s'exprime très vite dans l'abri du grand platane qui domine le bungalow. Surpris, Franck a tout d'abord un moment de recul le faisant lâcher prise sur son adversaire qui en profite pour prendre également un peu de distance. Devant eux se révèle alors plus nettement un corps, puis un visage bien familier qu'il ne s'attendait absolument pas à voir en pareille matinée. Il s'approche doucement et dit :

— Sylvie, c'est toi ? Que viens-tu faire ici ? Et la petite… ?

— Franck, je te demande pardon. J'ai fait une grosse erreur, jamais je n'aurais dû accepter cette somme d'argent. Quand tu as disparu, j'ai passé des jours entiers à ta recherche.

— Mais comment m'as-tu retrouvé ? sans leur aide ?

— Tu as raison, c'est ce monsieur qui m'a proposé de m'amener jusqu'à toi ! Au début je ne l'ai pas cru, puis il m'a montré des photos… ils te suivent à la trace depuis des semaines ! Mais je te jure que je ne suis pas ici pour eux, mais bien pour te retrouver, toi !

Franck, tout en l'écoutant, restait sur ses gardes. Ne l'avait-elle pas déjà trahi ? Était-elle toujours de mèche avec ces monstres ? Dans le fond de son âme, il avait bien envie de la croire, de lui faire confiance car il avait tant besoin de partager avec quelqu'un tous ces moments difficiles qu'il venait de passer. Mais, pourtant, une petite voix le harassait en lui répétant sans cesse de se méfier.

« Je t'en supplie, fais-moi confiance ! Notre fille est en sécurité chez sa tante. »

Une larme apparue soudain à l'intérieur de son regard commence à filer sur sa petite joue rose, inondant ses yeux châtaigne. Un gros sanglot avait déformé ses derniers mots et elle restait immobile, comme abattue implorant son mari de l'entendre à nouveau et de croire en sa sincérité. Comment ne pas craquer devant une telle explosion de sentiments ? Grand sentimental, Franck n'avait jamais su résister à ce type de manifestation et il sentait une forte émotion envahir son corps tout entier. Il s'avance vers elle, l'attrape dans ses bras et la serre de toutes ses forces.

— Tu m'as manqué ! J'ai cru que jamais je ne te reverrais ! Pourquoi m'as-tu trahi ?

Sylvie réfugiée sur le cœur de son compagnon, la gorge nouée, semble incapable de prononcer un seul mot. Ses yeux fermés contiennent le plus possible un flot de larmes perlant de son visage vers l'épaule bienveillante qui l'accueille si chaleureusement. Ses petites mains remontent alors le long du dos de Franck pour lui caresser la nuque.

— Je regrette… si tu savais comme je regrette !

Puis, après s'être un peu reprise et surtout en s'assurant que Pierre n'entende pas, elle lui glisse doucement à l'oreille :

— Franck ! Surtout n'aies aucune réaction qui puisse attirer l'attention de Pierre ! Mais, j'ai un message pour toi !

Difficile pour Franck de ne pas réagir. Mais, fort heureusement, du fait qu'il ne lui fait pas face, Pierre ne remarque pas ses yeux écarquillés animés à cause de la surprise provoquée par les propos de sa femme.

— Ho ! Suffit les tourtereaux ! intervient Pierre. Il faut qu'on parle, Franck. La situation devient catastrophique et mes patrons ont besoin de toi !

— Il est hors de question que je fasse quoi que ce soit pour ces vermines…

— Alors nous allons tous crever, car l'épidémie s'étend à toute vitesse…

Franck se tourne brusquement vers le journal ouvert sur la table, le saisit et commence à lire les gros titres.

— *Catastrophe planétaire. Tous les continents sont touchés. L'Afrique particulièrement affectée… Des centaines de milliers de morts déjà recensés… détails en page huit…*

Il étend le quotidien sur la table et l'effeuille rapidement jusqu'au cœur de l'article. Une carte mondiale représente l'étendue de la contagion et l'amplitude des décès déjà dénombrés. Bien entendu, les pays les plus pauvres sont particulièrement submergés, dépassés par un cataclysme qui a pratiquement décimé la majorité de leur population. Tous les articles parlent de l'impuissance devant l'horreur occasionnée par une pandémie aussi soudaine qu'incontrôlable.

— L'ONU a voté la mise en place de cellules de crises dans les quatre coins du monde afin de découvrir le plus rapidement possible le vaccin permettant d'enrayer la progression de l'épidémie… En France, c'est la clinique du Professeur Ballard qui a été vivement pressentie pour effectuer toutes les investigations nécessaires à ces travaux d'importances nationales… L'équipe du Professeur travaille depuis plusieurs mois déjà sur un antivirus en ayant isolé des germes développés par la maladie… suite à une interview d'un proche collaborateur du Professeur Ballard, le docteur Jacques, nous n'avons pas été complètement rassurés par des propos qui se voulaient pourtant plutôt favorable à une issue positive…

Abasourdi par ce qu'il découvrait au fil des lignes et des photos étendues devant ses yeux, Franck s'assied en plongeant son visage entre ses mains. Pierre s'avance et continue :

— Ils ont cru qu'ils pourraient maîtriser sa progression, mais ils ont vite été débordés et maintenant ils ont peur !

— Je ne comprends rien ! Tu ne veux pas dire, par hasard que quelqu'un aurait provoqué cette terrible pandémie !!! ?

— Ben ! Si !

— Mais qui a bien pu faire une chose pareille ? Et pourquoi ?

— Qui ? Ce sont les patrons de mes patrons. Pourquoi ? D'après ce que j'ai pu comprendre, ils ont cru pouvoir faire une sorte de « ménage »… trop de monde sur la planète et tellement de gens à la traîne… qui commencent à coûter si cher à la communauté !

— Mais, mais !!… l'homme est-il devenu complètement fou ?… et je ne vois toujours pas ce que je peux leur apporter à tous tes abrutis de patrons !

— Désolé, mais moi non plus ! C'est bien pour ça qu'il faut que tu m'accompagnes !

— Je dois réfléchir… laisse-moi un peu de temps !

Après quelques secondes de réflexion, Pierre acquiesce :

— Ok ! Mais je reviens d'ici ce soir et, alors, il me faudra une réponse…

3-17

Alice s'installa confortablement dans le fauteuil sensoriel qu'elle se contentait de surveiller depuis le début des voyages. Elle avait passé les dernières minutes à s'hydrater du mieux possible, mais surtout à contrôler ses capacités pulmonaires et cardiaques suite à des simulations d'efforts dignes des entraînements les plus soutenus suivis par les plus grands champions de la grande époque sportive des années 2000. Elle n'avait surtout pas omis de préparer sa potion concentrée dans une petite fiole qu'elle maintenait avec précaution dans sa main droite. Elle donna alors ses dernières recommandations à Francis.

— Tu ne déclencheras les générateurs que lorsque je te ferai ce signe (elle leva le bras droit en brandissant le petit flacon encore plein), sinon, tu pourras préparer le barbecue pour mon retour !

— Ho ho ! Ne commence pas ! Cet humour me perturbe à tel point que je me demande toujours si c'est une bonne idée !

— Nous en avons suffisamment parlé, tu n'as plus le choix, en fait nous n'avons plus le choix !... commence les opérations de transfert... je t'aime...

L'angoisse au ventre, Francis déclencha les procédures de mises en route des ordinateurs.

— Je souhaiterai un accès au sensibilisateur temporel !

— Annoncez le code d'accès, répondit l'ordinateur

— Code : 44 2 1 A @ 25 DFR

— Vous aller entrer dans le cortex du 3e fichier ! confirmez-vous ?

— Ordre confirmé, sous l'ordre 42 N°10 DF,

— Entrée effective dans 15 secondes… 10 secondes… 5, 4, 3, 2, 1… entrée effective.

C'est à ce moment précis que Francis s'effondra devant le pupitre de contrôle. Alice se retourna en le cherchant du regard. Il était assis par terre, son visage trempé de grosses gouttes de sueur. En une fraction de seconde, elle avait compris le drame qui se passait sous ses yeux.

— Francis ? Qu'est-ce qu'il t'arrive ?

— C'est trop tard ! Il faut que tu y ailles, c'est notre unique chance !

Francis était lui-même atteint par le virus. Et dans sa tête un dilemme venait de commencer à la ronger. Devait-elle sauter du fauteuil pour se rapprocher de lui ? Devait-elle continuer malgré tout ? Elle s'en voulait tellement de n'avoir rien remarqué lors de ces derniers jours… Après quelques instants… elle avala la potion et elle leva le bras droit…

Francis se redressa péniblement et engagea la mise en fonction des générateurs, puis il s'écroula de nouveau lourdement sur le sol.

Alice se sentit comme projetée dans une sorte de liquide gras en effervescence. Son corps en surchauffant commençait à déclencher, dans les moindres parcelles de son être, une forte sudation amenant l'équilibre thermique recherché. Elle savait que le temps sur place lui serait compté principalement à cause de l'efficacité malheureusement momentanée de la potion qu'elle venait d'ingurgiter et ce passage si difficile semblait durer une éternité.

Sans se rendre bien compte du temps qui venait de s'écouler, une minute, une heure, quelques secondes, elle ouvrit péniblement les yeux pour découvrir un nouveau monde qui s'annonçait devant elle. En fait, elle se sentait comme neuve, comme naissante dans une autre vie. En elle aucune peine, aucune crainte, la pureté étrange et magnifique du nouveau né. Elle savoura quelques instants ce merveilleux bien être qui l'avait totalement envahie et qui lui donnait une telle plénitude…

Ce moment magique fut brusquement interrompu par l'arrivée violente d'un de ses derniers souvenirs qui la fit passer en moins de cinq secondes de l'état béat d'un jeune enfant à celui tortueux d'un adulte compressé par la dure réalité de la vie. La vision du visage de Francis, déformé par la douleur, l'obligea rapidement à reprendre ses esprits.

Tout d'abord, elle regarda autour d'elle. Elle était dans une sorte de chambre presque vide dans laquelle subsistaient seulement un lit et un petit placard. Une ouverture étroite donnait sur une cour et seulement quelques fenêtres dans l'immeuble d'en face étaient allumées dans la pénombre du soir qui envahissait progressivement l'horizon. Puis elle se regarda dans une glace située près de la porte d'entrée. Elle était nue comme un ver. Elle se rapprocha du placard et l'ouvrit aussitôt. À l'intérieur, elle découvrit un petit lavabo ainsi que plusieurs blouses consciencieusement rangées sur leurs cintres. Elle s'empressa de s'hydrater longuement comme pour éteindre ce semblant d'incendie qui aurait pu se déclarer au fond de ses viscères. Puis elle enfila une blouse un peu trop grande qu'elle ajusta grâce à une ceinture présente dans une des poches. Enfin, n'oubliant pas sa coquetterie, elle s'arrangea un peu devant le miroir avant de se faufiler doucement par la porte d'entrée de la pièce.

Le corridor était vide et tranquille. Pas un bruit. Des veilleuses disposées régulièrement le long des murs permettaient d'y circuler en toute sécurité. En compagnie de Francis, elle avait parfaitement étudié toutes les facettes et recoins des trois bâtiments constituant la clinique. Il lui suffisait de se repérer pour savoir exactement où elle se trouvait et pour rejoindre la chambre-cellule dans laquelle était enfermé le docteur Grans.

— Maternité ! Tiens, c'est bizarre !... Je sors de la salle de repos des sages femmes. Bon ! Donc c'est par là...

Sûre d'elle, elle avança vers la cage d'escalier pour parvenir dans l'aile du bâtiment qu'elle recherchait. Il était fort peu probable qu'elle puisse rencontrer un des gardiens dans les passages qu'elle avait prévu d'emprunter jusqu'à son objectif. Elle avait mis au point un plan d'approche de la pièce en question, sachant qu'elle se doutait bien que, suite au passage de Phil, une surveillance accrue risquait d'avoir été mise en place afin d'en sécuriser tout l'environnement.

— Hep ! Vous là ! Qui êtes-vous ? Que faites-vous là ?

Alice se retourna vers l'individu qui venait de l'interpeller. C'était un grand gaillard, une casquette enfoncée sur un front complètement inexistant. Il était peut-être un peu trop cambré dans une tenue « noir sécurité », laissant volontairement apparaître un étui contenant un revolver attestant crânement de la réalité de sa fonction. Les yeux sombres dans un regard fixé sur la jeune femme, l'air méchant, il attendait patiemment une réponse.

— Heu ! Je m'appelle Aglaé, docteur Aglaé Mallory, je suis envoyée par le Professeur Ballard au chevet du docteur Grans afin de lui faire une injection.

D'abord l'homme fronça les sourcils, comme s'il avait compris le subterfuge. Mais très vite son visage reprit une allure qui rassura aussitôt Alice qui sentit son cœur battre un peu trop fort sur ce coup. Ce n'était pas le moment de surchauffer plus que de raison un corps qui devait déjà dépasser la température acceptable.

— OK ! Suivez-moi, mademoiselle, je vais vous conduire à sa chambre.

Sans se faire prier, elle lui emboîta le pas dans la direction qu'il proposa. Il avait une foulée alerte, se retournant de temps en temps pour vérifier que la jeune femme continuait bien à suivre le rythme soutenu qu'il imposait, cadencé par les battements volontairement prononcés de ses talons. De dos, il était encore plus impressionnant. La largeur de ses épaules laissait supposer certaines difficultés qu'il devait rencontrer pour s'habiller… et pour se chausser également… le fort claquement provoqué par ses chaussures frappant le sol s'expliquant certainement autant par la pointure impressionnante de ses souliers que par son imposante masse corporelle. Dans son sillage, un léger parfum subtil s'égarait dans les couloirs qu'ils traversaient ne laissant aucun doute sur le brin de rafinement qui émanait de cet impressionnant personnage. Quelques instants furent suffisants pour parvenir devant un bureau vitré, fortement éclairé.

— Vous devez d'abord signer le registre !

Alice masqua du mieux possible sa réaction. Elle redressa sa tête vers le regard haut perché du garde et répondit :

— Ok ! Comme d'habitude !

Et il l'invita à entrer dans la pièce déjà occupée par un autre homme posté devant des écrans de contrôles.

— Je vous ai vu arriver ! C'est pour quoi ?

— Piqûre du malade. Elle va signer le registre… Mam'selle Aglaé… Mallory Aglaé.

Alice emprunta le stylo du garde en faction et lança rapidement une griffe sur le cahier qu'il lui présentait. Le surveillant reprit son stylo et jeta un œil au visa de la jeune femme. Alice, en feignant de ne pas se rendre compte de la réaction de ce dernier, tenta immédiatement de détourner son attention, en lui assénant un grand sourire séducteur.

— Comment va-t-il ? A-t-il eu une nouvelle crise ?

— Non ! Tout va bien. Rien à signaler. Il reste prostré dans son coin sans bouger.

3-18

— Chéri, j'ai une lettre pour toi. Je ne voulais pas t'en parler en la présence de ce… Pierre, par crainte qu'il ne me demande de la lui remettre. Tiens, elle est dans mon sac.

L'enveloppe ne porte aucun signe particulier, juste l'adresse de Franck correctement affranchie d'un timbre parfaitement ordinaire. Elle semble pratiquement vide et seule une petite feuille se laisse deviner par transparence. D'un coup de doigt tranchant, il en extrait un petit bout de papier sur lequel est noté les informations suivantes :

Caravane ADRIOU bleue Poste 7 Allée Nord Ouest RDV le jeudi 27 août (clé sous l'étagère du placard de la cabine cuisine)

— Jeudi 27 ! Mais c'est aujourd'hui !

— Que se passe-t-il ?… Explique-moi !… Montre-moi ce papier s'il te plaît !

Franck regarde Sylvie, après quelques secondes lui tend le document, et se dirige vers le bureau d'accueil du camping pour récupérer le plan du terrain.

Le camping s'étend sur plusieurs hectares et chaque secteur est repéré par un poste regroupant les sanitaires nécessaires et suffisants pour la quantité d'emplacements desservis aux alentours. Le poste 7 situé à environ cinq cents mètres du bungalow est en bordure du camp et la fameuse allée Nord Ouest distribue un coin plutôt isolé de la zone.

Ayant apparemment localisé l'endroit recherché, Franck plie la carte, la range dans la poche de son short et avance tout de go vers sa destinée. En quelques enjambées, surexcité par cette situation extraordinaire il se retrouve devant trois caravanes dont une Adriou bleue avec des traits blancs, les deux autres étant totalement blanches. Il s'avance vers le véhicule et s'apprête à tourner la poignée de la porte lorsque…

— C'est moi !

— Sylvie ? Que fais-tu là ?… Tu… enfin… je…

— Tu veux que je parte ?

Franck ne pouvait que craquer devant la tendresse blottie dans le fond du regard de sa femme. Il se retourne et, en ouvrant l'entrée de l'habitacle, avant d'y pénétrer lui répond :

— Bien sûr que non, mais…

— Ne t'inquiètes pas, je me ferai toute petite.

Pas totalement persuadé qu'il prenait la bonne décision, il la laisse pourtant le suivre à l'intérieur. Puis recentrant toute son attention sur ses recherches, il s'avance dans la pénombre d'une intimité orangée provoquée par des rideaux peut être un peu défraîchis, mais encore suffisamment colorés. Sur la droite, une cabine est meublée en petite kitchenette plus pratique que jolie. Tout de suite Franck y remarque un placard qu'il ouvre aussitôt cherchant cette fameuse clé sous chacune des étagères. Et c'est sous la dernière que, scotchée, elle apparaît enfin sous la palpation de ses doigts scrutateurs. En l'arrachant à sa cachette, il fait tomber à ses pieds une petite feuille de papier sur laquelle est noté au feutre bleu :

Coffre sous banquette

Franck se précipite alors vers le coin repas et soulève chacun des coussins des banquettes pour accéder aux coffres qu'ils recouvrent. À l'intérieur d'un de ceux là, il découvre un compartiment fermé par un solide verrou qu'il s'empresse de débloquer grâce à la clé qu'il vient de trouver quelques minutes auparavant.

— Un téléphone et un lecteur vidéo ! Qu'est-ce que ça veut dire ?

Sylvie rappelle tout à coup sa présence à son mari qui se retourne vers elle pour exprimer également son étonnement devant ces découvertes pour le moins surprenantes.

— Regarde, il y a un message !

Effectivement, une petite enveloppe caractéristique clignote sur l'écran de l'appareil qu'ils viennent de découvrir. Franck se saisit du portable et hésite un instant pour consulter la messagerie. Que devait-il faire avec tout ça ? Ce message était il le lien avec Lionel ? Après tout, le meilleur moyen de le savoir était peut-être de l'écouter ce sacré message. Encouragé par le sourire de sa femme, il décide d'entendre ce que réserve la communication en mémoire.

— Franck ! Rappelez-moi au rappel automatique dès que vous aurez entendu ce message. À tout de suite, Lionel.

Suivant ces instructions, il appuie sur la touche correspondante et après quelques sonneries, se trouve en communication avec une voix qu'il reconnaît immédiatement.

— Salut Franck ! Vous êtes pratiquement à l'heure. Vous n'avez guère mis de temps pour tout découvrir ! Je vais pouvoir vous montrer certaines choses qui risquent d'une part de vous surprendre, mais surtout de vous choquer, vous et votre femme Sylvie qui est près de vous n'est-ce pas ?... (Franck se retourne vers Sylvie en fronçant les sourcils) ne soyez pas surpris, je vois et je sais beaucoup de choses. Mais là n'est pas le propos, vous allez suivre mes instructions. Tout d'abord, prenez le lecteur DVD et lorsque je vous le dirai, vous actionnerez le bouton « marche ». Vous me suivez toujours ?

— Heu ! Oui.

— Je préfère vous prévenir dès maintenant, je vais déclencher chez vous plusieurs voyages qui risquent de vous perturber...

Franck reste muet le téléphone rivé sur l'oreille droite, les yeux passant, alternativement, du coffre vers sa femme. Un peu fébrile, il sent un horrible doute l'envahir progressivement. Devait-il continuer à écouter cet homme qu'il n'avait, après tout, jamais rencontré ?... des voyages qui vont le perturber ! ?... qu'entendait-il par là ?

— Franck ? Qui est au bout du fil ? Qu'est-ce qu'il t'a dit ? raconte-moi, bon sang !

— Écoute-moi ! C'est difficile de tout t'expliquer ! Il faudrait tout reprendre depuis le début. Je...

— Enfin, tu m'en veux encore ! Je le sens bien !...

— Stop ! intervient alors Lionel. « Franck, vous vous engueulerez à un autre moment, maintenant nous avons à travailler. Appuyez sur la touche « Marche » dès que vous vous sentirez prêt. »

Franck s'approche du visage de Sylvie et, en lui donnant un petit baiser,

— Fais-moi confiance, aussitôt que possible je t'expliquerai... et il appuie sur le bouton.

Autour de lui, tout s'efface, tout disparaît, le décor s'évapore petit à petit dans un brouillard de plus en plus épais. Il commence à sentir comme une forte tension sur toute la peau de son corps, de ses pieds jusqu'aux extrémités de ses doigts. Impossible de remuer, il reste comme bloqué sur place, englué dans une ambiance lourde et compacte. Et, comme par magie, un paysage commence à apparaître devant lui, puis sur les côtés et derrière lui aussi. Des immeubles, des hommes et des femmes qui courent dans tous les sens, puis des cris envahissent progressivement l'espace proche. Les bâtiments sont en feu et une chaleur intense l'oblige à reculer, pour tenter de fuir cet enfer.

— Au secours ! Aidez-moi ! Ne me laissez pas ! Ne laissez pas mourir mon enfant ! Par pitié !

Une femme se tord de douleur devant ses yeux. Il s'approche d'elle et tente de la soulever... mais, malgré ses gestes, ses bras... la traversent... que se passe-t-il ? Tout autour de lui n'est que chaos... Non ! c'est pas possible, où suis-je ? Franck, désabusé, s'assoit et se prend le visage dans les mains...

Dans cette position, Franck n'aperçoit pas tous les mouvements particuliers qui vaporisent tout à coup les éléments qui l'entourent. En ouvrant les yeux, il redresse la tête et son regard se pose sur un décor complètement différent. Il semble se trouver maintenant au bon milieu d'un village presque en ruine. Une atmosphère inquiétante émane de tous les recoins de chaque maison. Là-bas, à quelques mètres devant lui, un homme, prostré le long d'un mur pratiquement écroulé, répète quelque chose sans cesse. Franck se rapproche pour mieux percevoir la rengaine de sa supplique.

— Pourquoi, malgré notre dur labeur pour ériger toutes ses statues afin qu'ils nous protègent, nos Dieux et surtout Maké-Maké nous ont ils laissés dépérir ?

Franck essaie de répondre à l'homme qui pleure à ses pieds, mais sans succès. Aucun son ne peut s'échapper de sa bouche. Il s'écarte légèrement et en effectuant un quart de tour sur sa gauche comme attiré, soudain, par ce qu'il découvre dans le lointain… sept énormes formes se détachant dans l'horizon d'un soleil rouge se couchant. Excité par une curiosité obsédante, il se dirige rapidement vers cette vision surréaliste qui grossit progressivement à son approche…

— Mon Dieu !… Ce sont les statues de l'île de… Non ! Ce n'est pas possible ! Je suis sur l'île de Pâques, conclut-il en stoppant sa course à quelques mètres des Moaïs.

C'est alors que son attention est brusquement attirée par des cris et des mouvements particulièrement hystériques provenant de nombreux points disséminés sur une grande partie des terres vierges de toute végétation. Des hommes et des femmes s'acharnent violemment de toute une énergie du désespoir sur de nombreuses statues Moïs plantées ci et là dans les espaces désertiques qui recouvrent à perte de vue l'île. Certains finissent même écrasés en hurlant sous les masses énormes qui s'effondrent sur eux suite aux coups sans cesse renouvelés sur les monstres de basalte. Mais pire encore… est l'acharnement des autres pour récupérer les morceaux des corps mutilés… non pas pour les sauver, mais… pour les dévorer !

— Quelle horreur ! Comment ont-ils pu en arriver là ?

Brusquement, un éclair déchire le zénith et attire le regard de Franck vers le ciel. Au même moment, un coup de vent le bouscule sur place. Puis une sorte de tourbillon se forme proche de lui et vient l'envelopper en cinglant ses membres et son visage des multiples particules en mouvements dans l'espace. Il se sent comme porté au centre d'une mini-tornade qui l'extirpe de l'enfer qu'il était en train de vivre quelques instants plus tôt. Puis, doucement la tempête se dissipe et le cadre redevient plus stable autour de lui.

Il découvre alors un ensemble de ruines composé de plusieurs huttes dont les parois recouvertes de boue séchée avaient très certainement empêché qu'elles se consument totalement dans un incendie dévastateur. Le sol est couvert de corps sans vie et l'odeur pestilentielle fait presque oublier l'état dans lequel les cadavres sont exposés sous ses yeux hagards. Tout n'est que désordre et désolation. De nombreux débris, encore fumant, jonchent les lieux dans tous les coins de ce qui semble avoir été un village.

— Où suis-je encore tombé ? pensa-t-il. Qu'est-ce que tout cela signifie ? Bon sang, Lionel ! Que voulez-vous me faire comprendre ?

Fort incommodé non seulement par les émanations fétides que par la vision d'horreur qui s'imposent à lui, Franck fuit alors le terrible paysage en empruntant le premier chemin frayé au travers d'un épais massif qui se présente devant lui. Les branchages et les feuillages lui fouettent le visage pour bien lui rappeler une réalité pourtant si irréelle. En dégageant du bras droit une branche basse, il se relève et découvre alors une vue extraordinaire.

— C'est pas vrai ! lança-t-il complètement stupéfié.

Il venait de parvenir devant un gigantesque édifice lui faisant magistralement face. La forme très caractéristique de ce monument ne lui laissait aucun doute sur sa découverte : il était au pied d'une immense pyramide Maya…

3-19

Francis s'était effondré derrière l'ordinateur juste après avoir lancé le processus de connexion. Malgré ses efforts pour ne rien faire paraître devant Alice, il avait quand même perdu connaissance quelques minutes. Il se savait atteint par la maladie depuis quelques jours déjà et les symptômes ne lui laissaient aucun doute sur son état. Finalement il n'avait guère insisté devant l'obstination de sa compagne, car il s'avait qu'il ne pouvait plus réaliser de voyage sans un risque de transmission du virus. Il reprenait petit à petit ses esprits afin de conserver toute sa vigilance dans sa maîtrise de chacun des écrans de contrôles.

— Tout ce passe comme prévu ! Reviens-moi vite ma belle, tu tiens notre vie entre tes neurones.

Un des deux infirmiers qui avaient emmené les corps inertes de Phil et de Randock, bien emmitouflé dans sa combinaison étanche, venait d'apparaître à la porte du laboratoire.

— Nous maintenons le Professeur Grandt dans un état végétatif afin que la maladie ne se développe pas plus rapidement. Par contre, il ne lui reste plus très longtemps à vivre… malgré sa grande résistance, son corps ne pourra pas lutter indéfiniment contre l'irrémédiable…

— On n'a pas le droit de jeter l'éponge ! On se battra jusqu'au bout ! Vous m'entendez… jusqu'à notre dernier souffle !

Francis vacilla tout à coup et se rattrapa aussitôt au bureau qui lui faisait face.

— Monsieur ! Qu'est-ce qui vous arrive ?… Vous… vous êtes malade ?… Non ! Pas vous !

— Tout va bien ! Juste un peu de fatigue. Ne vous préoccupez pas de moi ! Par contre donnez-moi au plus tôt un état du Centre. Je veux savoir qui est infecté. Équipez tous les autres de combinaisons de protection.

L'homme resta quelques secondes figé devant Francis, il essaya même de s'approcher de lui, mais un geste sans équivoque l'arrêta dans son élan. Se sentant impuissant, il l'observa une dernière fois et en tournant les talons :

— Je vais vous faire un bilan, Professeur. Vous l'aurez aussi rapidement que possible. Appelez-moi au cas où…

Et il sortit de la pièce laissant le laboratoire et son occupant envahis par le monstre invisible.

3-20

Le gardien accompagna Alice jusqu'à la porte de la chambre dans laquelle était cloisonné le docteur Grans.

— Prête à entrer dans la cage au fauve ? dit-il, avec un large sourire un peu niais en essayant d'être un peu ironique.

Le regard d'Alice arrêta net les plaisanteries limites de ce gaillard qui tourna enfin sa clé dans la serrure. La porte s'ouvra lentement laissant apparaître un homme recroquevillé sur lui-même dans le fond d'une pièce vierge de tout décor et désespérément blanche. L'homme l'invita à entrer en esquissant un large geste de la main gauche.

— Allez Princesse, je vous laisse. Ne m'en veuillez pas, mais j'ai horreur des piqûres. Quand vous aurez terminé, faites un geste en direction de la caméra et je viendrai vous ouvrir.

Il montra l'appareil juché pratiquement au-dessus de la porte d'entrée, puis il la referma derrière lui, laissant Alice face au docteur. Elle resta d'abord immobile quelques instants… puis s'approcha doucement de Grans. Il ne bougeait pas d'un iota, certainement gavé de soporifiques lui enlevant une bonne partie de sa conscience.

— Docteur Grans ! Je m'appelle Alice et j'ai besoin d'un peu de votre sang.

Grans ne broncha pas.

— Rappelez-vous de Phil ! Je viens vous prélever ce qui sauvera l'humanité.

Le docteur se retourna doucement pour faire face à Alice.

— Qu'est-il arrivé à cet homme ? Que voulait-il dire par « pour que le futur ne soit pas la fin du monde ? »

— Je vous en prie, parlez moins fort ! Faites comme si je n'étais qu'une simple infirmière ! N'attirez pas l'attention des gardes sur nous ! S'il vous plaît !

— Que voulez-vous ? Expliquez-moi ! J'ai vu cet homme disparaître en cendres, là, juste devant moi ! Il était de plus en plus chaud…

— Calmez-vous ! C'est nous qui l'avons envoyé. Nous avons besoin du sérum. Nous savions que vous vous l'êtes injecté…

— Je ne comprends rien à vos explications…

— Écoutez, je n'ai que très peu de temps ! Laissez-moi prendre un peu de votre sang et je disparaîtrai et vous n'entendrez jamais plus parler de moi !… En fait je viens du futur…

Alice avait osé lancer cette information sans réfléchir une seule seconde aux éventuelles conséquences qui auraient pu s'avérer désastreuses pour son objectif.

— Le futur ? Vous vous moquez de moi !

— Non ! Nous avons réussi à voyager dans le temps pour récupérer l'élément qui sauvera le reste des survivants d'un monde complètement délabré par la faute de quelques imbéciles irresponsables…

— Ne m'en dites pas plus ! Avec ce que j'ai lu… Comment puis-je vous faire confiance ?

— Heu ! Nous avons récupéré le dossier de Franck…

Grans se redressa d'un coup. Ce nom, il l'avait vu en parcourant les documents découverts dans le bureau du Professeur Ballard. Après tout, se dit-il, qu'avait-il à perdre. Il se sentait plutôt en confiance avec cette femme et, après une courte réflexion, il releva la manche de sa blouse et offrit son bras à la seringue brandie par la jeune femme. Puis il s'appuya contre la paroi du mur en attendant la fin du prélèvement.

Alice le regarda un moment, lui serra le haut du bras avec un garrot en caoutchouc et enfonça délicatement l'aiguille dans la plus grosse veine apparente de son avant-bras. En desserrant le garrot, elle surveilla alternativement le visage du docteur et l'ampoule qui se remplissait doucement. Plus que quelques secondes… ces dernières semblèrent durer des heures… Voilà ! La fiole était enfin totalement remplie du précieux plasma. Elle retira l'aiguille et nettoya la petite plaie par un coton qu'il coinça en pliant son coude. Puis elle se leva et se posta devant lui… D'un coup, elle s'approcha rapidement de lui pour donner un léger baiser sur sa tempe.

— Merci Docteur !… Mais faites attention à vous ! Nous ne vous oublierons jamais !

Alice lui jeta un dernier regard et se dirigea vers l'entrée. Albert Grans la regarda s'éloigner et se coucha comme épuisé par tous ces événements. La jeune femme fit le signe prévu à l'attention des yeux invisibles cachés derrière la caméra qui fixait inexorablement la pièce. Quelques secondes plus tard, au moment même où la porte s'ouvrait laissant apparaître la silhouette du garde, elle entendit comme un rugissement derrière elle. Le docteur se rua tête baissée sur le nouvel arrivant et le projeta, malgré son imposante stature, contre le mur du couloir. Presque assommé, le gardien mit un petit moment à reprendre ses esprits pour apercevoir son agresseur s'enfuir dans le fond du corridor.

— STOP ! ARRÊTEZ-VOUS ! cria le vigile en sortant son arme. Madame, allez au poste de garde et donnez l'alarme.

Puis il se releva et se mit aussitôt en chasse du fugitif. Alice, un peu décontenancée, comprit que Grans lui offrait alors une formidable diversion pour faciliter sa fuite. Elle se dirigea immédiatement vers la salle de contrôle et se glissa furtivement devant la porte afin d'éviter de se faire voir. À l'intérieur du poste, l'excitation était à son paroxysme puisque toute la scène avait été suivie sur les écrans de surveillance.

— ... oui, Professeur ! Il vient de s'échapper, mais mon collègue n'est plus très loin de lui... Comment ?... c'est le docteur Malorry... oui ! Aglaé... Comment ?... Je... je m'en occupe... oui ! tout de suite !

Alice n'avait bien sûr pas attendu la fin de la conversation téléphonique qu'elle venait de surprendre à son passage. Elle s'engouffra dans les premières toilettes qu'elle croisa et s'enferma dans un des compartiments.

— Je n'ai plus beaucoup de temps ! pensa-t-elle, mais il vaut mieux que je me l'injecte dès maintenant.

Elle prit la seringue, pompa le prélèvement et se l'inocula aussi vite qu'il lui était possible de le faire dans son avant-bras. Elle commençait à transpirer à grosses gouttes autant par le stress de ces instants particulièrement éprouvants que par le fait de l'échauffement inexorable que son corps entamait. Il lui restait une dizaine de minutes tout au plus pour rejoindre son point de départ avant que le processus irréversible ne se déclenche. Elle souffla un grand coup, se leva et envoya la seringue dans la cuvette. Puis elle se rapprocha de l'entrée et jeta un coup d'œil à travers le filet entrouvert de la porte avant de s'engager sans crainte dans le couloir.

— Je vais prendre les escaliers de service, ce sera plus tranquille ! se dit-elle en progressant dans la direction opposée au poste de surveillance.

Derrière elle, des cris, des ordres fusaient au travers des coursives ne laissant aucun doute sur le degré d'excitation qu'elle et le docteur avaient provoqué. Plus une seconde à perdre, ce temps qu'elle croyait maîtriser jouait maintenant contre elle.

Elle descendit quatre à quatre les deux étages qui la séparaient de la maternité. Et, à peine arrivée à la porte du niveau qu'elle venait d'atteindre, elle entendit au loin les hurlements d'un groupe de poursuivants qui, semble-t-il, venait de pénétrer à leurs tours dans la cage d'escaliers.

— Je l'entends ! lança l'un deux, elle est là, plus bas ! Suivez-moi !

Ces poursuivants n'étaient plus guère qu'à quelques mètres à ses trousses et le service Maternité semblait de plus en plus loin. Alice s'essuya le front. La chaleur l'envahissait de plus en plus malgré tout les exercices de respiration qu'elle venait d'entamer. Enfin, elle parvint devant l'accès à la Maternité et en poussa violemment les portes pour se diriger rapidement vers la salle de repos des sages femmes. Les locaux étaient fort heureusement vides de leurs occupants. Elle se déshabilla et alla se rafraîchir au petit lavabo qu'elle avait découvert à son arrivée.

— Il est temps de rentrer à la maison ! Plus que cinq minutes.

Ces quelques minutes qui restaient avant le contact prévu pour le retour furent interminables. Elle entendit une agitation de plus en plus présente dans les couloirs bordant la pièce dans laquelle elle s'était réfugiée. Encore trois minutes… les bruits de course se rapprochaient… puis s'éloignaient de la porte d'accès… plus que deux minutes… Alice replongea ses mains sous le robinet d'eau fraîche et s'aspergea le visage puis le corps tout entier… plus qu'une minute… un homme fit alors irruption dans le local. Il cria :

— ELLE EST LÀ ! AMENEZ-VOUS !

3-21

— Franck ! Je t'en supplie, revient parmi nous !

Franck se trouve dans une position peu orthodoxe. En effet, vautré dans le fond de la banquette du coin repas de la caravane qu'il venait d'investir quelques minutes au préalable, il émergeait difficilement d'une espèce de mi-rêve fantastique, mi-cauchemar horrifiant. Ses yeux encore remplis d'images extraordinaires avaient beaucoup de mal à s'équilibrer face la réalité tellement plus confinée de la cabine dans laquelle il retrouvait Sylvie le téléphone collé à son oreille droite. Il lui fallut un petit moment pour reprendre ses esprits et suffisamment de lucidité pour se relever et récupérer le combiné afin de pouvoir communiquer avec Lionel. Enfin, après s'être passé la main sur le visage, puis dans sa chevelure jusqu'à la base de son crâne comme pour se l'aérer légèrement, éviter un trop fort mal de tête et se remettre les idées en place, il décide de répondre à l'insistance de la voie lointaine de Lionel.

— Franck ! Allô, Franck, vous m'entendez ? Sylvie, passez-moi Franck s'il vous plaît !

— C'est Franck !

— Ho ! Tout va bien ? Je sais que vous devez un peu accuser le coup devant des visions si terribles. Mais il fallait que vous les viviez avant que je puisse vous en parler.

— Je ne comprends pas ! Qu'est-ce que tout ça veut dire ? Qu'attendez-vous de moi, bon sang ? Il faut m'expliquer !

Franck, de plus en plus excédé par une situation qui lui échappe totalement, ne tient plus en place. Son pas résonne en va et vient sur le plancher en bois qui transmet son excitation légitime à tout l'habitacle. Sylvie ne l'a jamais vu dans un tel état d'agitation. Elle essaie à plusieurs reprises de le calmer, sans succès. Que s'était-il donc passé pendant sa perte de conscience ? Elle se doute bien que quelque chose de terrible se trame et elle voudrait l'épauler, mais comment le convaincre de son soutien ? Comment l'aider ?

— Calme-toi ! Assieds-toi et écoutes les explications de ce monsieur…

— Ok ! Ok !

Franck s'assoit enfin, la tête penchée en avant. Après avoir lâché un souffle provenant du plus profond de ses poumons, il appelle Lionel.

— Allez-y, je vous écoute, expliquez-moi !

— Je comprends tout à fait votre réaction. Dans l'inconnu l'inquiétude et la passion s'entrechoquent sans cesse. Ce que vous avez ressenti, à trois reprises, est la détresse des fins de civilisation afin de bien vous faire prendre conscience de ce qui se passera maintenant d'une manière irrémédiable dans les quelques années qui nous restent à vivre. Il était important que non seulement vous voyiez cela, mais que vous le viviez aussi. C'était le petit plus de cette machine qui ressemble à un lecteur de DVD. De mon invention, cet appareil provoque des voyages aux initiés dont vous faites partie.

Lionel entreprend alors une longue explication sur le contexte qui l'avait amené à le sensibiliser avec une telle force.

Toutes ces civilisations disparues par cupidité et égoïsme, rejetant aveuglément leurs erreurs devant le profit, oubliant délibérément les leçons du passé, consommant au-dessus de leurs moyens jusqu'à l'épuisement de leurs ressources et par suite de leur capacité à y survivre, créant toutes sortes de tensions, de violences et de révoltes de plus en plus dures.

— Nous sommes aujourd'hui si peu différents des Égyptiens, des Romains, des Mayas ou même des Petites ou Longues Oreilles de l'île de Pâques. Nous vivons la plupart sans nous préoccuper de l'avenir de notre planète, en lui consommant sans compter toutes ses richesses et en dégradant d'une manière totalement irresponsable tout l'environnement qui assure l'équilibre fondamental de toute vie…

— Mais, attendez ! Je le sais, comme beaucoup autour de nous ! Mais que puis-je faire contre ça ? Vous ne croyez tout de même pas qu'un jeune blanc-bec comme moi va pouvoir empêcher quoi que ce soit !

— Franck, laissez-moi terminer, je vous en prie !… Vous vous rappelez de cette fameuse organisation dont je vous ai parlé hier ! Hé bien, ses membres ont cru pouvoir résoudre tous les problèmes d'un coup de baguette magique. Ils pensaient contrôler cette évolution, mais c'était sans compter que le profit, quand il pénètre dans les esprits même des plus résistants, demeure tellement ancré qu'il ne peut que pourrir les plus belles initiatives au moment le plus inattendu. Et là, malgré toute la prudence de certains et la volonté d'autres, le choix retenu, devant cette dégradation masquée par un semblant d'évolution et de bien-être, fut bien pire que le mal lui-même, puisqu'il nous emmène inexorablement vers l'extinction de notre civilisation.

— Non !!!… Pouvez-vous être plus clair ?

— Déontologiquement, on ne pouvait se résigner à relancer une nouvelle guerre mondiale qui aurait été fatale du fait des puissances destructrices des armes réalisables aujourd'hui. On a d'abord essayé la guerre économique, pas suffisamment efficace. Alors, on a cru qu'un phénomène naturel tel que la maladie pouvait donner une progression mieux maîtrisable à notre objectif. D'abord ce fut avec le cancer, puis le sida. Mais ce n'était pas suffisant pour certains. Alors nous avons profité de cette opportunité qui nous arrive tout droit des pays en forte démographie comme l'Asie. Il suffisait de diffuser le virus H5N1 dans certains coins stratégiques de la planète et la principale loi de la nature s'occuperait de rétablir l'équilibre attendu.

— Mais, c'est monstrueux ! C'est encore tous les pauvres gens qui trinquent ! Comment avez-vous pu prendre de telles décisions ?

— C'est pire que ce que vous pouvez imaginer et vous trouverez certaines informations dans un dossier caché derrière un des meubles de la chambre que vous avez occupée dans la maison de Pierre. Mais venons-en au fait de votre rôle dans tout ça. Aujourd'hui, nous ne pouvons plus inverser le processus. La maladie va s'étendre progressivement sur tout le globe. Inexorablement, chaque continent sera touché puis dévasté. Impossible de faire entendre raison sur ce fait. Les plus grandes puissances sont persuadées qu'elles maîtrisent parfaitement la situation et nous ne sommes que trop peu nombreux à essayer de tout stopper. La machine est malheureusement en route…

— Mais comment pouvez-vous en être si sûr ?

— J'y viens. En fait, j'ai réussi à faire un voyage dans le futur… un seul et unique… mais j'ai vu le résultat ! C'était terrible ! Pendant ce très court passage, j'appris que seule une petite équipe, quelque part, pas très loin d'ici d'ailleurs, continuait à effectuer des recherches sur ce fléau qui avait déjà rongé la grande majorité de la population mondiale et qui continuait à se répandre avec de plus en plus de virulence. Malheureusement, je n'ai pas pu en savoir plus ! J'ai pourtant tenté d'en réaliser... au moins un autre pour me rapprocher d'eux, sans succès ! Impossible de me reconnecter dans l'avenir. Et c'est là que vous devenez très important ! Tout à l'heure, j'ai vérifié vos capacités de déplacement dans l'espace-temps et maintenant je n'ai plus aucun doute : vous aller pouvoir vous rapprocher de ce fameux groupe de chercheurs et les aider à sauver ce qui restera de l'humanité.

— Les aider ? Pourquoi, vous avez la solution, l'antivirus ?

— Pensez-vous ! Bien sûr que non, car si nous l'avions, nous ne vous aurions jamais contacté...

— Mais, alors... je ne vous suis pas !

— Pour réussir, ils doivent récupérer un peu de plasma contenant tous les anticorps nécessaires à la confection du sérum salvateur auprès d'un certain docteur Grans, Albert Grans. Le problème est qu'ils ne vivent pas à la même époque, puisqu'ils ne seront prêts qu'en 2018 et ce fameux docteur mourra juste après la découverte du précieux vaccin, c'est-à-dire dans approximativement quatre ans... (sentant venir l'intervention de Franck, Lionel réagit aussitôt) Ne me demandez pas comment je le sais... vous l'apprendrez bien assez tôt !... En fait votre rôle doit, et j'insiste bien là-dessus, uniquement se borner à les guider, sans jamais intervenir directement sous peine de créer un déséquilibre qui serait pire que le mal lui-même... je vous le garantis, et j'en suis une preuve vivante...

Même si le ton de Lionel semble sans appel, il suscite chez Franck une telle confusion dans son esprit, qu'aucune question ne s'échappe spontanément du flot d'interrogations qui submergent son cerveau. Il reste plusieurs secondes sans un mot, le regard dans le vide et le téléphone rivé à son oreille, comme pour s'assurer que chaque mot entendu pénètre bien dans sa mémoire pour lui permettre, en temps voulu, de tout analyser. C'est Lionel qui relance alors la discussion en rompant ce silence empli de perplexité.

— Avez-vous digéré mes propos ?

— Heu ! Oui… ou plutôt non… enfin pas tout ! Vous me parlez de sauver l'humanité… mais les autres, ceux qui me traquent depuis le début ? Ne veulent-ils pas la même chose ?

— Les autres ne désirent que récupérer l'antivirus pour protéger leur communauté, le reste du monde, ils s'en moquent…

— C'est ignoble…

— Franck, calmez-vous ! Vous allez quitter ces lieux et vous rendre au plus tôt dans la maison de Pierre. Puis, c'est sur place que vous trouverez les instructions qui vous permettront de continuer cette aventure.

— Et Pierre ?

— Pas d'inquiétude, vos amis vont vous escorter et il n'en saura rien. Avant qu'il ne réagisse, vous serez suffisamment à l'abri pour accomplir votre mission.

3-22

Alice sursauta quand, soudain, elle vit un individu pointer sa tête dans l'encadrement de la porte. Comme elle était nue, son premier réflexe fut de se précipiter sur la blouse qu'elle venait de retirer quelque temps auparavant, dans le but louable de couvrir son intimité. Puis elle se réfugia dans le fond de la pièce afin de s'écarter le plus longtemps possible de tout contact avec ses poursuivants.

— Qu'est-ce qu'il se passe ? pensa-t-elle. Je devrais être déjà partie d'ici !

Un homme, puis un deuxième, puis toute une bande s'engouffrèrent en grand fracas dans le local maintenant ouvert à tout vent. Puis ils se dispersèrent aux quatre coins de la salle faisant face hardiment à la fugitive toute recroquevillée devant tant d'armes pointées sur elle.

— Plus un geste ! gueula l'un d'entre eux.

Au même moment, deux nouveaux arrivants se pointèrent entre les armes et la jeune femme. Sur leurs blouses, des étiquettes annonçaient leurs identités : Professeur Ballard et Docteur Jacques. Ils faisaient de grands signes pour calmer les gardes mais semblaient très excités de leur découverte. Alice, quant à elle, était de plus en plus inquiète. Non seulement le contact qu'elle attendait ne se produisait pas, mais, en plus, elle se retrouvait coincée devant tous ces gens, sans aucun moyen de faire diversion.

— Qui êtes-vous ? demanda le Professeur. Qu'êtes-vous venue faire dans cette clinique ? Qui vous envoie ? Pour qui travaillez-vous ?

Les questions fusaient de toutes parts. Alice, essayant de se calmer afin de ne pas entamer toutes ses chances de retour vers son époque sans succomber à un échauffement fatal, ne répondit pas. Elle resta assise, tenant ses jambes dans ses bras, tout en fixant le groupe pour ne pas se laisser intimider. Le Professeur s'avança vers elle et lui tendit sa main pour l'inviter à le suivre. Comprenant sa gêne, il lui offrit un peignoir afin qu'elle puisse se couvrir devant tous ces lascars attendant l'instant où elle dévoilerait ses atouts.

— Nous ne vous voulons aucun mal ! Comprenez-vous ma langue ? Suivez-moi, je vous en prie, nous allons discuter plus à notre aise dans mon bureau… Messieurs ! vous pouvez baisser vos armes, je maîtrise la situation…

À ce moment précis, Alice sentit des picotements d'abord à toutes ses extrémités puis se répandant très rapidement sur tout son corps. La chaleur commençait à l'envahir par l'intérieur. Enfin ! C'était le moment qu'elle attendait tant ! Elle repartait !… Ballard et Jacques eurent d'abord un recul. L'espace avoisinant la jeune femme devenait presque électrique. Une sorte de souffle les écartait progressivement du point de contact et il leur était de plus en plus difficile de rester immobiles. Leurs yeux les piquaient agressés par une sorte de poussière invisible. Un des gardes cria :

— C'EST UN STRATAGÈME ! ELLE VA S'ENFUIR ! TIREZ…

— NON ! JE LA VEUX VIVANTE, NOM DE DIEU ! répliqua le Professeur.

Mais, inexorablement, la situation lui échappait. Alice s'évaporait tout doucement mais sûrement vers un autre monde, une autre époque avec en elle le précieux sérum. Dans le fond de la pièce, on n'apercevait plus qu'une silhouette flottant dans un brouillard bleuté qui absorba en quelques secondes les restes de son ombre virtuelle.

— MAIS ! FAITES QUELQUE CHOSE ! EMPÊCHEZ-LA DE S'ÉCHAPPER !

Les cris du Professeur demeurèrent inefficaces car, à peine le temps de réagir pour affronter ce phénomène si étrange, aucun des hommes en place ne purent s'approcher ni se saisir de ce... fantôme venant de disparaître devant eux.

— Qu'est-ce que c'était Professeur ?

— Heu !... Rien... rien du tout... juste une image virtuelle pour tester vos réactions... vérifier la sécurité des lieux !... Docteur Jacques ? Rejoignez-moi dans mon bureau, il faut qu'on parle !

Le Docteur, un peu comme chacun des gardes présents dans le local, restait interloqué par ce qui venait de voir. Il ne croyait en rien à la version du Professeur et mit quelques instants à reprendre ses esprits pour le suivre afin d'obtenir les explications qu'il espérait. Les autres, après avoir rangé leurs armes, s'étaient tous regroupés autour de leur chef qui les calma et leur ordonna de retourner chacun à leurs postes...

* * *

... Alice venait d'être enfin propulsée à nouveau dans les méandres du temps, en plein intervalle de périodes d'avant et d'après, du passé au futur. Elle était particulièrement secouée dans un flot de moments indéfinis aussi limités que gigantesques. Elle avait l'impression de revoir toute sa vie dérouler son tapis d'un royaume construit par sa mémoire et ses gènes les plus profonds. Baignant dans une sorte de liquide lourd la maintenant dans un équilibre précaire agité par des remous parfois même assez violents, elle se laissait aller au gré des instants qui l'emmenaient vers son vrai destin. Puis, comme si rien ne s'était passé ou plutôt comme si une avance rapide avait tout projeté dans un coin de son histoire, elle vit se redessiner, progressivement et de plus en plus clairement au bout d'un tunnel extrêmement lumineux, les traits de son véritable présent. Son corps était bouillant et il était temps que tout cela finisse ou plutôt que tout recommence comme avant afin que le temps revienne imposer son implacable tempo.

Alice se sentit pratiquement éjectée de son état intermédiaire… pour retrouver, un peu douloureusement, un corps dont elle récupérait progressivement toutes les sensations. Elle hésitait à ouvrir ses yeux mouillés d'une part de nombreuses gouttes de sueur qui perlaient de son front, mais aussi de quelques larmes suscitées par autant d'émotion que de tourment. Après avoir délicatement repris le contrôle de ses doigts, puis de ses mains et de ses pieds, Alice s'étira de tous ses muscles exactement comme suite à un profond sommeil. Puis elle ouvrit les yeux et la mémoire lui revint soudain…

— FRANCIS ! Où es-tu ? Comment vas-tu ?

3-23

En effet, Lionel avait bien tout prévu comme la distraction de certains des hommes de main de Pierre par de superbes hôtesses plutôt avenantes, mais surtout en ayant fait affréter un petit cabin-cruser de sept-huit mètres dans l'embarcadère réservé au camping. Apparemment, il se moquait de ce petit bonhomme qui surveillait de très près le couple vingt-quatre heures sur vingt-quatre depuis leur arrivée dans le camp.

Mais ce dernier se rend vite compte du complot. Aussitôt, il ne manque pas à sa responsabilité en dialoguant avec le col de sa veste :

— Patron ! Ils se dirigent tout droit vers le petit port. Qu'est-ce que je fais ? Où sont les autres ?

Son oreillette à peine visible qu'il maintient bien en place à l'aide de sa main droite trahit immédiatement son état vis-à-vis de son entourage.

— Bien, Monsieur ! Je ne les lâche pas... Oui, je les rattrape... je... les empêche de... partir... je vais essayer... oui ! bien ! Je... J'y vais... Putain, c'est pas vrai ! Qu'est-ce que je peux faire tout seul ? Mais où sont les autres ?

Il prend alors ses jambes à son cou et se précipite vers le quai. Son regard balaye rapidement les lieux pour apercevoir les fugitifs sautant à bord du bateau. Se rapprochant de l'embarcation, il sort son revolver et crie, menaçant :

— STOP ! NE BOUGEZ PLUS !

Mais déjà les cordages ne retiennent plus la vedette qui prend immédiatement la direction de la pleine mer. L'homme reste dépité au bord de l'eau, son arme d'abord pointée vers les fuyards puis rageusement abaissée de peur de provoquer un incident plus grave que la fuite elle-même.

— Hé merde !... Chef ! Ils viennent de s'échapper... Non ! Je n'ai rien pu faire... vers le Sud-Est... Bien, bien ! Ok ! J'en emprunte un tout de suite... Monsieur, s'il vous plaît ? Police ! Je dois vous emprunter votre bateau !... Patron ? Il exige de venir avec moi !... Ok ! On y va tout de suite... Suivez la vedette qui vient de quitter le port.

La légère brume absorbant les détails d'un horizon incertain, permet tout de même de repérer l'embarcation qui file vers le large. La course-poursuite commence alors sur une houle perturbée par les moteurs à pleine puissance.

Au même moment, dans un coin de l'embarcadère, Sylvie, Franck et Doumé sortent de leur cachette et se dirigent vers une Mercedes aux vitres foncées. Doumé ouvre le coffre et invite ses compagnons à y pénétrer.

— Ce ne sera pas très confortable, mais dès que nous seront sortis du camp, je vous libérerai. Normalement, comme ils vous croient sur le bateau, on ne devrait pas être inquiétés à l'entrée du camp !

La grosse voiture prend alors la direction de l'accès principal du camping. Quelques gardes sont présents et ne manquent pas de jeter un œil à travers les vitres sombres. Ne remarquant rien de particulier, ils n'offrent alors aucune obstruction à la sortie du véhicule. Puis, quelques mètres plus loin, à l'abri de leurs regards, Doumé s'arrête enfin, comme il leur avait promis, pour leur donner une position plus confortable afin d'effectuer les quelques heures de voyage qui les séparent encore de la maison de Pierre…

* * *

— Comment avez-vous pu les laisser s'échapper? Décidément, vous êtes un bon à rien!

Le Commandant était furieux. Ses yeux et son visage rouge d'une colère trahissait la limite de sa patience envers tous ces hommes qu'il avait pourtant longuement formés et en qui il avait, par la force des choses, donné son entière confiance. C'était la troisième fois que Franck parvenait à jouer la fille de l'air devant pourtant une grande quantité de moyens mis en œuvre pour l'intercepter. Et il venait, en plus, d'apprendre la diversion qui leur avait à coup sûr fait perdre leur trace.

— Vous avez plus qu'intérêt à les retrouver avant ce soir!

— Commandant, sachez que je suis désolé de ce qui vient de se passer. Mais, croyez-moi, cet homme n'est pas si fort! Je suis certains que quelqu'un de plus puissant est derrière tout ça…

— Mais bien sûr! Je le sais bien! Il fait partie du Cercle Suprême… mais il est intouchable!… Je ne sais d'ailleurs pas à quoi il joue! Allez, plus de temps à perdre en palabres, prenez deux de vos hommes et fouillez toutes ses anciennes planques!

Sans demander son reste, Pierre se retourne et sort du bureau du commandant. Sur la porte, une étiquette dorée mentionne fièrement l'identité et l'état de l'occupant qu'il vient de quitter: Commandant Julius Randocosen.

* * *

Doumé arrive enfin devant le portail d'une grande bâtisse que Franck reconnaît tout de suite. Il sort de l'auto en compagnie de Sylvie avant que le véhicule ne s'éloigne presque aussitôt afin de ne pas attirer l'attention. Sans traîner, le couple se réfugie à l'intérieur de l'immense jardin et se dirige vers le perron qu'ils ne tardent pas à franchir ensemble.

— Mon Dieu ! Comme c'est chouette ici !

Sylvie, avec la curiosité toute naturelle d'une véritable gamine, passe de pièce en pièce en poussant à chaque fois des petits cris surprenants. Franck, quant à lui, grimpe immédiatement dans la chambre qu'il occupait quelque temps auparavant afin de trouver les feuillets dont lui avait parlé Lionel. Il ne lui faut pas plus de dix minutes pour les découvrir scotchés sous la commode. Attiré par un passage surligné en jaune, il s'assoit et en entreprend la lecture. C'est à ce moment précis que tout bascule autour de lui…

3-24

Franck est propulsé dans une ambiance toute particulière, aussi électrique que tortueuse. Rien n'est clair autour de lui, sauf peut être ces images qui arrivent et repartent aussitôt comme dans un rêve... dans un rêve ! Hé oui ! Il est en plein milieu d'un rêve !...

— Mais que s'est il passé ? Où suis-je ?... un rêve ? Et à qui appartient ce... rêve, ou plutôt ce cauchemar ! pense-t-il.

En effet, l'atmosphère est plutôt agitée dans la tête de son hôte. Les flashs qui éclairent ses pensées trahissent une certaine nervosité difficilement maîtrisée. Il voit, tour à tour, un homme assit sur une chaise bizarre affublé de tout un attirail qui soudain disparaît dans un éclair verdâtre, puis un docteur semblant assez mal en point devant de nombreux malades qu'il essaie de soigner en vain, et encore cet homme plongé dans un dossier qu'il croit reconnaître. Soudain une voix lointaine retient son attention :

— Comment récupérer le sérum sans pouvoir voyager physiquement ?

Voyager ? Le sérum ? Le docteur qu'il venait de voir... Tout re-bouclait soudain avec les propos de Lionel. N'était-il pas dans l'esprit de...

— Non ! Ce n'est pas possible ! Je dois être dans l'esprit d'un des chercheurs du groupe dont m'a parlé Lionel tout à l'heure ! C'est incroyable.

Tout excité de sa découverte, il essaie de communiquer avec le rêveur… mais… sans succès, et après quelques minutes, malheureusement il ne peut que se rendre à l'évidence : aucun contact ne semble possible ! Son insistance provoque même une réaction soudaine de son hôte et, tout à coup, les semblants de repères redeviennent totalement flous tout autour de lui…

— Franck ? Franck ? Tout va bien ? Tu as dû repartir dans tes inconsciences ! C'est moi, Sylvie ! Tu m'entends ?

Franck reprend tout doucement la maîtrise du temps présent en distinguant d'abord sa femme de plus en plus clairement, puis tous les objets qui l'entourent. De fortes douleurs à la base du crâne l'empêche de se redresser d'un coup. Il se rassoit contre le bord du lit en se tenant la tête des deux mains, se pose un instant dans cette position avant de se hisser en s'aidant du mieux qu'il le peut pour reprendre totalement le contrôle de la situation.

— Tout va bien ! Mais j'ai un de ces « mal de tête » !

— Tiens ! C'est Lionel au téléphone ! Je lui ai parlé de ton malaise !

— Allô !… Non, ça va mieux maintenant !… J'ai eu l'impression d'être dans le rêve d'un des chercheurs dont vous m'avez parlé tout à l'heure !… Ha, bon !… Non !… ils semblaient avoir un problème pour voyager physiquement !… Oui ! Pour récupérer le sérum… Allô !… Lionel ?… Vous êtes toujours là ? Il a raccroché !

Franck ne sait pas quoi penser. Il regarde Sylvie qui ne comprend pas mieux que lui ce que signifient tous ces événements qui multiplient leurs extraordinaires rebondissements depuis l'accident qui se produisit lors de ce si banal footing. Lui commençait à être vraiment exténué par toutes ces folles poursuites et toutes ces mésaventures qui l'affectaient de plus en plus physiquement et surtout moralement. Sylvie, sentant le moral de son mari vaciller un peu, s'approche de lui et l'étreint fortement contre son cœur.

— Calme-toi ! Je te sens si fatigué ! Tu vas te reposer, d'après Lionel, ici tu ne crains absolument rien. Pierre est loin de se douter que tu vas te réfugier dans sa maison.

— Tu as raison. J'en ai marre de tout ça ! Je ne comprends pas tout ce qui se passe... et l'autre, là, il croit que je suis un surhomme ! Je crois qu'il se trompe.

— Tu ne peux pas et ne dois pas craquer maintenant, mon chéri ! Tu dois aller au bout de cette aventure !

Le téléphone sonne à nouveau, interrompant soudain la minute de tendresse qui venait de commencer à envahir la chambre. Nos deux tourtereaux, en cœur, soufflèrent et fermèrent les yeux en se demandant s'ils allaient répondre à cette nouvelle requête qu'ils ne pouvaient imaginer sans conséquence. Après une dizaine de sonneries insistantes, Franck décide enfin de décrocher.

— C'est encore lui ! dit-il à sa compagne en masquant le combiné avec la paume de sa main. Qu'est-ce que vous voulez encore ?

Comme assommé par un coup virtuellement invisible, il s'assoit aux pieds de sa femme et regarde le téléphone essayant de planter sa pensée aussi profondément par le micro pour être certain d'atteindre son interlocuteur :

— Je vous en prie ! Arrêtez de me prendre pour Superman !... Écoutez, au point où j'en suis... Ok !... Moi non plus... Comment croyez-vous que, même avec toute ma volonté, je puisse influer sur l'avenir... de la planète... encore mieux !

Franck, soudain, se fige et, le regard fixant le néant, commence à agiter la tête de bas en haut. Puis il se retourne vers

Sylvie comme pour rechercher un soutien, une aide, le relais nécessaire pour continuer dans la bonne direction, vers la meilleure des décisions à prendre. Il plonge alors son visage dans le creux de son épaule en passant ses doigts en peigne de ses cheveux. Après un long soupir, il reprend :

— D'accord ! Mais je ne suis pas certain d'y parvenir !... Vers le futur c'est beaucoup plus fatigant... Francis Ginolla, vous dites ?... Vais qui est cet homme ?... Hé merde ! C'est pas vrai !

Encore une fois, Franck se retrouve le téléphone en main, la communication interrompue par le martèlement crispant des bips incessants.

3-25

Pour Francis, le temps semblait compté. Alice venait de le découvrir plongé dans une sorte de léthargie, le corps trempé de sueur, mais, fort heureusement, encore en vie. Elle se saisit immédiatement du premier téléphone qu'elle trouva et appela aussitôt les secours.

— Venez au plus vite au labo ! Francis est au plus mal !

Dans sa précipitation, elle avait complètement oublié son état et, même si en apparence elle semblait en excellente forme, son corps venait de subir de telles tensions que tous ses gestes devenaient de plus en plus lourds et difficiles. Après être revenue auprès de l'homme de sa vie, elle s'assit par terre, lui prit le bras et commença à lui parler.

— Les secours arrivent. Reste avec moi ! Tu dois lutter contre ce maudit virus ! Il ne doit pas t'envahir. Je suis de retour et j'ai en moi le sérum qui va nous sauver tous !...

Pendant qu'elle lui parlait, des gouttes glissaient le long de son front, puis de ses joues sautant jusqu'à se mêler au sol à celles de Francis. Leurs vêtements étaient tellement trempés qu'on aurait pu penser que tous deux sortaient d'une douche. Et leurs collègues infirmiers qui mettaient une éternité à arriver sur place !

Alice commençait à s'impatienter et ses cris se faisaient entendre sur tout l'étage.

— FAITES VITE ! AU SECOURS !

Francis eut alors un petit moment de lucidité. Il revint quelques secondes à lui, regarda Alice, lui sourit et lui dit :

— J'ai mal partout ! Mais, au moins, je suis sûr que ce que je vois est bien réel. Tu as réussi mon ange !…

— Oui, je suis là, de nouveau auprès de toi. Et j'ai le sérum. Tu dois tenir, nous allons te sauver !

— Écoute-moi ! Je ne suis pas important…

— Quoi ? Mais si, tu es pour moi ma raison d'exister !

— Non ! Le plus important c'est le reste de l'humanité, tu dois permettre à la vie de continuer son œuvre… il y a tellement de belles choses à découvrir… Il faut que tu isoles les anticorps… et que tu mettes au point les traitements pour… pour tuer cette saleté de virus… je…

— Non ! Reste avec moi ! Je t'en supplie… Francis !… FRANCIS ?… FRANCIS ?

Et Francis retomba dans un profond coma…

3-26

Franck était resté cinq bonnes minutes prostré dans la même position, à se poser mille et une questions stupides…, ou non d'ailleurs, mais après tout, quelle importance ! Il ne savait plus quel chemin prendre : suivre à la lettre les directives de Lionel, qui ne s'était jamais montré, du reste ! continuer à fuir ! ou simplement se rendre à ses poursuivants !…

Puis Sylvie s'était agenouillée près de lui et, sans un mot, elle lui avait pris délicatement ses mains qu'elle avait tendrement et longuement embrassées. Était-ce le déclic qu'il espérait ?… Un nouveau soupir dégagea un peu de ce stress qui nouait ses entrailles et tout à coup, à ce moment précis, il vit et sentit les événements qui l'assaillaient avec une autre dimension.

Il se lève d'un coup de reins et enlace sa femme.

— Après tout, qu'est-ce qu'on a à perdre ? Je voudrais que tu rejoignes notre fille chez sa tante… J'ai besoin d'être seul pour faire les deux bricoles dont Lionel m'a parlé.

— Tu te sens suffisamment bien pour rester seul ?

— Heu ! Maintenant, je crois que oui ! dit-il après un autre long soupir. J'ai bien réfléchi et… nous n'avons pas d'autre choix !… Quand tu seras chez ta sœur, je voudrais que tu interroges ton beauf sur la propagation de l'épidémie. Demandes lui ce qu'il en pense !... Après tout, il est bien professeur en biologie, n'est-ce pas ?

Sylvie se retourne en se dégageant légèrement de son étreinte. Puis elle rapproche tendrement ses lèvres de leurs semblables masculines pour apporter son soutien à Franck, sans sortir un seul un mot, mais avec toute l'énergie de l'amour sincère qu'elle n'a jamais cessé de lui vouer. Les gestes relayent les baisers dans le bal improvisé par leurs mains glissant sur toutes les parties de leurs corps s'échauffant mutuellement. Mais Franck, dans un mouvement plutôt troublé par ses désirs contradictoires, s'écarte de sa femme.

— Désolé, mais je ne crois pas que ce soit le bon moment !

— Je t'aime !

Sylvie n'insiste pas. Elle ferme pourtant ses yeux, un peu perturbée par cette réaction qui, même si elle s'y attendait, lui laissait un doute sur la compréhension de Franck vis-à-vis de son erreur passée. Elle l'embrasse encore, plus fortement cette fois pour lui prouver toute sa complicité dans un moment si difficile. Puis elle le regarde longuement dans le fond de ses iris, cherchant quelque part, caché dans sa tête, juste l'indice qui pourrait la rassurer avant de le quitter.

— Je vais revenir, je n'en ai pas pour très longtemps ! dit-elle.

Et elle sort résignée de la maison, laissant derrière elle Franck plongé dans des pensées qui le rongent tellement qu'il ne voit ni n'entend plus personne.

Est-ce une cause à effet, mais au moment précis où il perçoit, au loin, le grincement caractéristique du portail se refermant derrière le départ de Sylvie, Franck se sent alors projeté vers l'avant, mais sans vraiment rencontrer de limite ni de réalité physique dans une chute qui n'en finit pas de débuter. Il se trouve une nouvelle fois au bon milieu d'un tourbillon incessant d'images qui défilent devant lui à une telle allure qu'elles lui donnent cet effet d'ivresse euphorique d'un début de soirée plutôt fortement arrosé. Mais contrairement aux autres fois, les images apparaissent dans le bon sens… mais beaucoup trop vite pour les détailler… Ses yeux voyagent dans tous les sens… à droite, au-dessus, derrière, à gauche… essayant de tout capter… Puis tout paraît ralentir progressivement et… se stabiliser enfin… enfin presque… Devant lui, la silhouette d'un jeune homme d'environ dix-sept ans se détache de l'espace. Son sourire inonde la scène d'une clarté presque irréelle sur un tapis de fleurs multicolores. Franck est particulièrement bien, un bien être qui le fait flotter dans un univers feutré où tout apparaît parfait. Seul un battement sourd se fait entendre dans le fond de cette sorte d'intimité si particulière. En y prenant un peu plus soin, il commence à deviner d'autres formes, plus floues, de plusieurs jeunes gens, ici et là, l'entourant dans une sorte de brouillard. Mais c'est bien le garçon qui monopolise l'attention en restant le plus net de tout le milieu.

— Hé ! Qui… je…

Impossible d'aligner deux sons cohérents. Le seul fait de prononcer, ne serait-ce qu'une syllabe lui provoque des maux de tête épouvantable. Franck essaie de nouveau en se concentrant autant qu'il le peut.

— Francis… Ginolla ?

Avant même d'avoir fini de prononcer le deuxième mot, ce battement, qu'il n'entendait qu'en bruit de fond, s'accélère d'un seul coup, devenant beaucoup plus soutenu et plus rapide. Puis l'ambiance se fait de plus en plus lourde, plus pesante. Les couleurs deviennent intenses et vives et la lumière presque aveuglante. Tout à coup… tout s'estompe… pour revenir progressivement à… presque un équilibre semblable à la vision du début. Franck a compris qu'il est arrivé dans l'esprit de quelqu'un qui, semble-t-il, doit connaître ce fameux Francis Ginolla, à un point tel que la prononciation de son nom a déclenché chez lui une réaction particulièrement forte.

— Je vais essayer de lui faire passer un message par son intermédiaire… puisqu'apparemment il a l'air de bien le connaître ! réfléchit-il. De toute façon, ai-je bien le choix ?

Il se met alors à penser très fort au dossier de Neil… Tellement fort qu'il le voit maintenant flotter devant lui. On peut lire distinctement « Projet Phoenix » inscrit sur la couverture… Ses pensées l'amènent ensuite à parcourir plusieurs pièces de la maison de Pierre, pour enfin s'arrêter plus longuement sur un endroit précis, dissimulé derrière l'armoire de la chambre qu'il avait occupée quelques semaines plus tôt. Mais ses maux de tête deviennent de plus en plus insupportables. Franck ferme les poings pour tenir aussi longtemps que possible… mais rapidement il ne peut plus supporter ce calvaire et il se relâche d'un seul coup… À nouveau, il est propulsé, vers l'arrière cette fois. Machinalement il jette ses mains dans son dos pour amortir une chute qui ne trouve aucun choc. Les images tourbillonnent à nouveau autour de lui, à l'envers, dans une sorte d'amalgame gélatineux qui l'empêche de se désarticuler complètement… Puis tout redevient clair. Les meubles, les murs et la chambre réapparaissent progressivement : il est de retour…

3-27

— Commandant ? Ici Pierre. Je la vois juste devant nous. Elle s'apprête à entrer chez les Grandt.

— Surtout, ne bougez pas ! Laissez-la récupérer sa fille… prévenez-moi dès que ce sera fait !

Sylvie sonne à l'entrée de l'immeuble et attend, les yeux fixés sur l'interphone avec une grande impatience. La réponse se faisant attendre, elle n'hésite pas à ré-appuyer à plusieurs reprises sur le bouton d'appel jusqu'à la réaction se manifestant enfin.

— Oui ! Qui est-ce ?

— C'est moi, Sylvie ! Ouvre s'il te plaît… vite.

Un buzzer sourd et impersonnel répond alors à l'appel de la jeune femme en déclenchant l'ouverture automatique de l'imposante porte d'accès au bâtiment. Sylvie disparaît aussitôt à l'intérieur avant même que le passage ne soit totalement dégagé. Puis elle grimpe quatre à quatre les escaliers qui mènent jusqu'au palier du logement de sa sœur. C'est complètement essoufflée qu'elle parvient enfin face à l'appartement. Devant le seuil, une grande dame, la quarantaine environ, l'attendait, visiblement inquiète.

— C'est toi ? Qu'est-ce qu'il t'arrive, ma chérie ?

— Une histoire de fous… je n'ai pas trop de temps pour t'expliquer dans le détail… mais… où est ma fille ?

— Elle est dans la chambre d'amis. Elle lit…

— Maman ? Qu'est-ce qui se passe ?

— Vient, ma grande. Il faut qu'on rejoigne Papa !

— Mais, enfin, Sylvie ! Tu ne peux pas t'en aller comme ça sans m'expliquer !… Non ! Désolé, mais, je ne te laisserai pas partir avant un minimum d'explications !

— Je n'ai guère le temps !… Nous sommes poursuivis par des gens… plutôt bizarres qui pensent que Franck… enfin, c'est difficile à comprendre en deux mots… Ils pensent que Franck est capable de faire des choses…

— Comment ça des choses ?

— Non ! pas des choses interdites… mais plutôt extraordinaires… Écoute, je te rappelle dès que nous serons en sécurité…

Sylvie agrippe sa fille dans ses bras et après un dernier regard vers sa sœur, l'embrasse d'un baiser furtif pour se diriger vers la cage d'escaliers dans laquelle elle s'engouffre aussitôt.

— Tu me l'as promis… tu m'appelles dès que tu le peux…

— Dès que je peux…

Malgré toutes les multiples questions fusant dans la bouche de la gamine, Sylvie continue sa folle course jusqu'à l'entrée de l'immeuble. Elle actionne la gâche électrique qui en débloque l'accès. Mais, à peine arrivées sur le trottoir, elles se retrouvent entourées par deux grands gaillards qui ne leur laissent aucune alternative.

— Veuillez nous suivre immédiatement ! dit l'un deux d'une grosse voix grave.

L'un des deux colosses saisit la fillette, pendant que l'autre agrippe la jeune femme fermement par le bras, les entraînant vivement vers une voiture garée en face du bâtiment. Deux autres personnages sortent alors du véhicule.

— Pierre ? C'est vous ?

— Entrez dans la voiture, nous avons quelques questions à vous poser.

Surprise par cette apparition soudaine, Sylvie s'introduit sans trop d'inquiétude dans l'auto en compagnie de sa petite fille. Pierre s'installe près d'elles tandis que les deux géants plient leurs imposantes statures sur les places à l'avant du véhicule qui apparaît alors tout à coup bien étroit. Puis sans un mot de plus, ils démarrent et quittent rapidement leur stationnement en direction du centre est de la ville. Le silence reste pesant dans l'habitacle jusqu'au moment où Pierre décide de rompre la monotonie de cette balade forcée.

— Vous devez un peu vous douter pourquoi vous êtes ici ?

— Pas du tout ! Mais... je suis certaine que vous allez me l'expliquer !

— Hum !... passons aux choses sérieuses. Votre mission était de surveiller Franck afin d'éviter qu'il ne nous échappe...

— Maman ? C'est de Papa qu'il parle, le monsieur ?

— Chut ! Laisse parler Pierre, je te promets de tout t'expliquer tout à l'heure.

— Ton Papa a quelque chose qu'il doit nous remettre...

— Laissez ma fille en dehors de cette histoire, je vous prie !

— Ok ! Alors répondez-moi ! Où est il ?

— Je n'en sais rien ! Il m'a laissée au coin d'une rue à l'entrée de la ville, pour disparaître deux rues plus loin. Quand je lui ai demandé où il allait, il m'a simplement répondu qu'il était préférable que je ne le sache pas.

— Écoutez, Sylvie, je sais que vous mentez !...

— Je vous jure que c'est la vérité...

— Hé, ben ! D'abord, ma Maman, elle ne ment jamais...

— Chut, ma chérie !

— Vous nous décevez, Sylvie, et vous ne nous laissez malheureusement pas le choix... Allez ! Direction le labo !

La voiture qui filait déjà à vive allure, augmente sa vitesse et s'échappe rapidement des quartiers périphériques pour gagner un des grands axes convergents. Sylvie tente de repérer par les fenêtres le parcours employé, mais l'heure avancée de la soirée s'ajoutant à l'absence de lune déforment et masquent tant le paysage qu'elle y renonce très vite. De plus, son manque total de sens de l'orientation et surtout le stress de ces dernières heures n'arrangent absolument pas la situation.

Après quelques minutes de course folle, à la fois plaqués sur le siège et envoyés à droite, puis à gauche au gré des différents virages pris à une vitesse excessive, les voilà arrivant devant une grande bâtisse qu'elle croit reconnaître. Un gardien s'approche du véhicule avec une lampe à la main et, après avoir reconnu l'un de ses occupants, se précipite dans sa guérite pour actionner la barrière qui bloquait l'accès à un grand parking central.

— C'est la clinique Ste Cécile, n'est-ce pas? questionne Sylvie, sans vraiment attendre une réponse.

Pierre les pousse, elle et sa fille, vers une petite porte située bien à droite de l'entrée principale et dirige le petit groupe encadré par les deux balaises au travers d'un long couloir, vierge de tout décor et glacial dans tous les sens du terme, jusqu'à une cage d'escalier de secours qu'ils dévalent ensemble jusqu'au deuxième sous-sol. Empruntant à nouveau un autre long couloir, ils arrivent enfin devant plusieurs portes closes dont l'une d'elles est entrebâillée sur une sorte de salle d'attente fournie d'une dizaine de sièges aussi peu confortables les uns que les autres.

— Asseyez-vous là ! Je reviens dès que possible, dit Pierre avant de se retourner vers un de ses acolytes afin de lui livrer quelques directives.

Les deux captives s'installent l'une à côté de l'autre, la jeune fille posant sa tête sur les genoux de sa mère. Seul un des deux costauds reste scotché à la porte tandis que l'autre suit Pierre dès son départ. L'attente commence, longue et préoccupante, créant d'innombrables pensées et réflexions dans la tête en ébullition de la jeune femme. Rien d'autre à faire que de se morfondre en imaginant ce qui pourrait se passer, en envisageant le pire pour elle et sa petite. Comment faire pour ne pas précipiter son mari dans une situation qui mettrait sa vie en péril ? Pourquoi avoir fait venir la gamine avec eux ? Non ! Ils ne vont pas faire pression sur elle au travers de la petite ! Mais, enfin, que veulent-ils faire de Franck ? Au fur et à mesure de l'attente, les questions se percutent de plus en plus dans l'esprit perturbé de Sylvie qui serre un peu plus fort contre elle le corps de la fillette qui vient de s'endormir.

3-28

Comme dirigé par une volonté indétournable soutenue par des bips incessants provenant du rez-de-chaussée, Franck descend les escaliers, entre dans la salle à manger et se rapproche d'un ordinateur trônant dans le petit salon. Sur l'écran en veille, une inscription presque illisible voyage dans tous les sens percutant sans cesse tous les bords du moniteur : « Se connecter ». Machinalement, il clique sur le bouton « entrée » du clavier et se retrouve devant un premier mot de passe destiné à débloquer le masque classique de Windows. Il tape plusieurs mots, sans succès. Puis, à tout hasard, il tape « ALICE »… Instantanément, la session démarre en lui permettant d'accéder après quelques secondes seulement à tous les programmes disponibles sur le bureau virtuel. Puis il ouvre la messagerie qui lui demande aussitôt un autre mot de passe pour accéder aux messages reçus.

— Un mot de passe ?…

Après un temps de réflexions, il tape, de nouveau au hasard, « GINOLLA » et… ho, miracle… il parvient à se connecter immédiatement sur la messagerie interne du PC : trois messages sont non lus. Le premier contient une formule de félicitations à son attention :

— Bravo ! Vous avez réussi à vous connecter, Franck !

Le deuxième contient des propos plutôt bizarres que Franck met un certain temps à essayer de déchiffrer.

— Franck ! Nicolas Flamel est la solution qu'ils attendent pour réussir leur pari. Vous ne pourrez pas leur donner cette information de vive voix. Vous devez la coder et la cacher aux yeux pervers de vos détracteurs. Ils sauront déchiffrer l'énigme et ils parviendront à mettre au point la machine qui les sauvera tous.

Le dernier message dit ceci :

— Il ne vous reste plus guère de temps ! Mais vous devez avant tout protéger votre descendance qui sera bien là pour terminer ce que vous aurez entamé.

Franck lit et relit à plusieurs reprises les deux derniers messages, le nez rivé de longues minutes sur l'écran. Il a du mal à comprendre toutes les significations camouflées dans ces phrases qui défilent devant ses yeux rouges de fatigue. Puis, comme réveillé brusquement par un bruit suspect venant d'on ne sait où, il se décide enfin à se lever et à remonter rapidement dans la chambre. À peine entré dans la pièce, il repère le dossier de Neil posé sur le lit, s'en saisit aussitôt, puis redescend dans le petit salon et se rassoit devant le PC pour réfléchir à l'interprétation du deuxième message : une énigme sur le nom de ce Nicolas Flamel… Machinalement, son regard se porte sur l'écran. Le message « *MSIMN a provoqué une défaillance de page dans le module MSOE. DLL* à *adresse mémoire* » apparaît bloquant tout nouvel accès au programme. Franck essaie à plusieurs reprises de se reconnecter… mais, sans succès ! Impossible de retourner sur la messagerie pour re-visualiser les e-mails…

— Hé, merde ! Putain d'informatique… ça bug toujours quand on en a le plus besoin !

Il ferme alors les yeux pour se remémorer les deux importants messages. Une idée lui vient soudain à l'esprit. Le premier mail parlait de code… pourquoi ne pas cacher des informations dans un des textes du dossier rendu le plus incohérent possible, ce qui incitera d'autant les esprits physiciens à l'analyser pour en déduire l'énigme !… Franck imagine ainsi tout un stratagème pour répondre au premier des mystérieux messages…

— Le deuxième parlait de temps qu'il me restait et de… ma descendance ? réfléchit-il tout haut.

Il se prend la tête dans ses mains et, dans un mouvement régulier, aère son crâne du bout de ses doigts, comme pour s'aider à mieux raisonner. Une chaleur suscitée par un stress latent commence à l'envahir petit à petit. Il a du mal à se concentrer à cause d'images qui reviennent sans cesse le perturber. Il ne peut s'empêcher de voir sa femme et sa fille blotties l'une contre l'autre tremblant de peur dans un environnement hostile.

— Ma descendance ?… Ma fille ? Qu'a-t-elle à voir dans cette histoire ? Non ! Qu'ils me prennent et me fassent ce qu'ils veulent, mais qu'ils ne touchent pas à un cheveu de ma fille !

Franck se relève en faisant valser la chaise derrière lui. Il regroupe tous les documents constituant le dossier de Neil en y insérant les pages qu'il vient de retoucher. Il récupère une feuille qu'il a édité et la glisse dans une pochette plastifiée. Puis il remonte dans la chambre avec le dossier sous le bras et le coince derrière la grosse armoire au niveau d'une des traverses comme il l'a rêvé précédemment. Il reste deux ou trois secondes à contempler cette chambre avec l'idée étrange qu'il ne la reverra plus jamais. Il redescend les escaliers, sort de la maison en direction du coffret du compteur d'eau, l'ouvre et y dépose la pochette plastique. Ensuite il se saisit de son téléphone et appelle :

— Allô ? Hélène ?… Sylvie est-elle chez vous ?… Et Alice ?… Ok !… J'essaie de la joindre sur son poste !… Merci, bisou.

Un peu excité, il compose le numéro du téléphone de sa femme. Le temps d'attente est insoutenable. Des tas d'idées plus ignobles les unes que les autres traversent son esprit. Il ne tient plus en place en traversant de long en large le jardin bordant la grande bâtisse.

— Bon sang ! Sylvie, réponds !

Il entend la sonnerie résonner inlassablement dans son combiné, sans que personne ne décroche… enfin…

— Allô ! Qui est à l'appareil ? Où est Sylvie ?… Passez-moi la… je veux lui parler tout de suite… Ok ! Mais passez-moi la d'abord, ensuite je ferai tout ce que vous voudrez… Allô ! Chérie ? Comment tu vas ?… Et la petite ?… Non, ne te fais pas de soucis… je… oui… je vais voir avec eux… Bande de salopards ! C'est moi que vous voulez, donc laissez-les tranquille ! Ok… je vous attends.

3-29

Voilà bientôt une heure que Sylvie et sa fille attendaient là, pratiquement immobiles sur des chaises très inconfortables. Afin de ne pas perturber le sommeil de la petite, elle avait organisé une couche de fortune en rapprochant plusieurs sièges sur lesquels elle avait posé quelques coussins afin de rendre la couchette ainsi formée un peu plus agréable. Heureusement que les enfants, c'est bien connu, se contentent de peu, surtout quand le sommeil est bien plus fort que n'importe quelles perturbations. Par contre, c'était loin d'être le cas de la jeune femme qui avait bien du mal à masquer la rage qui montait en elle.

— Bon sang ! Vous n'allez pas nous garder là toute la nuit !

— Restez calme, Madame !

— Écoutez ! Appelez votre patron ! Je veux lui parler… tout de suite !

— Il va venir ! Calmez-vous !

— C'est tout ce que vous savez dire, vous ! Calmez-vous, restez calme ! Vous avez un pauvre vocabulaire… On n'en peut plus, on étouffe ici ! Vous pouvez comprendre ça ?

Le vigile décide de ne plus la regarder afin de ne pas étayer d'avantage son excitation, qu'il comprend parfaitement d'ailleurs puisqu'il se force, avec succès, de la contenir en lui depuis de longues minutes. Cela faisait bien partie de son travail se disait-il incessamment, d'abord se dominer pour maîtriser la situation aussi compliquée qu'elle puisse être. Et ses efforts portaient leurs fruits puisque la femme s'était enfin rassise, en soufflant certes, mais apparemment un peu calmée. Fier de sa réussite, il arborait un large et franc sourire triomphateur, l'encourageant d'autant pour continuer sa mission. Mais cette autosatisfaction est tout à coup interrompue par un bruit de pas lointain, se rapprochant de plus en plus et mettant son attention en éveil. Il pose sa main sur le pistolet qu'il planquait maladroitement sous sa veste et ouvre doucement la porte. Puis, rapidement il se détend en s'effaçant devant l'entrée de la salle.

— Chérie ! Comment vas-tu ?

Franck apparaît alors en courant directement vers sa femme. Il la prend dans ses bras et l'étreint tendrement.

— Que vous ont-ils fait ? Ils n'ont pas touché à la petite, j'espère !

— Non ! Elle dort paisiblement… je ne crois pas qu'elle se soit rendue compte de quelque chose, tu sais ! Mais qu'est-ce qu'ils veulent faire de toi ? Ne les laisses pas nous séparer de nouveau, je t'en prie !

— N'aies crainte ! Ils ne vous toucheront pas… Vous pouvez les laisser partir, maintenant que je suis là !

Pierre entre à son tour dans la salle, suivi de très près par un homme que Sylvie reconnaît tout de suite.

— Reconduisez Madame Cales et sa fille chez elles, intervient le Professeur Ballard en se frottant les mains. Vous savez Franck, cette fois, vous ne pourrez pas nous échapper !

— Je n'en ai pas vraiment l'intention… je veux tout simplement que tout cela finisse une bonne fois pour toutes… je souhaite par-dessus tout retrouver ma vie d'avant avec ma famille !

— Revenir en arrière ? Pourquoi pas… mais pas forcément comme vous le pensez…

Le vigile attrape la fillette dans ses bras et pousse Sylvie vers la sortie. Dans un ultime élan de tendresse, elle se jette dans les bras de Franck et l'embrasse, une larme coulant sur sa joue, en lui disant :

— Je t'aime et je vais revenir te chercher… je ne t'abandonnerai plus jamais !

Puis, à peine sont elles sorties de la pièce, le Professeur se rapproche de Franck en lui faisant front.

— Maintenant, nous allons passer à des choses beaucoup plus sérieuses.

— Je ne comprends pas ce que vous voulez, ce que je peux vous apporter !

— Vous savez, la vie est pleine d'inconnues, aussi bien passées qu'à venir… et vous, ce sont vos facultés… vos aptitudes extraordinaires qui nous intéressent…

— Mais ces… capacités, que j'ai acquises par hasard, me dépassent… elles me permettent de me connecter apparemment qu'avec des gènes en moi ou très proches de moi !

— Justement, c'est ce que nous voulons étudier…

— En vous servant de moi comme cobaye ?

— … afin d'essayer de reproduire le phénomène sur d'autres individus. Nous allons pouvoir maîtriser le temps… vous vous imaginez ! Ha ! Ha ! Ha !

Franck reste béat devant l'exultation de ce fou furieux. Ses jambes se dérobent sous lui et le forcent à s'asseoir. Le Professeur lui attrape immédiatement le bras et l'entraîne aussitôt dans un bureau attenant à la salle d'attente qu'ils occupaient. Il le pousse vers un fauteuil en skaï noir dressant deux solides accoudoirs le carénant un moment dans cette pièce aussi sobre que la salle précédente. Un grand tableau aussi étrange qu'insolite tranche sur un des grands murs vides de meubles. Il semble représenter une sorte de coucher de soleil bleuté, entaché d'une espèce d'explosion de couleurs vives sur laquelle une silhouette vague et embrumée se détache délicatement du contexte global de l'image qui essaie de naître sans y parvenir totalement… L'attention de Franck est soudain rattrapée au vol par la voix du Professeur :

— Franck, nous allons faire un grand pas en avant ensemble, vous verrez…

3-30

Sylvie avait insisté pour se faire déposer chez sa sœur. Elle avait quelque chose en tête et rien ni personne ne pourrait la détourner de son objectif.

— Hélène, ne me pose pas de question s'il te plaît. Occupe-toi de ma fille, quoi qu'il arrive, je t'en supplie. Je ne peux pas le laisser là-bas… S'il nous arrive quoi que ce soit… dis-lui… dis-lui que nous l'aimions plus que tout…

— Je…

— Je t'en prie… aide-moi !…

Sylvie embrasse longuement la fillette tellement endormie qu'elle ne se rend compte de rien. Elle enlace sa sœur, le cœur oppressé par une décision aussi difficile à prendre. Puis elle baisse les yeux, se retourne brusquement et se précipite vers la sortie de l'appartement. Au fur et à mesure qu'elle s'éloigne, son angoisse l'étreint tant qu'elle ne peut dissimuler un gros sanglot qui précipite d'énormes larmes sur ses joues. Elle parvient enfin sur le trottoir, et intercepte aussitôt un taxi qui passait par là.

— Clinique Ste Cécile, s'il vous plaît !

Le véhicule démarre, tandis qu'à une des fenêtres de l'immeuble, une ombre interroge la nuit sur tous ces mystères qu'elle crée sans se préoccuper du mal ou du bien qu'elle laisse derrière elle.

Peu de temps après, le taxis arrive enfin devant la clinique. Sylvie en sort et se dirige sans perdre de temps jusqu'à la guérite du gardien. Ce dernier est occupé à regarder un match de football sur une petite télévision. La jeune femme profite d'une action particulièrement captivante accaparant complètement l'attention du vigile pour se glisser sous la barrière de l'entrée du parking. Ensuite, elle arrive rapidement devant la porte que Pierre avait ouverte devant elle quelques heures auparavant. Elle s'engouffre dans le bâtiment et se précipite vers la salle où elle avait été retenue prisonnière avant l'arrivée de Franck… La salle est vide… mais il lui semble entendre des bruits… une conversation… Elle avance près de la porte derrière laquelle parviennent ses bourdonnements… Elle l'ouvre brusquement… personne… les mots perçus proviennent de plus loin… une autre ouverture… des râles, maintenant… Elle se rapproche et essaie d'actionner la clenche… sans succès !… Les bruits cessent tout à coup… seul un gémissement subsiste, angoissant et terrible… La porte s'ouvre alors violemment !

— Que faites-vous là ? Sécurité ! SÉCURITÉ !

Le Professeur lui fait face masquant la scène se déroulant dans un vaste laboratoire rempli de fiole et de machines électroniques… au milieu de la pièce… un ensemble de deux fauteuils raccordés entre eux par des câbles électriques enchevêtrés les uns aux autres… et assis dans un des deux fauteuils…

— Franck ? C'est Franck ! QUE LUI AVEZ-VOUS FAIT ?

Sylvie se jette littéralement sur son mari qui est couvert de tuyaux et d'électrodes, lui arrache ses harnais, débloque les sangles qui lui maintiennent les poignets et les chevilles et le soulève en le soutenant du mieux qu'elle puisse pour éviter qu'il ne s'écroule.

— Je t'avais promis ! Jamais plus je ne te laisserai !

Le Professeur avait disparu, certainement pour lancer l'alerte et ramener au plus tôt les renforts qui l'aideraient à rétablir l'ordre qu'il avait mis en place dans son laboratoire afin de poursuivre ses expériences sur le malheureux Franck. La jeune femme, sous l'emprise d'une force surréelle, traîne maintenant le poids mort de son mari vers le couloir, en ne se préoccupant plus que d'une chose, sortir de ce cauchemar en s'éloignant aussi vite que possible de ce lieu maudit. Est-ce la sueur qui envahit son visage ou les larmes qu'elle ne peut contenir, submergée par l'émotion, la peur, mais surtout les efforts physiques qu'elle est obligée d'accomplir ? Même elle, dans un moment pareil, serait bien incapable d'expliquer sa réaction. En fait, ils n'avaient pas eu que des moments faciles dans leur couple, et les frictions s'étaient assez souvent répétées ces dernières années. Mais, dès leur rencontre, elle avait su que c'était l'homme de sa vie et que, s'il le désirait bien entendu, ils feraient un long chemin ensemble. « Même et surtout quand nous serons des petits vieux, je veux que tu continues à me prendre la main, et que tu me fasses plein de bisous. » se plaisait-elle à lui répéter souvent. Franck adorait quand elle lui parlait comme ça, il la serrait longtemps dans ses bras et la couvrait de baisers tendres et passionnés. Mais la vie passe tellement vite, que ces instants furtifs sont trop frêles devant l'assaut incontournable de toutes ces tâches qui nous font bien souvent oublier l'essentiel.

Plus que quelques mètres à parcourir et ils arriveront enfin sur le parking de la Clinique… Des cris commencent à se faire entendre non loin derrière eux. Cette excitation qui semble se rapprocher ne détourne pas Sylvie de son but. Au contraire, elle la renforce dans sa lutte pour continuer à progresser vers la lumière du petit jour qui commence à pointer ses couleurs pastelles…

— NE BOUGEZ PLUS ! crie soudain un garde déboulant juste à l'autre extrémité du couloir.

— Sylvie ! crie Pierre qui vient d'apparaître un pistolet au poing, braqué sur le couple. Attendez ! Nous ne vous voulons aucun mal. Ne faites pas de bêtise !...

À ce moment précis la porte d'entrée s'ouvre bruyamment devant Sylvie laissant brusquement pénétrer la grande clarté de la liberté contrariée par deux ombres se détachant en contre-jour. Elle se sent alors prise au piège, comprimée par les deux groupes lui barrant les extrémités du corridor. Et, juste au moment où elle allait baisser les bras, laissant reposer Franck au sol, l'un des deux hommes, avec un fort accent méditerranéen lui dit :

— Ho, fan ! Vite, Madame, faut pas vous escagasser ici... on va les retenir ces enculés !

Les visages de Doumé et Tony apparaissent alors en sauveurs devant les yeux rassurés de Franck qui commence à peine à retrouver une petite partie de ses esprits.

— C'est vous, les gars... je vous adore.

— Salette ! Ne restez pas tanqués ici ! Putain, c'est cafi d'encatanés !

Tout de suite, Sylvie se ressaisit et aide Franck à sortir du couloir, tandis que Tony sort un énorme pistolet bien brillant dont le canon braqué sur leurs poursuivants ne leur laisse aucune alternative.

— Attention, ils sont armés ! Ne les laissez pas s'échapper ! Ne tirez pas sur le couple !

Le premier tir fait un bruit d'enfer, accélérant d'autant le rythme cardiaque des fuyards qui redoublent l'allure de leur échappée. Franck se traîne encore un peu, mais retrouve de plus en plus de vigueur pour faciliter leur sortie de cette Clinique maudite. Sylvie n'a plus qu'à le guider ce qui soutient énormément leur course vers la liberté. Les pétarades des coups de feux s'enchaînent derrière eux et les cris se mêlent aux bris des objets qui explosent dans la fusillade. Plus que quelques mètres et ils seront enfin hors de danger.

Tout à coup, le gardien en poste à l'entrée du parking leur fait face. Il semble tout aussi étonné qu'eux de voir et surtout d'entendre cette explosion de violence dans une enceinte où on soigne plutôt qu'on ne tue.

— Que se passe-t-il ? Qui êtes-vous ? Où allez-vous ?

— Des terroristes se sont introduits dans la Clinique... balbutie alors Franck, vous devez prévenir la police tout de suite... ils sont armés...

Le regard du gardien trahit la perte du self contrôle indispensable à son métier en alternant sa vision de l'agitation du bord du bâtiment au couple se présentant à sa barrière. Mais dans sa tête, le choix est déjà fait : il faut prévenir les forces de l'ordre.

— Ne bougez pas ! Je... je reviens... je...

Et il se précipite sur son téléphone... en essayant de conserver un œil sur la scène...

— Hé merde ! Où sont-ils passés ces deux-là ? allô ! La police... Ouais !... Il se passe quelque chose de grave Clinique Ste Cécile...

Les deux fugitifs n'avaient bien entendu pas demandé leur reste et, dès que le garde eut le dos tourné, une fraction de seconde leur suffit pour qu'ils s'échappent sur le parking extérieur, derrière les quelques voitures qui restaient encore garées. Une centaine de mètres plus loin, à l'abri des regards de leurs poursuivants, Sylvie s'arrête pour reprendre son souffle. Les efforts qu'elle vient de produire commencent à lui tirer sérieusement dans le dos et une vielle douleur lui descend jusque dans la fesse, d'autant que le sursaut de fraîcheur Franck n'a été que de courte durée puis qu'il vient de s'écrouler à nouveau à ses pieds.

— Nous sommes sauvés, Franck!... Franck? FRANCK!...

Une petite tâche rouge se développe tout doucement sous la fesse de son mari qui reste assis sans rien dire, la main sur le ventre. Elle s'abaisse vers lui et lui soulève sa chemise. Sa main, son abdomen, son pantalon, tout baigne dans un amalgame rouge, noir et orange. Une angoisse l'étreint jusque dans ses yeux qui se noient alors dans ceux de son mari.

— Non! Ils ne t'ont pas touché?... Parle-moi!

— Ben!... je crois... que si... malheureusement... répond-il avec beaucoup de difficultés.

— Non! NON! PAS MAINTENANT... Pas maintenant...! crie-t-elle en implorant le ciel. Mon Dieu! Ne le prenez pas maintenant!

La main de Franck tombe lourdement au sol tandis que Sylvie le serre de toutes ses forces contre elle comme pour tenter de lui transmettre sans succès un peu de sa propre vitalité. Ses hurlements inondés dans ses pleurs attirent l'attention d'un gendarme qui accoure immédiatement vers elle.

— Il y en a encore ici... Amenez un brancard!... Un blessé, il y a un blessé ici!

Sylvie se lève, puis se recule légèrement pour contempler une dernière fois la vision de celui qui fut l'homme de sa vie. Puis comme un zombie, elle retourne vers l'entrée de la Clinique, pousse machinalement tous ceux qui lui font barrage, n'entendant plus que des exhortations étouffées dans un brouillard de haine. Un deuxième gendarme tente bien de la retenir, mais la force d'une femme en colère est inéluctable et le pauvre bougre en reçoit un témoignage spontané entre les cuisses.

Aux bords du bâtiment principal de la Clinique, c'est la panique. Plusieurs personnes en blanc, médecins et infirmières sont accroupis auprès de quelques corps allongés sur le sol. Un homme reste debout près de cette foule grouillante et fébrile. Il vient de voir Sylvie qui se dirige droit sur lui.

— Pierre ! Vous l'avez tué ! lui dit-elle dans un sanglot.

— Non !… Ce n'est pas ce que nous voulions faire… croyez-moi !…

La jeune femme ramasse une arme à ses pieds et vise l'homme qui ne bouge pas d'un centimètre.

— Allez-y ! Jamais je n'ai voulu tout ça !

C'est alors que deux coups de feux pratiquement simultanés se font entendre, et les deux corps s'écroulent en même temps.

— Je lui ai fait les sommations… Je lui ai fait les sommations !… crie à tue-tête le gendarme qui se tient encore ses parties fortement endolories.

3-31

— Madame Grandt ?

— Oui ! C'est pourquoi ?

— Capitaine Meunier, Gendarmerie Nationale !

— Comment ?... Mon Dieu ! Il est arrivé quelque chose ?... Montez, Heu !... Je vous ouvre tout de suite...

Affolée, Hélène Grandt attendait déjà sur le palier quand deux hommes et une femme en uniforme arrivèrent devant son perron. Le visage de la femme trahissait une mauvaise nouvelle latente prête à être distribuée avec les précautions d'usage. Hélène se recula jusque dans les bras de son mari qui restait légèrement en retrait mais pourtant très proche d'elle. Le plus galonné s'approcha et lui dit :

— Madame Grandt, je suppose ? Pouvons nous entrer s'il vous plaît ?... Je suis désolé de vous apprendre... les morts de votre sœur et de votre beau-frère.

Hélène s'effondra en larmes dans le creux de l'épaule de Théodore, son mari.

— Votre sœur m'a confié quelques mots avant de mourir. Elle m'a demandé d'abord de vous dire combien elle vous aime, mais aussi et surtout, a-t-elle bien insisté, elle souhaite que vous continuiez à vous occuper de sa fille, Alice jusqu'à sa majorité.

* * *

Alice demanda à plusieurs reprises à sa Tante de lui parler de ses parents. La grande épidémie qui suivit directement l'incident arrangea presque Hélène dans ses explications.

— La fièvre gagna d'abord ton père qui lutta jusqu'à ses derniers instants auprès de pauvres gens qui tentaient de survivre dans un monde devenu fou. Ta mère ne le quitta jamais un seul instant et l'assista dans ses recherches pour sauver l'humanité d'un mal impitoyable. Ils n'ont jamais cessé de t'aimer et de penser à toi… à chacun de leurs derniers instants qu'ils ont vécu loin de toi dans le seul but de te protéger.

Alice pleurait à chaque fois. Et sa tante se retenait… difficilement… obligée de feindre une envie soudaine de se retirer pour fondre en larmes loin de la petite. Elles ne pouvaient se résigner à oublier…

3-32

Alice avait travaillé sans relâche, nuit et jour, pratiquement jusqu'à épuisement. Chaque fois qu'elle le pouvait, elle se rendait au chevet de Francis. Elle s'asseyait alors près de lui, lui prenait la main et lui parlait sans cesse afin qu'il continue sa lutte contre ce mal qui le dévorait inexorablement. Malheureusement, il n'était pas le seul à être sévèrement contaminé, des dizaines de cas se développaient au fil du temps qui semblait favoriser l'aggravation d'une situation de plus en plus difficile à contrôler. Alice et quelques membres de son équipe conservaient fort heureusement toutes leurs facultés physiques pour se donner entièrement à tous les patients qui s'ajoutaient d'heure en heure. Mais la fatigue qui commençait à sérieusement se faire sentir favorisait d'autant le développement du virus sur ces femmes et ces hommes qui se battaient sans compter contre le fléau.

Alice entra une nouvelle fois dans la chambre de Francis. Elle avait de bonnes nouvelles à lui annoncer puisque les laborantins venaient, semble-t-il, d'isoler un élément primordial de l'échantillon sanguin du docteur Grans qu'elle avait elle-même transporté en elle quelques heures auparavant. Dans le lit, Francis se confondait pratiquement à la couleur blanche des draps. Ses cheveux trempaient la taie d'oreiller.

— Mon amour, tu dois tenir encore un peu... nous sommes enfin sur la voie... tu vas guérir, je te le promets... nous...

À bout de force, elle s'endormit en lui caressant le poignet. Ses cheveux glissèrent le long de ses joues encadrant son visage encore enfantin qui troublait tellement Francis, chaque jour qui passait. Sa bouche légèrement entrouverte laissa apparaître un petit sourire égayant son regard dans toutes les situations même les plus critiques. Ses yeux clos clignotèrent doucement sous leurs paupières en dénonçant la multitude d'images qui devaient défiler dans sa tête en ce moment précis...

— Papa ? Maman ?... J'ai tellement besoin de vous ! Vous êtes partis si vite... j'aurais tant de choses à vous dire et à vous montrer ! Pourquoi, tout ça !... Ne me laissez pas encore toute seule... aidez-moi à sauver mon amour et mes amis !...

Ce rêve semble si réel qu'elle refuse de le quitter, ou plutôt de quitter cette merveilleuse vision de ses deux parents qui s'approchent d'elle pour la câliner un peu... juste ce qu'il faut pour rattraper ces milliers d'instants perdus loin d'eux.

— Viens Maman, approche-toi de moi, Papa ! Je vous aime...

Alice tend ses bras le plus loin possible devant elle, presque à toucher la main de sa mère qui tente de s'approcher tout doucement. Plus que quelques centimètres seulement les séparent et Alice s'allonge encore et encore de tous ses membres pour effacer enfin cette rupture qui lui fait toujours aussi mal jusqu'au plus profond de ses entrailles...

— Maman, attrape ma main ! crie-t-elle soudain, en se réveillant en sursaut pour se retrouver tenant la main de Francis qui la regardait tendrement.

— Que se passe-t-il ? J'ai dormi longtemps ? Mais... tu... tu as l'air d'aller mieux !

— Ho ! répondit Francis en se redressant péniblement dans son lit, une question après l'autre, je ne suis pas au mieux de ma forme, tu sais ! En fait, tu as dormi près de trois bonnes heures, juste le temps à une personne de ton équipe de m'administrer une dose d'un sérum qu'ils viennent de mettre au point.

— Et comment te sens-tu ?

— Un peu mal partout, mais la fièvre est tombée... Chérie, je crois que tu as réussi cette fois !

— Comment pouvais-tu en douter !

Exultant, elle se jeta sur le lit et l'embrassa si fort, pendant si longtemps qu'il crut étouffer sous son étreinte passionnée. Des larmes de joie mouillaient à la fois ses joues et celles de Francis qui la serrait avec le peu de force qu'il récupérait au fil du temps. Elle se releva, s'assit sur le bord du lit et le regarda avec le sourire émerveillé d'une gamine qui vient de recevoir le plus beau cadeau de sa vie. Elle essuya d'un revers de main son visage et dans un sanglot lui dit :

— On a réussi... on a réussi ensemble !

— Je t'aime !

— Tu m'excuses, mais... mais je dois préparer la diffusion du sérum... nous avons un monde à sauver maintenant !

Elle l'embrassa et, aussi excitée qu'une puce, sortit de la chambre en courant. Francis la regarda virevolter dans la pièce jusqu'à sa sortie. Il sentait son corps reprendre possession de toutes ses facultés. Il se redressa et pensa alors si fort :

— On n'a pas encore tout réussi, car maintenant je dois exaucer ton vœu le plus cher.

Épilogue

— Je souhaiterai un accès au sensibilisateur temporel !

— Annoncez le code d'accès, répondit l'ordinateur

— Code : 44 2 1 A @ 25 DFR

— Vous aller entrer dans le cortex du 3e fichier ! confirmez-vous ?

— Ordre confirmé, sous l'ordre 35 N°4 DF,

— Entrée effective dans 15 secondes… 10 secondes… 5, 4, 3, 2, 1… entrée effective.

Alice, assise dans son fauteuil sensoriel, sentit tout son corps vibrer. Francis lui faisait front, son regard passant alternativement de son visage au pupitre de commande qu'il manœuvrait avec une parfaite maîtrise maintenant.

Il fallait monter tout doucement la puissance A partir de sa propre liaison brain-hypocortex montée sur son casque implanté, il communiquait directement avec l'ordinateur central, sans à coups.

— Puissance à 80 %…. à 90 %….. à 100 % ! Alice, es-tu prête à lancer le contact ?

— Vas y ! Je suis prête !

— Ordinateur central ?

— Annoncez votre code d'accès !

— Code : 111 67 B @ 99 XXC

— Code correct !

— Enclenchez la connexion !

Un halo de lumière verdâtre envahit tout d'un coup la pièce en entourant Alice sur son fauteuil. Elle commença à se confondre à un espèce de brouillard émanant des générateurs disposés sous l'assise, puis, tout doucement, elle se dissipa dans l'espace la séparant de son compagnon.

— Suite de l'expérience Phœnix !! commenta-t-il.

— Aucun problème à signaler ! connexion cérébrale parfaitement en place.

Alice se retrouvait projetée une nouvelle fois dans les remous du temps. Moins anxieuse que lors de son dernier passage, elle se laissait emporter au gré des événements qui l'embarquaient vers le passé. Les images de sa vie lui fouettaient sa mémoire en l'enveloppant de ses bons et mauvais souvenirs qui, tantôt l'agressaient, tantôt l'émerveillaient.

Elle reprend alors conscience dans une pièce… une pièce qu'elle reconnaît rapidement : sa chambre de petite fille. Après un petit moment d'émotion, elle se ressaisit et file jusqu'à la salle de bain. La maison de ses parents est complètement vide. Elle emprunte la longue perruque que sa mère avait achetée la veille d'un bal masqué et, grâce à un peu de mascara, de fard à paupières et de rouge à lèvres, elle constate la merveilleuse transformation. Impossible de la reconnaître affublée comme cela ! Puis elle sort de la maison, par ce petit passage qu'elle empruntait si souvent quand elle était petite…

— Mademoiselle ? Qui êtes-vous et que faites-vous ici ?

— Je…

Alice se retrouve face à sa mère. La panique la gagne. Comment répondre sans éveiller son attention ? Il faut se ressaisir. Retrouver son calme. Elle a pourtant envie de lui crier « Maman !

C'est moi, Alice ! », mais la gorge nouée, elle s'approche d'elle et lui tend la main. Elle s'apprête à lui dire… non ! Elle ne doit pas… elle ne peut pas !

— Je… Je suis… enfin je connais votre mari, Franck !

— Comment ? Qui êtes-vous donc ?

— Non !… Ce n'est pas ce que vous croyez !… Franck est en danger, vous devez le rejoindre !

— Je sais où il est ! Mais j'ai fait une énorme bêtise ! Et je ne sais pas comment me faire pardonner… Mais vous êtes qui ? Une copine, une parente de ses nouveaux amis ?

— Heu !… Si, tout à fait ! En fait, je suis une amie de la sœur de son ami Tony ! Je m'appelle… Mireille. Il faut absolument que je le rencontre… je pourrais vous aider à vous faire pardonner !

— Il est… dans un camping au Grau du Roi ! Dites-lui… ou, non ! Donnez-lui cette boîte à chaussures qu'un certain Neil m'a remise la semaine passée… je… j'essaierai…

— Non ! Vous ne devez pas essayer, mais il faut impérativement que vous vous retrouviez. Je suis certaine qu'il vous aime… qu'il n'a jamais cessé de vous aimer…

— Il faut que je m'y prépare… Demain, Pierre doit m'emmener le voir…

Gênée, Sylvie, prend congé de Mireille et entre chez elle cachant à peine un sanglot qui affecte aussitôt Alice. Elle aussi est prête à craquer pour la rassurer. Elle tend ses bras dans la direction de sa mère qui s'éloigne, mais se ravise très vite. « Prends bien soin de toi ! Je t'aime ! ». Puis, elle ouvre la boîte, la referme et se dirige vers la nationale où elle n'attend que très peu de temps avant d'être prise en stop.

* * *

Alice était revenue depuis plusieurs minutes déjà, mais Francis n'osait pas lui demander quoi que ce soit. Elle n'avait pas ouvert la bouche, pas dit un seul mot depuis son retour. Elle allait ici et là, rangeait ceci cela, mais évitait de croiser le regard de son compagnon. Elle se sentait si coupable de les avoir vu, d'avoir discuté avec eux, mais sans avoir tenté quoi que ce soit…

— Raconte-moi, chérie ! intervint Francis en la bloquant dans ses bras. Je te sens si bouleversée !

Elle fondit en larmes. Francis caressa ses cheveux lentement, tendrement en l'embrassant longuement sur le front. Alice craquait en se remémorant sans cesse les dernières images de ses parents.

— Je ne leur ai rien dit ! J'aurais pu… j'aurais dû !

— Écoute, tu as fait le maximum de ce que tu pouvais faire. Changer le cours du temps n'est pas une chose simple à réaliser. On ne sait pas ce qui pourrait se passer ensuite ! Mais, tu as quand même réussi plusieurs contacts physiques avec ceux du passé… sans rien provoquer de catastrophique dans le futur… ça, c'est encourageant !

— Tu penses qu'on pourrait les sauver ?

— Pourquoi pas ! Mais il faut réfléchir un peu pour ne pas tout bousculer à nos dépens… Aujourd'hui est un nouveau jour. Nous avons la technique qui ne demande qu'à être améliorée, maintenant, il faut comprendre le pourquoi !

— Lors de mon dernier voyage, j'ai entendu parler de deux personnages pour le moins singuliers, mais primordial vis-à-vis de cette histoire : Neil Masfocal et Lionel Masclaf. Le premier est fortement lié au dossier de Franck, puisqu'il semble en être à l'origine. Mais le deuxième… tu ne remarques rien ?

— Les lettres !

— Hé, oui ! Toutes les lettres sont les mêmes… et mieux encore. Compare ces deux noms à celui de Nicolas Flamel !

— Bon sang !… Chérie, je crois que nous avons un nouveau but devant nous…

— Ou plutôt derrière nous ! Le passé va devenir notre futur !

Un grand rire remplit alors le laboratoire. L'aventure ne faisait que commencer…

Imprimé en France
ISBN 978-2-7563-0631-5
Dépôt légal : 4e trimestre 2007